WEBBOOK

CAMBIARE CAPPELLO SIGNIFICA CAMBIARE IDEE,
AVERE UN'ALTRA VISIONE DEL MONDO.

C.G. Jung

W0201386

Dario Flaccovio Editore

DARIOFLACCOVIO

- entra su Instagram
- clicca sulla lente di ingrandimento
- clicca in alto a destra sul nametag
- inquadra questo nametag DF
- e seguici!

Verdiana Amorosi

SEO CHECKLIST

Prefazione di
Gaetano Romeo e *Stefano Rigazio*

Presentazione di
Claudio Fiorentino

VERDIANA AMOROSI
SEO CHECKLIST
ISBN 9788857911199

© 2020 by Dario Flaccovio Editore s.r.l.

linktr.ee/DarioFlaccovioEditore

Prima edizione: giugno 2020
Prima ristampa: aprile 2021

Nomi e marchi citati sono generalmente depositati o registrati dalle rispettive case produttrici. L'editore dichiara la propria disponibilità ad adempiere agli obblighi di legge nei confronti degli aventi diritto sulle opere riprodotte. La fotocopiatura dei libri è un reato. Le fotocopie per uso personale del lettore possono essere effettuate nei limiti del 15% di ciascun volume dietro pagamento alla SIAE del compenso previsto dall'art. 68, commi 4 e 5, della legge 22 aprile 1941 n. 633. Le riproduzioni effettuate per finalità di carattere professionale, economico o commerciale o comunque per uso diverso da quello personale possono essere effettuate solo a seguito di specifica autorizzazione rilasciata dall'editore.

Indice

Contributori

Achille Baudino

> PAG. 84

È programmatore e consulente di web marketing. Dopo la Scuola di Giornalismo e Pubbliche Relazioni inizia a svolgere attività legate allo sviluppo di software in ambito gestionale e di applicazioni web e ottimizzazione per i motori di ricerca. Attualmente è amministratore di una azienda che gestisce progetti web e di comunicazione.

Gabriele Benedetti

> PAG. 215

È consulente di digital marketing, lavora a Bologna per Search On Media Group. La sua specializzazione è il search marketing. Oltre che di consulenza, si occupa anche di digital fundraising e di formazione. Negli anni ha avuto modo di formare ppc specialist, digital project manager e team digitali sui temi di Google Ads.

Yael Bennaceur

> PAG. 220

Specialista del web marketing a 360 gradi da oltre dieci anni, si occupa della creazione di contenuti e attualmente lavora sia come redattrice in lingua francese per diverse realtà internazionali che come social media manager per aziende e start-up italiane. Negli ultimi anni, si è specializzata sempre di più nel business development e oggi effettua consulenze a brand italiani, francesi e svizzeri.

Claudio Fiorentino (aka DonClaudissimo)

PRESENTAZIONE > PAG. 19

SEO specialist, con alle spalle un lungo passato come analista/programmatore ORACLE, ha lavorato presso alcune delle più grandi agenzie SEO italiane. Oggi è consulente e formatore presso aziende e relatore ai più grandi eventi di SEO e web marketing in Italia, dove condivide periodicamente i suoi case study e la conoscenza web acquisita nel corso del tempo.

Pasquale Gangemi > PAG. 310

È Head of Operations di Pro Web Consulting, società di consulenza specializzata in SEO, CRO, SEA e Web Analytics, parte del Gruppo Cerved nella business division Cerved ON_ Marketing Services. Formatore ed esperto SEO, è il punto di riferimento del reparto operativo di Pro Web Consulting dal 2013.

Benedetto Motisi > PAG. 212

Attivo in Italia ed Est Europa, ha lavorato nelle redazioni di Radio Radicale e di Gruppo HTML (oggi Triboo Media).
Tiene docenze per Politecnico di Milano, Unicattolica, Upter, Regione Lazio, Provincia Autonoma di Trento, CGIL Lombardia, LUISS Enlabs, Henley Business School, Camera dei Deputati. È docente nei Master di Web Communication e Visual & Marketing Design in REA Academy.
Ricopre il ruolo di top influencer per SEMrush.

Stefano Rigazio PREFAZIONE > PAG. 17

Esperto nel cms Joomla, ho scritto diverse guide e un libro edito da Hoepli Seo Joomla e mi occupo di realizzazione di siti web ottimizzati che convertono e di posizionamento (SEO).

Gaetano Romeo PREFAZIONE > PAG. 15

Digital entrepreneur, startup mentor e advisor di diverse aziende, si occupa di far crescere le startup più interessanti, business advisor di notizie.it e top brand influencer di SEMrush.

Cristian Uguccioni (aka Max Del Rosso) > PAG. 297

Si occupa esclusivamente di SEO off-site e collabora come SEO specialist e link builder con numerosissime agenzie SEO, web agency e SEO freelance, che si rivolgono a lui con l'obiettivo di posizionare al meglio i siti dei loro clienti.

Prefazione

di Gaetano Romeo

La SEO ormai è diventata una disciplina famosa, quasi da salotto oserei dire. Basta fare un controllo su Google per rendersi conto di quanti eventi ormai vengono dedicati alla materia. Per non parlare dei libri scritti in lingua italiana, veramente tanti. C'era bisogno di un altro libro sulla SEO? Sì, perché il volume che hai in mano aggiunge un qualcosa in più, una sorta di step forward per competenza dell'autrice e argomenti trattati.
Una delle cose che amo di questo testo è il fatto di presentare la SEO per quella che è realmente, sfuggendo dalle logiche degli ultimi anni, che volevano presentarla come una succursale della creazione di contenuti. Verdiana mette i puntini sulle I senza nemmeno cercarlo e volerlo, fa parlare i fatti presentando la SEO nella sua vera e principale essenza: l'aspetto tecnico. La SEO è e rimane una disciplina fondamentalmente tecnica, Verdiana questo lo sa

e tende a metterlo in evidenza con delle pennellate su aspetti destramente tecnici, quasi da programmazione oserei dire.
Ho conosciuto Verdiana un paio di anni fa, quando lavorava per una delle più grandi e importanti agenzie di web marketing italiane. Mi bastarono due chiacchiere e 20 secondi per capire che avevo di fronte una persona che di SEO ne sapeva a pacchi; insomma una sorta di scienziato pazzo, una figura estremamente tecnica, che ha avuto la fortuna di imparare dai migliori del panorama nazionale.
Se sfoglio l'indice del suo libro mi viene in mente di come questo rifletta per filo e per segno il curriculum e le conoscenze tecniche di Verdiana. Un vero e proprio vademecum di come il lavoro SEO dovrebbe essere affrontato. Ogni singolo passaggio e ogni capitolo narrano con puntuale critica ogni aspetto del lavoro che una persona desiderosa di operare nel mondo del marketing come SEO SPECIALIST dovrebbe conoscere.
Quello che colpisce di questo volume è la straordinaria sintesi e la capacità di descrivere le due macro-aree in cui si divide la SEO on-site e off-page (link building).
Verdiana ovviamente non si ferma a questa distinzione, ma approfondisce anche l'annosa questione di come scrivere contenuti testuali in ottica SEO. Ogni aspetto non lascia nulla al caso: dalla keyword research all'ottimizzazione mobile, dalla gestione dei canonical ai breadcrumb, passando per i menu di navigazione alternativi. Tra i punti più interessanti i capitoli dedicati ai menu di navigazione secondari, all'individuazione dei link rotti, alla gestione dei redirect, alla graceful degradation, al perché sono così importanti la minificazione di JS e CSS, l'ottimizzazione delle immagini, la cache del browser e la gestione del codice in pagina. Insomma c'è tutto! Adesso non ti tedio più e ti lascio alla lettura di uno dei più interessanti libri mai scritti sulla SEO in lingua italiana.

Prefazione

di Stefano Rigazio

Quando Verdiana mi ha chiesto di scrivere la prefazione di questo libro, mi è scesa la lacrimuccia perché ero veramente onorato. Conosco Verdiana da moltissimi anni e devo dire che la reputo una delle SEO specialist più brave in assoluto.
Una "storica" e della vecchia guardia, perché ha iniziato anche lei come me moltissimi anni fa e oggi più che mai è sempre più brava e preparata. Di lei apprezzo e adoro, particolarmente, la sua visione della SEO molto simile alla mia: non solo tecnicismo ma SEO in ottica strategica che è – secondo me – l'arma in più che un SEO deve avere. Strategia prima di tutto!
Collaboriamo spesso e volentieri proprio perché con lei il feeling è incredibile e bastano pochissime parole per capirci: lei sa cosa voglio ottenere e sa cosa fare. Quando si lavora con un professionista vero ecco cosa succede.

Leggendo questo libro capirai cosa voglio dire, capirai cosa vuol dire aver a che fare con un professionista del livello di Verdiana e imparerai gli aspetti SEO tecnici e non, in modo semplice e chiaro.
In giro per la rete ci sono tantissimi tutorial, miliardi di e-book che spiegano gli aspetti della SEO, anch'io in passato ne ho scritti parecchi, ma bisogna prima di tutto avere tempo per scovarli e capire se realmente sono cose funzionanti o se sono solo miriadi di informazioni generiche, che non vanno bene, perché il nostro è "un caso particolare".
Vedrai quali sono gli step indispensabili per fare un "controllo" SEO in modo corretto e imparerai, possiamo dire, un metodo efficace e funzionante. Basato su molti anni di esperienza pratica dell'autrice.
Il metodo è una cosa difficile da trovare nei libri SEO, perché molti di noi hanno "paura" a divulgare il proprio, hanno paura che gli altri possano copiarlo e quindi "superarci", ma con questo libro di Verdiana questo non succederà, perché imparerai davvero il suo metodo, che per me è incredibile provare per credere.
Questo non è un libro per newbie, ma per persone che conoscono la SEO e sentono la mancanza di un qualcosa; quella marcia in più per dare e ottenere risultati concreti ai propri siti o ai siti dei propri clienti; consiglio di tenerlo sempre sulla propria scrivania e a portata di mano, pronto per essere consultato in caso di impellente necessità.
Poca teoria ma tanta pratica, dove imparerai a trovare e risolvere le principali criticità e i problemi lato SEO che di solito i siti/portali soffrono.
Un abbraccio alla mia amica e stimatissima collega Verdiana.

Presentazione

di Claudio Fiorentino

Caro lettore,
se hai iniziato a destreggiarti già da un po' nell'arte della SEO (Search Engine Optimization), la cara amica Verdiana ha raccolto per te, in questo libro, informazioni, casi reali e spunti utili frutto di anni di lavoro in cui ha avuto modo di affrontare e risolvere tante problematiche e criticità differenti.
Ho potuto leggerlo in anteprima, nonché dare un mio contributo (ah, mi presento, sono Claudio Fiorentino aka DonClaudissimo) e sono rimasto colpito dagli esempi concreti riportati nei vari capitoli, che permettono di comprendere al meglio quanto andrai a leggere nel susseguirsi delle pagine. Sebbene – a tratti – siano presenti dei tecnicismi, che potrebbero risultare ostici ad una prima lettura, vedrai che il tutto risulterà facile e istruttivo.
I vari capitoli scorrono velocemente seguendo un flusso di infor-

mazioni, che ti accompagnerà per mano a scoprire cosa si cela dietro il posizionamento di un sito web sui motori di ricerca. A partire dalla ricerca di parole chiave, da utilizzare per la scrittura dei contenuti e la creazione dell'alberatura del sito, fino ad arrivare a nozioni più avanzate, andando così ad abbracciare molteplici esigenze. Sempre strizzando l'occhio a quelle problematiche ricorsive, che si incontrano spesso nell'attività di ottimizzazione, a prescindere del proprio livello di conoscenza SEO.
Certo è che quanto scritto da Verdiana ti sarà utile e non posso che rinnovare l'invito a scegliere questo libro per farti accompagnare in questo mondo dove – da anni – diamo il nostro supporto per incrementare la visibilità online delle aziende e i privati, con l'obiettivo finale di migliorare il loro business.
Un saluto dal DON

Premessa

Con tutti i libri pubblicati sulla SEO nel corso degli ultimi anni, c'era davvero necessità di scrivere un nuovo volume? È la stessa domanda che avevo posto ad Alberto, l'unico programmatore del mondo che quando gli chiedi di fare un'implementazione non ti risponde mai "Non si può fare!". Davanti ad un caffè di svariati mesi fa, Alberto mi chiese: "Perché tutto quello che mi dici ogni giorno in ufficio non lo metti per iscritto in un libro?". La mia risposta – immediata e istintiva – è stata: "Con tutti i libri sulla SEO già in libreria, figurati se ne serve uno mio!". E invece no, perché – mi spiegava Alberto – molti libri sull'argomento che aveva letto illustrano la materia in modo generico, da vari punti di vista, ma sempre dall'alto e spesso senza scendere mai nel dettaglio.
Il libro che mi incoraggiava a scrivere – e che lui stesso avrebbe voluto leggere – doveva contenere non solo i principi chiave fondamentali della SEO, ma anche i consigli pratici, i "tips and

tricks", le conoscenze tecniche, quelle derivanti dall'esperienza quotidiana, dai test effettuati nel corso degli anni. In breve, tutto ciò che permette di sporcarsi le mani e che fa la differenza nel momento in cui si ottimizza un sito.

Questo volume è nato così, con l'obiettivo di fornire un supporto pratico, tecnico e di facile consultazione a coloro che già conoscono i principi base della SEO e vogliono metterli in pratica.

Il testo si rivolge ai programmatori che nel tempo hanno acquisito alcune nozioni base della SEO e vogliono saperne di più, per poter essere autonomi nella gestione di un sito, con particolare riferimento alla SEO tecnica.

Tuttavia, è un volume ricco di spunti anche per i SEO copywriter e ai giornalisti SEO oriented, che conoscono alcune delle strategie SEO relative ai contenuti, ma non dispongono ancora di un quadro d'insieme e non hanno una grande dimestichezza con gli aspetti tecnici.

Il libro rappresenta anche uno strumento utile per i link builder, che potrebbero voler approfondire l'altro lato della SEO, quello on-site, per comprenderne meglio alcune dinamiche tecniche, approfondire le metodologie relative ai contenuti e valorizzare così ulteriormente il loro lavoro quotidiano.

Tuttavia, è stato pensato anche per i web marketing manager, che conoscono alcuni fondamenti della disciplina, ma non hanno una visione approfondita - specie dal punto di vista tecnico - e per i SEO junior, che talvolta non sanno da dove iniziare e hanno difficoltà ad individuare criticità e soluzioni per potenziare i loro siti.

Il volume è strutturato in nove capitoli che affrontano le principali aree tematiche della SEO. Si apre con una parte dedicata all'indicizzazione, agli strumenti del mestiere e alle differenze con il concetto di posizionamento; prosegue con un capitolo dedicato all'importanza e alla gestione dei link interni. Segue una parte dedicata agli aspetti tecnici della SEO on-site, con particolare riferimento alla gestione del codice in pagina, all'importanza della velocità di caricamento, per arrivare alle criticità più diffuse

dei siti mobile e alle soluzioni da adottare per renderli facilmente consultabili e SEO-friendly. Una parte del libro è dedicata all'importanza delle mappe mentali per lo studio del target (o dei possibili target) di riferimento per arrivare alla ricerca delle tematiche (keyword research) e alla creazione e gestione dei contenuti. Seguono un capitolo dedicato alla struttura ideale da adottare per le pagine di un sito e un approfondimento dettagliato sulla link building, con consigli pratici e trucchi sperimentati per crescere in SERP in modo intelligente. In chiusura troverai il capitolo di Claudio Fiorentino dedicato alla scansione di un sito.
Il volume nasce per fornire un supporto di semplice consultazione, pratico e immediato per coloro che si sono già avvicinati al mondo della SEO, ma non hanno ancora un metodo preciso da applicare con regolarità. L'obiettivo, infatti, è fornire una scaletta – semplice, lineare e facilmente comprensibile per tutti – in grado di guidare passo per passo in tutti i passaggi necessari per analizzare un sito dal punto di vista tecnico, creare una strategia efficace a monte, gestire correttamente le pagine già in essere, adottare soluzioni sperimentate e collaudate e pianificare correttamente delle campagne di acquisizione di domini linkanti senza rischi.
A differenza di molti altri volumi sulla SEO, questo vuole fornire specifiche tecniche ed esempi pratici, frutto dell'esperienza quotidiana e di quasi dieci anni di lavoro sul campo, per guidare il lettore e aiutarlo in tutti i passaggi fondamentali dell'analisi e della manutenzione di un sito dalla A alla Z.

1. Che cos'è l'indicizzazione e come funziona

L'indicizzazione è il primo passo fondamentale per poter rendere le pagine del tuo sito visibili nelle SERP (*Search Engine Results Pages*). Il motore di ricerca, infatti, deve prima poter scansionare i tuoi contenuti (in sostanza leggerli ed esaminarli) per poi indicizzarli e restituirli eventualmente nei risultati.
Molto spesso si tende a confondere il concetto di **indicizzazione** con quello di **posizionamento**, due termini che in realtà rappresentano due fenomeni ben distinti. Vediamo, allora, di cosa si tratta esattamente.
L'indicizzazione è il processo che si verifica nel momento in cui il motore di ricerca archivia una pagina di un sito web all'interno del suo indice, in cui sono presenti tutti i contenuti del web che gli spider (noti anche con i sinonimi di bot e crawler) trovano e archiviano all'interno dell'indice di Google (o degli altri motori di ricerca, come Bing-Yahoo, Yandex, Baidu, ecc.). In sostanza, gli

spider non sono altro che dei software particolari che vengono "incaricati" dal motore di ricerca di esaminare e scansionare il web, alla scoperta delle nuove risorse pubblicate in rete. Gli spider riescono a trovare le nuove pagine presenti sul web grazie ai link, che consentono il collegamento diretto tra le risorse e costituiscono il fulcro fondamentale e la vera grande potenza della rete (non a caso chiamata Internet).
Un altro modo utilizzato dai bot per individuare nuove risorse online da indicizzare è la consultazione del file della sitemap XML, che – come vedremo dopo – contiene (o dovrebbe contenere) la lista completa di tutti gli URL del sito da indicizzare.
Una volta individuata una nuova risorsa pubblicata sul web, ad esempio una nuova pagina, lo spider la scansiona, individua le parole fondamentali, la "interpreta" per capirne i concetti chiave e poi – sulla base di questa analisi semantica e ulteriori valutazioni che vedremo nel prosieguo del libro – decide di archiviarla all'interno del suo indice. Questo è il processo di indicizzazione, che consente alle pagine di un sito di essere presenti all'interno dell'archivio del motore di ricerca.
Questo, però, **non vuol dire necessariamente che quelle pagine** indicizzate **siano poi effettivamente visibili tra i risultati** restituiti dai motori di ricerca, a seguito di una query digitata dagli utenti. In breve, il concetto di indicizzazione non deve essere confuso con quello di posizionamento, ovvero di visibilità.
L'indicizzazione è sicuramente il primo passo per far in modo che il motore di ricerca si accorga del tuo sito e lo prenda in considerazione, inserendo le pagine all'interno del suo grande archivio. Tuttavia, ciò non basta, occorre agire poi in modo mirato – come vedremo nelle pagine a seguire – per poter attuare una serie di strategie in grado di valorizzare il sito, renderlo autorevole per le tematiche trattate e affidabile agli occhi del motore di ricerca. In questo modo, è possibile gettare le basi per poter posizionare un sito sempre più in alto nei risultati di ricerca. È così che le pagine del tuo sito potranno essere visibili e intercettare nuovi utenti

grazie al canale dei motori di ricerca (in gergo tecnico *traffico organico*).

1.1. Gli strumenti per gestire l'indicizzazione

Per favorire, accelerare e migliorare il processo di indicizzazione da parte del bot del motore di ricerca, è possibile ricorrere ad alcuni strumenti gratuiti a disposizione dei webmaster, i quali consentono di "dialogare" più facilmente – e in maniera diretta – con i crawler che esaminano costantemente le risorse presenti in rete alla ricerca di nuove informazioni da identificare, catalogare e archiviare. Tra questi c'è sicuramente la sitemap in formato XML, che consente di sottoporre al bot un elenco completo e dettagliato di tutte le pagine del sito da indicizzare; la Google Search Console (ex Google Webmaster Tool), che permette di sottoporre e segnalare al motore di ricerca la sitemap XML; e il file robots.txt, che permette di fornire al bot indicazioni precise su ciò che deve essere consultato e indicizzato e ciò che, invece, deve essere ignorato.
Esistono poi altre istruzioni e ulteriori strumenti da poter utilizzare per velocizzare l'indicizzazione dei contenuti di un sito, ma i tre sopra elencati rappresentano sicuramente una base di partenza importante, semplice da implementare ed efficace.

1.2. Gli status code: cosa significano e come gestirli

Prima di vedere da vicino l'elenco dei più comuni status code (codice di risposta delle risorse web erogato dal server a fronte di una richiesta da parte di un browser) per capire esattamente cosa sono, cosa vogliono dire e come gestirli al meglio, è opportuno tenere a mente che l'indice di un motore di ricerca è composto da un lungo elenco di URL (che sta per Uniform Resource Locator) ovvero gli indirizzi fisici delle pagine dei siti web, che il motore di ricerca visita e indicizza.

Questo elenco di URL viene aggiornato e revisionato continuamente dal motore di ricerca in funzione di ciò che accade fisiologicamente sul web: siti nuovi che vengono pubblicati e, quindi, nuove pagine rese disponibili online, siti che scompaiono per mancato rinnovo del dominio, contenuti che vengono cancellati ed eliminati definitivamente, pagine redirezionate su altre sezioni dello stesso sito o addirittura su siti differenti. Il web è un mondo in costante fermento e questi cambiamenti sono all'ordine del giorno. Il motore di ricerca – nel momento in cui accede ai vari siti – registra questi fenomeni, li monitora e – in base a ciò che scopre – aggiorna il suo indice.
Per consentire al motore di ricerca di scansionare, interpretare e archiviare correttamente le pagine di un sito, è fondamentale eliminare tutti gli eventuali errori che potrebbero ostacolare o mettere in pericolo il processo di scansione. In sostanza, **occorre facilitare la vita al bot** facendo in modo che tutte le pagine rispondano correttamente nel momento in cui vengono richieste. Per farlo è necessario prestare attenzione agli status code, ovvero dei codici che identificano e comunicano al motore di ricerca lo status e le caratteristiche di ciascuna pagina scansionata. Si tratta di una comunicazione codificata che avviene tra il server e il client (nel caso specifico il browser dell'utente). Come anticipato sopra, quando l'utente (o il bot del motore di ricerca) richiede di consultare un determinato URL di pagina di un sito, il server – nel momento in cui viene interrogato – restituisce, tra le altre informazioni, anche lo status code, **un codice identificativo della pagina**. Conoscere il significato di ciascuno degli status code più importanti – e capire come ciascuno status viene interpretato e considerato dal motore di ricerca – **è fondamentale per poter gestire** correttamente il **processo di indicizzazione delle pagine**.
Esistono più di cinquanta status code differenti, ognuno dei quali ha naturalmente un significato e un messaggio preciso. Tuttavia – per ciò che concerne le dinamiche e il processo di indicizzazione –

saranno elencati solo quelli più comuni e importanti per il motore di ricerca. Qui di seguito, accanto ad ogni codice numerico è presente il significato corrispondente:

- **200**: la risorsa richiesta è disponibile (riuscita)
- **301**: la risorsa è stata redirezionata definitivamente verso un'altra risorsa
- **302**: la risorsa è stata redirezionata momentaneamente verso un'altra risorsa
- **403**: la richiesta è valida, ma non può essere soddisfatta
- **404**: la risorsa non è stata trovata, ma potrebbe essere disponibile in futuro
- **410**: la risorsa – disponibile in passato – ora non è più accessibile e non lo sarà più in futuro, perché eliminata
- **500**: messaggio generico di errore del server fornito a seguito di una condizione imprevista
- **503**: il server non è disponibile per sovraccarico o manutenzione.

Lo **STATUS CODE 200** è la risposta che il server fornisce al client (e al bot del motore di ricerca) **quando la risorsa richiesta è disponibile**. Tutte le pagine disponibili e consultabili di un sito dovrebbero restituire sempre lo status code 200, codice che – in assenza di indicazioni diverse – consente al motore di ricerca di archiviare la pagina all'interno del suo indice, attività che avviene prima di procedere al processo di analisi per valutare come posizionarla.
Lo **STATUS CODE 301** è il codice che viene restituito nel momento in cui una pagina viene **redirezionata definitivamente** – perché modificata o cancellata – verso una pagina simile o alternativa. Questo status code dovrebbe essere utilizzato nei casi in cui, ad esempio, si decide di cancellare una pagina (la scheda di un prodotto fuori produzione, che non potrà mai più tornare disponibile, oppure un articolo che tratta un argomento che viene approfon-

dito in modo più preciso ed esteso su un'altra pagina) e **redirezionarla verso un altro URL** in cui è presente un contenuto simile (un prodotto alternativo della stessa categoria di quello non più disponibile, un contenuto/guida più ampio ed esaustivo di quello eliminato). In questo modo, si evita di avere due o più contenuti in concorrenza tra loro per un medesimo argomento o, meglio ancora, per le stesse parole chiave utilizzate dagli utenti nella ricerca.
In linea generale, quando decidi di cancellare un contenuto dal tuo sito, per non perdere il traffico organico ottenuto (quello proveniente dai motori di ricerca) e, soprattutto, non perdere l'autorevolezza acquisita nel tempo da quella determinata pagina, è opportuno indicare al crawler (e di conseguenza anche all'utente) l'indirizzo di una pagina alternativa, utilizzando lo status code 301 (redirezione permanente e definitiva). In questo caso, il motore di ricerca farà confluire il valore (almeno in parte) della pagina non più disponibile verso la **nuova pagina di destinazione**.

Lo **STATUS CODE 302**, pur essendo simile al 301, identifica un redirezionamento momentaneo da una pagina ad un'altra. Questo status code dovrebbe essere utilizzato, ad esempio, quando all'interno di un e-commerce finiscono le scorte di un determinato prodotto, ma solo per un periodo di tempo limitato. In questi casi, il bot del motore di ricerca (e anche il potenziale cliente che arriva sulla pagina del prodotto non disponibile) viene **redirezionato momentaneamente** su una pagina alternativa (un prodotto simile) ma solo fino a quando la merce non tornerà nuovamente disponibile. In questo caso il motore di ricerca continuerà a mantenere nel suo indice l'URL della pagina originaria, quella che tornerà presto disponibile.
Lo **STATUS CODE 403** viene restituito dal server al client quando la richiesta inoltrata era valida, ma il server la rifiuta. È il codice che viene generalmente restituito quando – per poter consultare una

pagina – **è necessario disporre di autorizzazioni particolari**, credenziali di accesso o di un account specifico. L'importante – per un sito che funzioni correttamente da questo punto di vista – è verificare che questo specifico status code venga restituito solo in situazioni particolari, ovvero quando si desidera riservare l'accesso alle pagine solo ad alcuni utenti; il caso tipico è quello di un sito in sviluppo/staging o di un pannello personalizzato per l'utente.

Lo **STATUS CODE 404** è il codice tipico di errore delle risorse non trovate, identificato, non a caso, con la dicitura "not found". Ciò avviene, ad esempio, quando si digita per errore un URL che non esiste (e non è mai esistito) o quando una pagina non è più disponibile sul sito, perché **disattivata o eliminata**. Il motore di ricerca non include nel suo indice le pagine di errore 404 ed è importante che questo status code venga restituito dal server solo ed esclusivamente se un utente digita un URL inesistente nella barra di navigazione o se accede ad una pagina cancellata (non redirezionata).
Di per sé, la presenza di pagine che restituiscono uno status code di errore 404 non rappresenta un problema per l'autorevolezza del sito e il suo posizionamento, tuttavia se il numero di questi errori dovesse crescere in modo progressivo e incontrollato **potrebbe rappresentare una criticità**. In questi casi, occorre effettuare alcune verifiche, ad esempio:

- che il CMS[1] non generi in automatico pagine 404
- che nel sito non ci siano link verso pagine 404
- che nel sito non ci siano link scritti in modo errato.

Esiste poi uno status code non ufficiale – il **SOFT 404** – introdotto da Google per identificare quelle che pagine che – pur essendo

[1] CMS: Content Management System.

disponibili e con uno status code 200 – dovrebbero in realtà restituire uno status code 404. Questo avviene, ad esempio, quando **una pagina è semivuota**, oppure quando – pur restituendo ufficialmente uno status code 200 – contiene un messaggio di errore, perché si tratta di un contenuto non presente sul sito. In breve, il motore di ricerca è in grado di capire se c'è stato un errore nella configurazione del server, per cui una pagina di errore è in realtà tecnicamente disponibile. È importante evitare che nel sito siano presenti URL identificati dal motore di ricerca come "soft 404", facendo attenzione a creare nuove pagine solo quando si hanno contenuti da pubblicare. In sostanza, **è fondamentale evitare la presenza di pagine vuote, semivuote** e – più in generale – **prive di valore**.

A differenza di quanto avvenga con le pagine di errore 404, le soft 404 – restituendo uno status code 200 – possono essere indicizzate dal motore di ricerca. Questa rappresenta una possibile criticità, specie se il sito è di grandi dimensioni e contiene un gran numero di pagine, perché tenderà a distrarre il bot del motore di ricerca facendogli perdere tempo prezioso nella scansione del sito e, di conseguenza, crawl budget[2] su contenuti di scarso valore. In sostanza, considerando che il bot di ricerca dedica alla scansione delle tue pagine un tempo limitato (che varia a seconda dell'entità, della storicità e dell'autorevolezza del sito),

DISPERDERE LA SUA ATTENZIONE
SU PAGINE DI SCARSO VALORE
SIGNIFICA IMPEDIRGLI DI VISUALIZZARE
E CONSIDERARE ALTRI CONTENUTI DI MAGGIOR INTERESSE
E IMPORTANZA PER IL BUSINESS DEL TUO SITO.

[2] Per semplificare, il crawl budget è un budget (di tempo e risorse) che il motore dedica al tuo sito ogni volta che lo visita.

Uno degli strumenti più importanti per controllare la presenza di errori 404 e soft 404 (ma anche per effettuare altre verifiche diagnostiche e rilevare tantissime potenziali criticità del sito) è la Search Console di Google, attivabile con un account Google (se hai Gmail hai già un account Google) che riporta l'elenco degli errori individuati negli ultimi mesi durante le scansioni periodiche effettuate sul sito.
Attraverso la consultazione periodica della Google Search Console (GSC) è possibile anche capire con relativa completezza e precisione:

- quali pagine riportano l'errore 404
- quali pagine contengono link verso pagine di errore 404
- quali pagine sono state classificate come soft 404.

Lo **STATUS CODE 410** – sebbene sia molto meno frequente rispetto a tutti gli altri – identifica una pagina presente in passato sul sito e **oggi non più disponibile**. Questo status code viene usato, ad esempio, quando non esiste una pagina alternativa cui poter redirezionare un contenuto eliminato.
Lo **STATUS CODE 500** rappresenta – per l'indicizzazione delle pagine del tuo sito – una criticità da non trascurare. Come anticipato sopra, si tratta di un **errore generico** che include tutto ciò che può succedere in modo inaspettato e che impedisce di fatto di visualizzare il sito. Generalmente, viene restituito a seguito di un errore nella configurazione del server, che determina, come conseguenza, un malfunzionamento. **Il motore di ricerca non indicizza le risorse che restituiscono lo status code 500**. Proprio per questa ragione, è fondamentale assicurarsi che le pagine da indicizzare restituiscano sempre e soltanto lo status code 200. Ma c'è di più, perché un sito già presente nell'indice del motore di ricerca (quindi già sottoposto a regolare indicizzazione) **può essere cancellato dall'archivio** se le pagine richieste dal bot a distanza di tempo restituiscono ripetutamente lo status code 500.

L'ultimo status code del server davvero importante e da conoscere assolutamente è il **503**. Questo codice indica al bot che **il sito è in manutenzione** e può essere affiancato (sempre nell'intestazione http) da un'istruzione (retry after) che chiede al crawler del motore di ricerca di scansionare nuovamente il sito dopo un determinato numero di ore (espresso in secondi), al termine della manutenzione. È importante, quindi, utilizzarlo nei casi in cui si mette mano al sito per un aggiornamento, indicando al bot quando poter ripassare. In linea generale, è sempre opportuno utilizzare questo status code per alcune ore e non per settimane.

1.2.1. Status code: un esempio pratico

Per capire meglio come gestire gli status code del tuo sito e far in modo che ogni pagina – nel momento in cui viene richiesta dal browser di un utente o dal bot di ricerca – fornisca la risposta più corretta, facciamo un esempio pratico.

Simuliamo una delle situazioni più frequenti che si verificano, ad esempio, negli e-commerce e nei siti di annunci, due settori in cui la pagina del singolo prodotto in vendita o dell'annuncio pubblicato è decisamente molto volatile. Nel momento in cui il prodotto venduto non è più disponibile (ad esempio non è più reperibile presso il fornitore, non viene più prodotto, oppure l'e-commerce ha cambiato gli accordi con l'azienda fornitrice e ha deciso di non venderlo più, ecc.), la pagina viene rimossa, perché non ha più senso mostrarla all'utente, né al motore di ricerca. Eliminando quella pagina, la risposta del server dovrebbe essere un codice di errore 404, che dice appunto che la pagina non esiste; in alternativa dovrebbe rispondere 410 (gone), codice che identifica, nello specifico, una pagina non più presente sul sito.

Tuttavia, se si desidera conservare il trust acquisito nel tempo da quella pagina e sfruttarne il potenziale offerto fino a quel momento, **è consigliabile redirezionare l'URL verso un contenuto simile**, utilizzando lo status code 302 o 301, a seconda del caso specifico. Se il prodotto che oggi non è possibile acquistare tornerà di nuovo disponibile sul sito, è raccomandabile adottare un redirect lato server di tipo 302, che consente di far capire al motore di ricerca che si tratta di una redirezione temporanea e che il vecchio prodotto tornerà disponibile a breve. Se, invece, si tratta di un prodotto non più disponibile in modo definitivo, allora è auspicabile adottare un redirect di tipo 301, in modo da far capire al motore di ricerca che si tratta di una redirezione permanente. Con la redirezione di tipo 301 (definitiva), il valore e l'autorevolezza della pagina scaduta – relativi al prodotto eliminato – vengono trasferiti (almeno parzialmente) alla nuova pagina di destinazione cui il vecchio URL viene reindirizzato. In questo modo, non si rischia di perdere il valore acquisito dalla pagina eliminata. Ma c'è di più, perché – adottando una redirezione di tipo 302 o 301 da una pagina scaduta a un contenuto alternativo simile – si evita la perdita di traffico organico: l'utente che dai risultati del motore di ricerca clicca sull'URL di una pagina scaduta, o accede direttamente all'URL di una pagina che aveva salvato tra i preferiti, viene traghettato in automatico su un contenuto simile, sul quale – con molta probabilità – continuerà a navigare.

Una prassi piuttosto frequente, soprattutto tra gli e-commerce, **è lasciare attiva** – con uno status code 200 – la **pagina del prodotto indisponibile**, accompagnata da un **messaggio** in cui si avverte l'utente che l'articolo proposto non è al momento acquistabile. Questa strategia può essere adottata in alcuni casi, ma solo se è davvero opportuno, ad esempio se il prodotto tornerà disponibile e se la pagina è molto visibile nelle SERP del motore di ricerca, oppure se quel determinato articolo, oggi fuori catalogo, ha portato al sito un numero considerevole di visite o ha fatto registrare un alto tasso di vendite nell'arco di un breve periodo. In breve, **se la pagina ha realmente un grande valore rispetto alle altre**, allora vale la pena adottare questa strategia, conti-

nuando ad attirare traffico per poi convogliare l'utente, attraverso una navigazione guidata e mirata, su altre pagine simili e strategiche del sito.
Questo però – va ribadito – vale solo per alcune rare eccezioni; nella maggior parte dei casi, nel momento in cui una pagina scade o perde la sua validità, non deve più restituire uno status code 200. Il **rischio**, infatti, è di **generare un numero altissimo di pagine "soft 404"**, ovvero contenuti di scarso valore (o di valore inesistente, perché relativi a prodotti non più acquistabili) che fanno perdere tempo al motore di ricerca distraendolo dai contenuti più importanti per il business del sito.

1.2.2. Status code: errori nelle intestazioni HTTP

Un altro fenomeno tutt'altro che raro in questo specifico ambito è rappresentato dagli errori nella gestione e nell'impostazione del server, che possono manifestarsi, nelle intestazioni http delle singole pagine, con **status code non corretti**. La presenza di uno status code errato può determinare diverse tipologie di criticità; tra le più comuni troviamo – come illustrato nei paragrafi precedenti – lo **spreco del crawl budget**. Ciò si verifica nei casi in cui sono presenti delle pagine soft 404, ovvero – come illustrato precedentemente – quando delle pagine di errore (pagine inesistenti o non più presenti sul sito) e quindi prive di contenuto non restituiscono uno status code 404 o 410, ma uno status code 200, tipico delle risorse disponibili. In questi casi, si induce il bot del motore a visitare pagine prive di valore; in questo modo, come abbiamo visto, si distoglie la sua attenzione dai contenuti rilevanti per il sito.
Esistono però dei casi ancora più critici, che possono diventare addirittura pericolosi per l'indicizzazione e la visibilità del sito sui motori di ricerca.
Ciò avviene, ad esempio, quando le **pagine di contenuto presenti e fruibili sul sito**, che vengono quindi mostrate agli utenti,

rispondono con uno status code 404 o 500, invece che con lo status code 200, tipico delle risorse disponibili. Ciò rappresenta un problema, naturalmente, perché in questo modo si forniscono al motore di ricerca delle pagine che sono codificate e identificate come contenuti "da non indicizzare".
In altri casi ancora, questi errori a livello di server possono essere presenti solo se la pagina viene visitata e scansionata dallo user-agent relativo al bot di Google (o a tutti i motori di ricerca). Ciò vuol dire che – per una impostazione errata del server – una pagina può restituire uno status code 200 se viene visitata da uno user-agent di un qualsiasi browser usato dagli utenti, come Firefox o Chrome, e **uno status code differente (500, 302, 301, ecc.) se visitata dal bot di Google**. È, quindi, fondamentale effettuare periodicamente una scansione completa del sito utilizzando Screaming Frog[3] (uno dei tool più precisi e affidabili al momento che consente di simulare il comportamento del bot di Google e leggere le pagine e i loro contenuti come se fosse il motore di ricerca), avendo cura di spuntare, nelle impostazioni, lo user-agent Googlebot.
Per risolvere queste problematiche, è necessario fare riferimento al tuo sistemista, che dovrà effettuare un controllo approfondito sulle impostazioni del server, individuare le criticità e risolverle, facendo in modo che ogni tipologia di risorsa restituisca lo status code corretto, **indipendentemente dallo user-agent che la richiederà**.

1.3. La sitemap XML

Un file di sitemap XML è un elenco di URL codificati – tramite appunto la sintassi XML – che costituisce un vero e proprio **indice**

[3] Screaming Frog è un software realizzato da un'agenzia inglese che consente di scansionare nel dettaglio tutte le pagine del tuo sito, in modo capillare, per poterle poi analizzare.

di tutte le pagine da indicizzare del sito. Ogni URL elencata all'interno dell'indice è accompagnata da informazioni e specifiche che consentono al motore di ricerca di interpretare correttamente il valore e le caratteristiche della pagina. Questo file serve, infatti, a facilitare il lavoro di scansione e interpretazione del bot, in particolare quando il sito ha un numero elevato di pagine da indicizzare o è caratterizzato da una struttura e un'architettura informativa molto profonda, difficile da scansionare.
Sebbene questo file non abbia nulla a che fare con il posizionamento, è estremamente importante per segnalare al motore di ricerca l'esistenza delle pagine che desideri indicizzare, le loro caratteristiche, in modo da consentirgli la corretta archiviazione all'interno del suo indice.

Con il file di sitemap.xml puoi fornire ai motori di ricerca tutte le informazioni relative agli URL del sito che desideri indicizzare. Ma non è tutto, perché – oltre all'elenco completo degli URL da archiviare nel suo indice – per ogni singola pagina è possibile (e auspicabile) **aggiungere anche altre informazioni** molto utili al bot in fase di crawling, come la data dell'ultimo aggiornamento e la frequenza con la quale vengono aggiornate le singole pagine. Infine, sebbene sia diventata un'informazione poco rilevante perché a discrezione del motore, è sempre bene inserire anche la **priorità di scansione**, ovvero l'importanza gerarchica di ciascun URL rispetto a tutte le altre pagine presenti all'interno del sito.

1.3.1. Limitazioni del file di sitemap XML

Il file di sitemap XML presenta delle limitazioni particolari, che – tuttavia – riguarderanno solo i siti più complessi e con un ampio numero di pagine. Uno dei limiti della sitemap in questo formato, infatti, è proprio nel numero di URL che può contenere al suo interno: non più di **50.000 URL di pagina**, per un peso complessivo inferiore ai 50MB (non compressa).

Se il numero di pagine da indicizzare dovesse essere maggiore, puoi ricorrere alla creazione di una **SITEMAP INDICE** (sitemap_index.xml) che conterrà al suo interno altre sitemap tematiche, ad esempio una per ogni macrocategoria principale del sito o una per ogni sottocategoria. In questo modo, le mappe tematiche saranno incluse ed elencate all'interno di quella principale. Al motore di ricerca verrà sottoposta soltanto la sitemap index, dalla quale potrà accedere da solo alle sitemap minori.

1.3.2. Requisiti del file di sitemap XML

Per fornire al motore di ricerca un file di sitemap XML davvero utile ed efficace ai fini dell'indicizzazione, è fondamentale seguire alcune semplici ma essenziali regole, affinché il file abbia tutti i requisiti fondamentali richiesti.
Ad esempio, è importante che gli URL delle pagine elencate all'interno del file di sitemap XML siano **canonici**. Gli URL canonici – o principali – sono quelli privi di parametri generati dalla selezione di eventuali filtri (e dovrebbero essere anche privi di caratteri alfa-numerici non parlanti o di id relativi alle sessioni di navigazione).
Inoltre, la sitemap deve contenere solo gli URL delle pagine davvero importanti del sito e, quindi, solo quelle da indicizzare, come la home page, le pagine di categoria, quelle di sottocategoria, le pagine foglia (prodotti, annunci, articoli) ed eventuali altri contenuti fondamentali, ad esempio le pagine informative del blog o della sezione guide/notizie. Tra i requisiti fondamentali di un file di sitemap XML c'è anche **l'aggiornamento automatico dell'indice**. Ogni volta che viene pubblicata una nuova pagina (un nuovo prodotto, una nuova sezione o un contenuto informativo prima inesistente) l'elenco del file di sitemap.xml si deve aggiornare in modo automatico, aggiungendo, quindi, il nuovo URL e le relative informazioni, ovvero la data dell'ultimo aggiornamento (o della pubblicazione) implementando il parametro <lastmod>, la

frequenza di aggiornamento <changefreq> e la priorità di riferimento, con il parametro <priority>.
Contestualmente, tutte le pagine non più attive sul sito – ad esempio quelle eliminate che rispondono con uno status code 404 o quelle redirezionate verso un'altra pagina alternativa con un 302 o un 301 – devono essere rimosse in automatico dal file. Andranno escluse dal file di sitemap XML tutte quelle pagine che non è utile indicizzare, per le quali sono state già predisposte delle misure; ad esempio è fondamentale evitare di inserire le pagine implementate con l'istruzione "**NOINDEX**" (che comunica al bot di leggere e archiviare il contenuto della pagina, ma di non restituirlo in SERP) e quelle bloccate a monte direttamente dal file robots.txt.
Da sapere che i principali CMS consentono di creare, gestire e aggiornare in automatico – attraverso specifici plugin/moduli – l'aggiornamento della sitemap, in base alle indicazioni presenti nel backend del sito.

1.3.3. Struttura del file di sitemap XML

Per poter generare correttamente un file di sitemap XML – che sia in grado di comunicare con il motore di ricerca e indicargli con esattezza quali siano le risorse da inserire all'interno del suo indice – è fondamentale che la sintassi inizi con un tag di apertura <urlset> e termini con un tag di chiusura </urlset>.
All'interno dell'url set dovrà esserci – per ogni URL elencato nel file – un tag di apertura <url>, che conterrà a sua volta il tag <loc> per specificare l'indirizzo standard di ogni pagina e le specifiche relative ad ogni URL: <lastmod>, <changefreq> e <priority>.

Qui di seguito un esempio di struttura di file XML, con i tag richiesti per comunicare correttamente tutti i valori da inviare al motore di ricerca:

```
<?xml version=»1.0» encoding=»UTF-8»?>
<urlset xmlns=»http://www.sitemaps.org/schemas/sitemap/0.9»>
<url>
        <loc>https://www.miosito.it/</loc>
        <lastmod>2019-03-15</lastmod>
        <changefreq>daily</changefreq>
</url>
<url>
        <loc>https://www.miosito.it/categoria-uno</loc>
        <lastmod>2019-03-15</lastmod>
        <changefreq>weekly</changefreq>
</url>
<url>
        <loc>https://www.miosito.it/categoria-due</loc>
        <lastmod>2019-03-15</lastmod>
        <changefreq>weekly</changefreq>
</url>
<url>
        <loc>https://www.miosito.it/sottocat-uno</loc>
        <lastmod>2019-04-20</lastmod>
        <changefreq>weekly</changefreq>
</url>
<url>
        <loc>https://www.miosito.it/sottocat-due</loc>
        <lastmod>2019-04-23</lastmod>
        <changefreq>weekly</changefreq>
</url>
<url>
        <loc>https://www.miosito.it/prodotto-uno</loc>
        <lastmod>2019-02-18</lastmod>
        <changefreq>monthly</changefreq>
</url>
<url>
        <loc>https://www.miosito.it/prodotto-due</loc>
        <lastmod>2019-05-16</lastmod>
        <changefreq> monthly </changefreq>
</url>

</urlset>
```

Per poter implementare correttamente e con rapidità i parametri di un file di sitemap XML, è possibile fare riferimento ai valori esposti qui di seguito. Per l'assegnazione della frequenza è consigliabile assegnare i seguenti valori:

- homepage: daily
- pagina di categoria: weekly
- pagina di sottocategoria: weekly
- pagina foglia/prodotto/contenuto: weekly.

Per l'assegnazione della frequenza è consigliabile assegnare i seguenti valori:

- homepage: 1.0
- pagina di primo livello: 0.9
- pagina di secondo livello: 0.8
- pagina foglia/prodotto/contenuto: 0.7.

1.3.4. Come generare un file di sitemap XML

Per generare correttamente un file di sitemap XML è possibile ricorrere a vari strumenti presenti oggi sul web, che possono variare a seconda della piattaforma e dal CMS utilizzato.

Ad esempio, se il tuo sito è in WordPress, è sufficiente installare un plugin (i più utilizzati sono Yoast e Google XML Sitemaps), impostare correttamente i parametri presenti e attivarlo. Se invece il sito è realizzato con Joomla, è possibile ricorrere a OsMap oppure JSitemap.

Chi utilizza Magento, invece, dovrà impostare le configurazioni

presenti all'interno del menu CATOLOGO, in corrispondenza della voce SITEMAP GOOGLE. Infine, per chi usa Prestashop è disponibile un modulo specifico dedicato: Google Sitemap.
Esistono, poi, una serie di tool, che – una volta fornito l'URL della homepage – effettuano una scansione delle pagine presenti all'interno e generano in pochi minuti una sitemap XML di tutto il sito.

Tra questi:

`https://www.xml-sitemaps.com/`
`http://www.web-site-map.com`

Una volta che il tool ha generato la sitemap, è opportuno assicurarsi che sia valida e che tutto sia in ordine; per farlo basta inserire l'URL della mappa in uno dei tool destinati alla validazione:

`https://www.xml-sitemaps.com/validate-xml-sitemap.html`

Sebbene esistano varie opzioni per creare una sitemap in automatico e senza troppa fatica, il tool maggiormente utilizzato per la generazione automatica è Screaming Frog.
Per generare una sitemap XML con Screaming Frog, sarà sufficiente effettuare una scansione completa del sito, inserendo nell'apposito campo l'URL principale del tuo dominio, cliccare sull'etichetta SITEMAPS presente nel menu in alto e selezionare la voce CREATE XML SITEMAP. Come anticipato sopra, sarà necessario escludere dal file l'elenco di tutte le pagine in cui è presente l'istruzione "noindex" (Screaming Frog lo fa di default).

In figura 1.1 i due passaggi fondamentali da affrontare per la creazione della sitemap XML: al termine, sarà sufficiente cliccare sul comando SUCCESSIVO in basso e salvare il file.

Figura 1.1. Passaggi fondamentali per creare una sitemap XML con Screaming Frog

1.3.5. Invio della sitemap XML a Google

Una volta generata correttamente la sitemap XML, con tutti i parametri necessari illustrati sopra, è importante caricare il file (via ftp) nella cartella principale del sito (naturalmente non è necessario caricarla se per generarla usi un plugin del CMS) e poi inserirne l'URL nell'apposita sezione dedicata della Google Search Console (nella sezione SITEMAP -> AGGIUNGI UNA NUOVA SITEMAP). In questo modo, si potrà attirare l'attenzione del bot e fare in modo che possa consultare in tempi rapidi il file con l'elenco di tutti gli URL inseriti all'interno. Contestualmente, l'indirizzo della sitemap principale (qualora sia stato necessario creare una sitemap indice e delle sotto-sitemap secondarie) dovrà essere **inserito anche all'interno del file robots.txt** (l'indirizzo della sitemap xml dovrà essere messo in calce a tutte le altre direttive presente nel file robots.txt), in modo tale che il motore di ricerca possa vederlo e consultarlo con facilità, trovandolo elencato nella prima risorsa che richiede prima di iniziare la scansione di un sito web.

1.4. Il file robots.txt

Il file robots.txt – il primo file che il bot consulta prima di procedere alla scansione delle altre risorse del sito – è un file in formato testuale, che va inserito nella root del sito e consente di fornire al motore di ricerca una serie di informazioni importanti per la scansione e l'indicizzazione delle pagine del tuo sito.
Ad esempio, permette di fornire ai bot dei motori di ricerca **l'elenco delle risorse che non devono essere scaricate** – e quindi consultate e archiviate all'interno del loro indice – ma è anche il file in cui deve essere inserito l'indirizzo della sitemap XML, affinché sia facilmente consultabile dal crawler.

1.4.1. Il robots.txt è sicuro?

Ciò che viene fatto molto spesso dai webmaster – per bloccare l'indicizzazione e la visualizzazione di risorse particolari e delicate, come cartelle sensibili con informazioni riservate, oppure

risorse premium – è inserire nel file robots.txt il path delle cartelle e/o delle pagine che non devono essere scaricate dal bot del motore di ricerca e che, di conseguenza, non devono essere restituite nei risultati delle SERP.
In realtà, in questi casi, sarebbe più opportuno gestire diversamente le pagine che non si vogliono far indicizzare.

Nel caso, ad esempio, di una cartella sensibile, contenente dei dati particolari che non si vogliono divulgare o di una parte del sito in staging, è **raccomandabile consentirne l'accesso solo con delle specifiche credenziali** (destinate naturalmente solo agli addetti ai lavori). In tutti gli altri casi, invece, in cui si desidera semplicemente impedirne la restituzione nelle SERP, è sufficiente **inserire l'istruzione "NOINDEX"** all'interno dell'intestazione della pagina (invece che bloccarle dal robots.txt). Questo perché c'è una importante differenza tra la direttiva "noindex" e l'istruzione "disallow" che consente di bloccare una risorsa via robots.txt. Nel primo caso, si chiede semplicemente al bot di non indicizzarla; questo significa che il motore di ricerca leggerà l'URL della pagina, entrerà al suo interno, scansionerà il contenuto, ma non restituirà questa pagina all'interno dei risultati di ricerca.
Originariamente questa istruzione – come suggerisce il nome stesso – impediva al motore di ricerca di inserire la pagina all'interno del suo indice, semplicemente non la indicizzava. Oggi, invece, il valore della direttiva è leggermente diverso: Google indicizza la pagina con l'istruzione "noindex", ciò vuol dire che la inserisce all'interno del suo database, ma poi non la restituisce in SERP.
L'istruzione "disallow" del robots.txt, al contrario, impedisce al motore di ricerca di scaricare – e quindi di consultare – una determinata pagina. Ciò significa che il crawler, una volta arrivato su quel determinato URL, non potrà scansionare la pagina, perché c'è la direttiva del robots che gli impedisce di scaricarla.
Per questo è totalmente inutile, ad esempio, inserire una pagina

in "disallow" all'interno del robots.txt e contemporaneamente inserire nell'intestazione di quella stessa risorsa un'istruzione "noindex". Non potendo scaricarla, il motore di ricerca non leggerà neppure l'istruzione presente all'interno, che gli chiede di non indicizzarla.

Ma perché – per non indicizzare una pagina - è più opportuno utilizzare il "noindex" invece che il "disallow" nel robots.txt?
Poniamo l'ipotesi di un caso piuttosto frequente. Si inserisce in disallow, all'interno del file robots.txt, l'URL di una pagina che non si vuole far indicizzare. Un utente che trova la pagina interessante la linka nella sezione dei commenti di un sito o in una delle pagine del suo blog. A questo punto, il bot vedrà il link postato e lo seguirà, ma – trovando la pagina tra le risorse inserite in disallow all'interno del robots – indicizzerà solo l'URL senza snippet, generando così un risultato di ricerca tronco, sgradevole da vedere e, soprattutto, senza alcuna utilità.
A questo punto, dovresti aver intuito che – ad esclusione di alcune particolari eccezioni che vedremo nei prossimi paragrafi – per impedire che una pagina venga indicizzata o, meglio, restituita nei risultati di ricerca consultati poi dagli utenti – è opportuno utilizzare il meta robots con valore "noindex" all'interno dell'intestazione della pagina.

Inoltre, l'utilizzo del file robots.txt è fondamentale per bloccare l'accesso a tutti quei bot dei motori di ricerca che non interessano. Ad esempio, se il tuo sito è unicamente in lingua italiana, potrebbe essere opportuno bloccare tutti i bot dei motori di ricerca stranieri, che non avrebbero alcun interesse a consultare le tue pagine, come il motore di ricerca cinese Baidu, quello russo Yandex, e così via, che consumerebbero inutilmente della banda preziosa. In questo modo, infatti, il tuo sito verrebbe rallentato mentre questi bot ne effettuano la scansione, peggiorandone le prestazioni a danno degli utenti che lo stanno visitando.

Nello specifico, un file robots.txt, di base, dovrà contenere almeno l'URL della sitemap XML, secondo la seguente sintassi:

```
User-agent: *
Disallow:
Sitemap: https://www.miosito.it/sitemap.xml
```

In questo modo, quando il motore di ricerca andrà a consultare questo file, troverà immediatamente l'indirizzo della sitemap XML dalla quale poter accedere a tutte le altre pagine del sito.
Qualora invece si desideri bloccare i crawler "estranei", si dovranno inserire altre righe di testo.

Qui di seguito un esempio di sintassi per bloccare Baidu e Yandex:

```
#Baiduspider
User-agent: Baiduspider
Disallow: /
#Yandex
User-agent: Yandex
Disallow: /
Sitemap: https://www.miosito.it/sitemap.xml
```

In questo modo, avranno accesso al sito solo i crawler dei motori di ricerca effettivamente utili per l'indicizzazione e il posizionamento delle pagine del sito sui mercati interessanti.

1.5. Il tag robot

Un tag robot è un'istruzione nel codice HTML di una pagina che comunica ai motori di ricerca quali pagine del tuo sito devono essere indicizzate e quali no. Le sue funzioni sono simili a quelle delle istruzioni inserite nel file di testo robots.txt. Tuttavia, questo tag viene generalmente utilizzato per impedire ai motori di ricerca di indicizzare singole pagine, mentre il file robots.txt impedisce loro di indicizzare un intero sito o una sua parte.

Il codice HTML appare così:

```
<meta name="robots" content="index, follow">
```

Questo strumento è estremamente utile e pratico per bloccare alcune pagine particolari, che non vuoi far indicizzare dal bot. Ad esempio, se hai delle pagine dal contenuto scarno o di scarso valore, che non vuoi vengano inserite nell'indice, ma che – per altri motivi estranei alla SEO – vuoi continuare a rendere disponibili ai tuoi utenti, puoi semplicemente aggiungere il meta con un tag "noindex" all'interno di questa pagina.

1.5.1. Come usare correttamente un tag robots

Se non utilizzi il tag robots all'interno del tuo codice HTML, i motori di ricerca eseguiranno normalmente la scansione e indicizzeranno tutte le pagine, pertanto devi inserire questa istruzione nel tuo codice solo se vuoi cambiare uno di questi parametri.

1.5.2. Parametri del tag dei robot

Google comprende e rispetta i seguenti parametri, che puoi specificare all'interno del tuo tag robots:

- noindex: impedisce ai motori di ricerca di indicizzare una pagina
- nofollow: impedisce al motore di ricerca di attribuire valore ai link presenti nella pagina
- noarchive: impedisce la visualizzazione di una copia cache della pagina nei risultati di ricerca
- nosnippet: impedisce la descrizione della pagina nei risultati di ricerca e la memorizzazione nella cache della pagina.

Tieni presente che Google comprende qualsiasi combinazione di lettere minuscole e maiuscole utilizzate per i parametri dei tag dei robot ma, per comodità, è preferibile l'utilizzo del minuscolo.

1.6. URL SEO: lunghezza e caratteristiche degli indirizzi

Qualsiasi sito – indipendentemente dalla tipologia specifica e dal tipo di business – dovrebbe avere pagine caratterizzate da URL brevi e parlanti per poter essere interpretati (non solo per i motori di ricerca, ma anche dagli utenti) e indicizzati correttamente e facilmente.

Ma quali sono i requisiti per generare e strutturare correttamente degli URL a prova di motore di ricerca?

Il primo requisito fondamentale è la lunghezza: qualsiasi URL **non dovrebbe mai superare i 100 caratteri complessivi**, per evitare che il motore di ricerca lo tagli al momento di restituirlo nello snippet.

A tal proposito, è bene sapere che da alcuni test è emerso che **gli URL più brevi tendono a posizionarsi in SERP più facilmente** e rapidamente rispetto agli URL più lunghi dello stesso sito.

In figura 1.2 un esempio di indirizzo troncato, perché eccessivamente lungo.

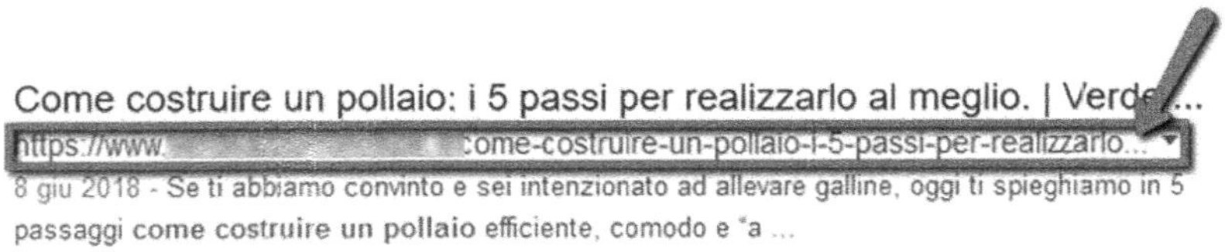

Figura 1.2. Esempio di URL troppo lungo troncato in SERP

Per fare in modo che gli indirizzi delle pagine rispettino questo limite di lunghezza, è fondamentale seguire alcune accortezze.

Ad esempio, è utile **evitare di inserire gli articoli, le preposizioni e le congiunzioni** ma, a seconda del caso specifico, anche alcuni aggettivi, avverbi e tutti quei termini non strettamente necessari per la comprensione del contenuto.

Inoltre, è importante **evitare di inserire** negli URL delle pagine tutti quei **parametri alfanumerici non parlanti**, come i riferimenti a parametri e filtri, ma anche ID di sessione.

Inoltre, nel momento in cui si pianifica la struttura di un URL (o si fissano le regole fondamentali per poterli generare in automatico) occorre evitare di inserire:

- lettere maiuscole
- caratteri speciali (punteggiatura, virgolette, asterischi)
- lettere accentate o apostrofate
- spazi vuoti.

Allo stesso tempo, è importante **separare le parole che compongono la struttura di un URL con i trattini** (minus - e non underscore o trattino basso _).
Inoltre, devi ricordare che ogni pagina deve avere soltanto un URL e questo deve far capire sinteticamente il contenuto presente all'interno della pagina che rappresenta.
Infine, devi accertarti che il CMS utilizzato ti permetta di modificare e personalizzare liberamente tutti gli URL del sito e che questi siano, quindi, completamente indipendenti da tutti gli altri elementi presenti nella pagina (come il title, il titolo H1, il testo presente nell'etichetta del menu di navigazione, ecc.).

1.6.1. Struttura degli URL di un sito

In linea generale, è consigliabile evitare di inserire le date negli URL delle pagine, per diversi motivi. Uno di questi è strettamente legato alla possibilità e all'opportunità di aggiornare i contenuti: se un URL contiene la data del 2012 e viene aggiornato nel 2020, la percezione – soprattutto lato utente – sarà sempre e comunque di un contenuto datato. Inoltre, inserire la data nella struttura dell'URL ruba spazio inutile e non apporta valore.
Un altro aspetto – quello più importante – riguarda la periodicità e la stagionalità dei contenuti. Molto spesso nei siti dove esiste una **ciclicità dei contenuti** – ad esempio gli e-commerce di moda che promuovono le varie collezioni periodiche o i siti editoriali

che parlano delle edizioni annuali di uno stesso evento – vengono inserite le date e i riferimenti all'anno direttamente negli URL delle pagine. Questo significa che ogni anno viene generato un URL specifico dedicato a quel tema/evento. Nel caso degli e-commerce, ad esempio, si tende spesso a generare un nuovo URL di pagina per ogni nuova collezione stagionale (esempio: www.miosito.it/collezione-autunno-inverno-2020-2021.html), mentre nei siti editoriali si genera in molti casi un URL specifico per ogni edizione di uno stesso evento (esempio: www.miosito.it/salone-mobile-2020.html). Un'impostazione di questo tipo rende necessaria ogni anno la generazione di un URL nuovo e aggiornato.
Il consiglio in questi casi è di generare un solo URL tematico senza alcun riferimento alla data (esempio: www.miosito.it/collezione-autunno-inverno.html e www.miosito.it/salone-mobile.html). In questo modo ogni anno sarà possibile riutilizzare lo stesso URL (che nel tempo acquisirà uno storico e quindi una crescente autorevolezza) aggiornando e/o arricchendo semplicemente i metadata, i contenuti e/o i prodotti presenti al suo interno.
Un'altra delle domande più frequenti in questo ambito riguarda la struttura degli URL relativamente alla tassonomia del sito: si deve specificare la categoria e la sottocategoria all'interno degli URL o basta la sottocategoria? E nell'URL della pagina di prodotto occorre specificare la categoria di appartenenza?
Non esiste una risposta univoca e definitiva, tuttavia è opportuno fare alcune considerazioni che potrebbero aiutare a creare una struttura più chiara ed evitare alcune criticità in determinate situazioni.
In linea generale, **inserire nel path dell'URL la categoria e la sottocategoria** – mostrando di fatto la gerarchia del sito – è **ideale per i siti che iniziano da zero**, perché consente di far capire meglio al motore e all'utente l'architettura informativa del sito e **rende più semplici le operazioni di monitoraggio e filtraggio su Analytics**. Se, ad esempio, si desidera monitorare solo l'andamento del traffico (o qualsiasi altro dato) di una categoria

principale e delle relative sottocategorie, l'operazione di monitoraggio (ed estrazione dei relativi dati) sarà più semplice, perché la categoria rappresenta il comune denominatore.
Esempio di struttura di URL per la pagina di categoria:

```
http://www.miosito.it/nome-categoria/nome-sottocategoria.html
```

Di contro, questa struttura potrebbe essere **sconsigliata per gli e-commerce in cui una sottocategoria** è **associata**, ad esempio, a **più macrocategorie**. In questi casi, è opportuno evitare di specificare la tassonomia e indicare nell'URL solo la sottocategoria, in modo da renderla autonoma e più facilmente gestibile.
Inoltre, occorre ricordare che per far capire al bot e all'utente la struttura e l'architettura informativa del sito non è necessario utilizzare l'URL. Ci sono strumenti appositi, come il menu di navigazione principale e i breadcrumb, che consentono di aiutare la navigazione e la comprensione della struttura generale del sito.
Anche nel caso dei prodotti e dei servizi, è generalmente opportuno indicare soltanto il **nome del prodotto**, sia perché un prodotto potrebbe essere associato a più categorie (o sottocategorie), sia perché solitamente i nomi dei prodotti sono particolarmente lunghi e, quindi, difficili da far rientrare nei 100 caratteri complessivi nel momento in cui si inserisce anche il nome della categoria di riferimento.
Esempio di struttura di URL raccomandato per una pagina di prodotto:

```
http://www.miosito.it/nome-prodotto.html
```

Tuttavia, anche in questo caso ci sono dei contro: come visto sopra, filtrare contemporaneamente e monitorare su Analytics tutti i prodotti di una determinata categoria richiede sicuramente più passaggi rispetto ad un URL in cui sia incluso il riferimento alla categoria.
Detto questo, come per ogni situazione, è opportuno valutare

caso per caso ma, in linea generale, l'inclusione della tassonomia nell'URL non è un fattore che influisce sul posizionamento ed è, quindi, un elemento non determinante.
Come ha riferito John Mueller (analista di Google) in un suo hangout[4] dedicato all'argomento, non è la struttura degli URL a fare la differenza quanto il **numero di link che occorre cliccare** prima di arrivare al contenuto che si trova più in profondità.

1.7. La profondità di un sito

La struttura di navigazione di un sito e i livelli di profondità delle sue pagine rappresentano oggi più che mai uno degli elementi fondamentali per la visibilità, il posizionamento e il successo di un sito web.

In effetti, creare una **struttura di navigazione agevole** è sempre stato un requisito fondamentale per il buon funzionamento di una qualsiasi realtà online. Già più di quindici anni fa, Jakob Nielsen, informatico esperto di usabilità dei siti web e autore di molti manuali sull'argomento, diceva che le **pagine foglia di un sito** (ovvero quelle che corrispondono all'ultimo livello di navigazione, come la pagina di prodotto, quella di un servizio o la pagina relativa ad un post del blog) devono essere al massimo **a tre click di distanza dalla homepage**.

Il concetto è identificato con l'espressione "3 click depth", appunto tre click di profondità, dove, in linea generale, il primo click corrisponde alla pagina di categoria, il secondo a quella di sottocategoria e il terzo e ultimo click alla pagina prodotto (servizio o approfondimento informativo).
Questo perché l'utente che accede dalla homepage di un sito web

[4] Qui puoi vedere l'intero video: *English Google Webmaster Central office-hours hangout*, youtube.com

vuole trovare in poco tempo ciò che cerca ed è importante, quindi, rendere facile e veloce la navigazione tra le pagine.
Nel tempo, anche il motore di ricerca si è evoluto in questa direzione, dando una importanza sempre crescente alla struttura generale del sito, alla navigazione, alla profondità e perfino al numero di pagine presenti all'interno, dove l'abbondanza non sempre viene premiata.
In sostanza,

PIÙ UN SITO È SNELLO, FACILMENTE NAVIGABILE, COMPRENSIBILE E ORDINATO NELLA STRUTTURA, PIÙ SARÀ APPETIBILE PER I MOTORI DI RICERCA E PER GLI UTENTI.

Sembra un concetto lapalissiano, eppure viene ignorato molto spesso, sia da coloro che progettano e realizzano i siti web sia da coloro che li commissionano.

1.7.1. Strumenti per analizzare la profondità di un sito

A questo punto sorge immediatamente una domanda: come si fa a conoscere con esattezza la struttura di un sito e capire se ci sono pagine che si trovano ad una profondità maggiore di quella raccomandata?
Screaming Frog permette di effettuare una scansione precisa e capillare di tutte le pagine del tuo sito. Tra le informazioni che lo strumento restituisce al termine della sua analisi c'è anche la sintesi relativa ai livelli di profondità delle pagine; in sostanza, **il tool mostra il numero di URL di pagine che si trovano ai vari livelli di profondità dalla homepage**, in modo da capire a colpo d'occhio se c'è o meno un numero elevato di risorse difficilmente raggiungibili dalla home del sito.
In figura 1.3 uno screenshot che mostra il risultato dell'analisi della profondità di un sito web.

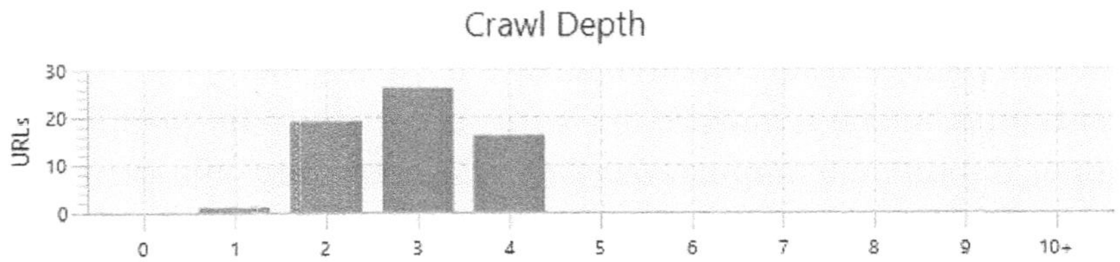

Figura 1.3. Grafico che mostra la profondità di un sito web

E se emerge la presenza di pagine troppo distanti dalla homepage e, quindi, difficilmente raggiungibili dai motori di ricerca e dagli utenti? Come è possibile porre rimedio?
Un primo modo per tamponare l'errore di progettazione del sito web è **creare una sitemap HTML**, ovvero una pagina HTML contenente l'elenco di tutti gli URL delle pagine più importanti del sito. Questa dovrà essere linkata da un menu di navigazione secondario o dal footer, in modo da essere ben visibile e, quindi, facilmente consultabile.
In questo modo, sia il bot del motore di ricerca che l'utente possono accedervi e raggiungere così tutte le pagine del sito.
Per risolvere in modo definitivo il problema, però, è necessario intervenire sull'architettura informativa, andando ad individuare le pagine che si trovano troppo in profondità, identificandone i ruoli e l'utilità e rivedendo la struttura di navigazione in modo che tali pagine siano raggiungibili al massimo al terzo click dalla homepage.

1.8. La navigabilità del sito e il crawl budget

Come visto nel capitolo precedente, migliore è la navigabilità del sito, più facile sarà il lavoro dello spider nel momento in cui dovrà scansionare, analizzare, valutare e archiviare le pagine del tuo sito. A tal proposito entra in gioco il crawl budget, che - per semplificare - è possibile definire come l'insieme delle risorse e del tempo che Google decide di assegnare alla scansione e, quindi, alla valutazione di ciascun sito.

Secondo la definizione ufficiale fornita dallo stesso Google[5], il crawl budget è la somma del *crawl rate limit* e del *crawl demand*. Il **CRAWL RATE LIMIT è il limite stabilito** per aiutare Google a **scansionare un determinato** sito senza danneggiare il server con richieste continue ed eccessivamente veloci. Il **CRAWL DEMAND**, invece, **è la domanda di indicizzazione**, che dipende da due fattori fondamentali: la popolarità dei contenuti (ovvero del profilo dei link che puntano alle varie pagine del sito) e la loro freschezza all'interno dell'indice del motore di ricerca. Lo stesso Google definisce il crawl budget come «*il numero degli URL che il bot di Google riesce e desidera scansionare*»[6].
A tal proposito, occorre ricordare che ogni sito avrà un crawl budget differente e questo varia in base allo storico del sito (un sito più anziano e con uno storico maggiore riceverà maggiori attenzioni da parte del bot del motore di ricerca). In realtà, non esistono regole certe o linee guide specifiche sull'argomento, tuttavia il comportamento del crawler di Google ha evidenziato, nel corso del tempo, questo tipo di prassi, di cui devi necessariamente tenere conto.
Ma perché questa grande differenza di trattamento tra un sito e l'altro?
Rispondere a questa domanda non è semplice, anche in virtù dell'assenza di linee guida e specifiche dettagliate sull'argomento; tuttavia, per comprendere il comportamento dello spider, basta ricordare che Google è in primis un'azienda, che non ha né soldi né tempo da perdere dietro progetti inutili. Per adottare una similitudine, possiamo prendere come riferimento il momento in cui – cercando sui vari siti di recensioni di locali – ci ritroviamo a dover scegliere un ristorante in cui cenare.
Un locale storico aperto al pubblico da molti anni avrà sicura-

[5] Qui un approfondimento sul crawl budget fornito da Google: *What Crawl Budget Means for Googlebot*, webmasters.googleblog.com
[6] Vedi nota precedente.

mente un numero maggiore di recensioni rispetto a un locale aperto da pochi mesi. Pertanto, nel primo caso, ci soffermeremo più a lungo nella lettura delle recensioni, nel secondo molto meno. A fare la differenza, in questo esempio, come nel caso del crawl budget, sono proprio **l'autorevolezza e la storicità dell'attività**. Detto questo, è importante sapere che è possibile ottimizzare anche questi aspetti, consentendo al motore di ricerca di sfruttare appieno e nel modo migliore tutto il tempo che decide di dedicare al tuo sito.

Uno dei modi per farlo **è rendere le tue pagine snelle, veloci e facili da scaricare**. In sintesi, occorre migliorare le performance dell'intero sito per diminuire la latenza e migliorarne l'appetibilità (non solo per il motore di ricerca, ma anche per l'utente). Di questo aspetto parleremo in modo approfondito nel capitolo dedicato proprio al codice in pagina e alla velocità di caricamento.

Un altro aspetto fondamentale da considerare per rendere il sito maggiormente appetibile per il bot è la **struttura**: un sito con pochi livelli di profondità, facile da consultare e leggere, con contenuti chiari e di reale valore sarà più facilmente scansionabile e analizzabile rispetto a un sito complesso, molto articolato, farraginoso e popolato da pagine semi-vuote, duplicate, simili o ridondanti – e quindi inutili – sia per il bot che per l'utente finale.

In sostanza, se fai perdere tempo ed energie inutilmente al motore di ricerca, questo ti ripagherà con una moneta molto simile: a dispetto dei tuoi sforzi e delle tue migliorie su altri fattori dell'ottimizzazione, il tuo sito non crescerà o crescerà poco e a fatica, come se avesse il freno a mano tirato.

E allora, come evitare tutto questo e fare in modo che il bot navighi bene e volentieri sulle tue pagine? La risposta è in un concetto molto caro a molte discipline del web marketing e perfettamente calzante in questo caso: **LESS IS MORE**, ovvero togliere per fornire maggior valore.

In effetti, ciò che il motore di ricerca ci mostra da anni è che i siti veloci, facili da consultare, con poche sezioni e un numero

non esagerato di pagine hanno in SERP una maggiore visibilità rispetto ai siti lenti, complessi e difficili da consultare.
Ciò che molto spesso rende i siti poco appetibili è la presenza di alcune criticità spesso sottovalutate, ma estremamente rilevanti ai fini dell'autorevolezza del sito e del posizionamento: pagine duplicate, simili o ridondanti e contenuti di scarso valore.

1.9. Le pagine duplicate, simili o ridondanti

Come abbiamo visto nei paragrafi precedenti, l'abbondanza del numero di pagine non è necessariamente un fattore premiante, anzi spesso rappresenta un vero e proprio ostacolo al posizionamento delle pagine nelle SERP e alla visibilità del sito.
In sostanza, un sito con un numero di pagine molto vasto non è necessariamente un sito di qualità, soprattutto se questa abbondanza di contenuti non è più che giustificata dalla loro qualità e soprattutto – fattore ancora più importante – dalla loro reale utilità.
Ogni pagina presente all'interno di un sito, indipendentemente dal settore, dalla tipologia e dalla tematica trattata, **deve essere unica, originale nel contenuto** ed avere **un reale valore aggiunto**.
Non a caso, una delle criticità più frequenti dei siti è la presenza di pagine duplicate, molto simili o ridondanti. Un fenomeno che naturalmente riguarda soprattutto (ma non solo) i siti caratterizzati da una lunga attività online e un forte storico. Ciò va da sé: in linea generale, maggiore è la storicità del sito, maggiore sarà stata la sua attività nel corso del tempo e, di conseguenza, più ampio sarà il numero di pagine pubblicate che presentano delle criticità.
Con la definizione di **pagine duplicate** si identificano le pagine caratterizzate da contenuti identici, accessibili, consultabili e raggiungibili da URL differenti: il motore di ricerca le identifica come pagine diverse, caratterizzate però da contenuto identico e quindi duplicato.

Per pagine **molto simili** si intendono pagine tecnicamente diverse, caratterizzate da contenuti originali e accessibili da URL differenti, che, tuttavia, trattano la stessa tematica e, quindi, competono per le stesse parole chiave.

Per **ridondanti**, invece, si intendono quelle pagine che affrontano uno stesso argomento da punti di vista differenti o che offrono aggiornamenti successivi e ricorrenti di uno stesso evento. Uno dei casi più frequenti – che si verifica soprattutto nei grandi siti e portali editoriali – si ha quando uno stesso evento viene trattato più volte a distanza di tempo, da autori o giornalisti differenti, generando ogni volta una pagina nuova e, quindi, un URL diverso. Oppure, quando vengono forniti aggiornamenti e dettagli su uno stesso fatto.

In tutti questi casi, per il motore di ricerca non fa differenza, si tratta sempre di due o più pagine che parlano dello stesso argomento (anche se trattato in maniera leggermente diversa) che tendono a competere tra loro per lo stesso gruppo di keyword.

In effetti, la domanda che il bot (e di conseguenza l'utente) si farà è la seguente: per queste parole chiave, quale delle due pagine dovrò restituire in SERP all'utente? Perché esistono due versioni (più o meno uguali) dello stesso contenuto?

In situazioni come questa, a fronte di una query digitata dall'utente, il motore potrà restituire in SERP una delle due pagine, oppure entrambe. Ciò si verifica più spesso per i siti che hanno maturato un certo storico e, quindi, una certa autorevolezza nel corso del tempo. In altri casi, invece, il bot deciderà di non restituire nessuna delle due pagine, proprio perché c'è una evidente ambiguità.

Indipendentemente dalla storicità del sito, è altamente raccomandato evitare di generare pagine duplicate (molto simili o ridondanti) e, qualora siano già presenti, è opportuno attuare una strategia per sfoltire, potare, riordinare e semplificare sia l'intera struttura che il numero delle pagine del sito, in modo che la lettura dei contenuti che restano online sia più veloce e agevole.

A tal proposito, per capire in maniera più chiara e diretta l'importanza della potatura, è opportuno fare riferimento all'attività del giardiniere. Proprio come il giardiniere taglia i rami secchi della sua pianta, affinché quelli vivi non siano più indeboliti e possano ricevere maggior linfa vitale, allo stesso modo

DEVI POTARE LE PAGINE DEL TUO SITO CHE HANNO MENO VALORE PER POTER PASSARE MAGGIOR FORZA E VIGORE ALLE PAGINE CHE RESTANO ONLINE.

Questo non solo per evitare che il bot del motore di ricerca disperda inutilmente il suo crawl budget su pagine di scarso valore, ma anche per **ottimizzare e distribuire in maniera ottimale il link juice** dalle pagine che si trovano gerarchicamente più in alto verso le pagine foglia, situate al livello di navigazione più basso.

Per link juice – letteralmente "succo dei link" – si intende la **forza rappresentata dai collegamenti interni alle pagine** di un sito che trasmettono valore da un contenuto all'altro. In linea generale, è bene ricordare che più alto è il numero dei link in una pagina, minore è il valore che viene trasmesso a ciascuna delle singole pagine linkate.

Ciò vuol dire che se il valore trasmesso da una pagina è pari a 10 e da quella pagina vengono linkate altre dieci pagine, il valore che riceve ogni pagina linkata sarà pari a 1.

Se, però, viene potata la struttura e ridotto il numero complessivo delle pagine del sito, diminuirà anche il numero delle pagine linkate e ogni link trasmetterà un valore più alto. Riprendendo l'esempio riportato sopra, se il valore trasmesso da una pagina è pari a 10 e da quella pagina vengono linkate quattro pagine (e non più dieci perché nel frattempo sono state riorganizzate ed eliminate), il valore che riceve ogni pagina linkata sarà pari a 2,5.

Ma – tornando alla gestione di queste criticità – come è possibile

agire in questi casi per evitare di fare danni al sito e contemporaneamente migliorarne l'appetibilità?
Molto dipende naturalmente dalla tipologia di pagine che presentano queste criticità e dal tipo di sito. In linea generale, sarà più facile intervenire su un sito di poche pagine, dove la necessità di razionalizzazione e potatura sarà ridotta al minimo, piuttosto che su portali complessi, da migliaia di pagine, dove gli interventi di sfoltimento richiederanno sicuramente più tempo e più energie.
Vediamo, allora, una carrellata di situazioni tipiche di siti grandi e complessi, caratterizzati da un numero elevato di pagine, in cui queste criticità rappresentano una vera e propria costante.

1.9.1. Pagine duplicate negli e-commerce

Nei siti di e-commerce, indipendentemente dalla tematica e dalle tipologie di prodotti trattati, il problema della duplicazione dei contenuti si verifica costantemente (tranne in rari casi in cui il CMS viene correttamente gestito grazie ad una strategia SEO messa in atto prima della creazione del sito stesso) in corrispondenza di alcune tipologie di pagina.
Pensiamo, ad esempio, a quegli shop online di abbigliamento che generano una pagina diversa per ogni singola taglia o colore di uno stesso prodotto, oppure ai supermercati online che creano un contenuto differente per ogni singolo formato disponibile per una stessa marca di acqua.
In tutti questi casi, in cui è effettivamente necessario mostrare all'utente le differenti opzioni di scelta per ogni singolo prodotto (taglia, colore, formato, peso, ecc.) è possibile aggirare il problema gestendo queste opzioni con il codice **JAVASCRIPT**: l'URL della pagina di prodotto sarà unico e all'interno della pagina verranno mostrate in JavaScript tutte le varie opzioni di scelta disponibili per quel prodotto.
In alternativa, è possibile gestire tutte le varianti di un prodotto (colori, taglie, caratteristiche particolari, ecc.) inserendo nell'URL

– al posto del punto interrogativo ?= che precede il valore – un **cancelletto** #, seguito dal relativo parametro (che rappresenta colore, taglia, caratteristica, ecc.). In questo modo, il motore di ricerca interpreterà il cancelletto (seguito da uno dei parametri) come un'ancora interna appartenente allo stesso URL.
Qualora, per motivi vari, non fosse possibile gestire le opzioni in questo modo e fosse inevitabile generare un URL differente per ogni singola opzione, se il sito non presenta dimensioni eccessive, è possibile identificare la pagina principale di prodotto (che potemmo definire "prodotto padre", ovvero priva di riferimenti a taglie, colori o formati) e le pagine "figlie", quelle che corrispondono ai filtri (colore, taglia, ecc.).
Una volta identificato l'URL principale di prodotto (pagina canonica) e tutti gli URL delle pagine non canoniche (relative ai filtri) è opportuno *canonicalizzarli*.
Ciò vuol dire che all'interno di ciascuna delle pagine generate dai filtri (non canoniche) occorre inserire **un'istruzione per comunicare al motore di ricerca l'URL della pagina canonica**, ovvero quella ufficiale, che deve restituire in SERP a fronte di una ricerca effettuata dall'utente. In questo modo, si indicherà al bot di Google che si tratta di URL che rappresentano opzioni diverse, ma afferenti alla pagina di prodotto principale.

1.9.2. Tag rel="canonical"

In linea generale, quando hai delle pagine con contenuti identici, puoi utilizzare un tag particolare per indicare ai motori di ricerca a quale pagina deve essere data la priorità e quale risorsa, quindi, deve essere presa in considerazione e considerata come **canonica**.
La sintassi HTML per inserire questa istruzione è la seguente:

```
<link href="https://www.miosito.it/pagina-canonica.html" rel="canonical">
```

Il rel canonical è importante per due ragioni: indica ai motori di ricerca **qual è la pagina più importante** in un gruppo di pagine simili ed **evita che il bot possa identificare questi URL come contenuti duplicati**.
Se hai alcuni URL con contenuti identici, dovresti specificare un elemento <link rel="canonical"> nel codice HTML della pagina.
Facciamo un esempio con un'ipotesi pratica.
Se parliamo di uno shop online di abbigliamento, l'URL della pagina di prodotto principale potrebbe essere strutturato nel modo seguente:

www.mioshoponline.it/**maglia-lana-cappuccio.html**

Gli URL delle pagine relative ai singoli colori potrebbero essere strutturati in questo modo:

www.mioshoponline.it/**maglia-lana-cappuccio-verde.html**
www.mioshoponline.it/**maglia-lana-cappuccio-rosso.html**
www.mioshoponline.it/**maglia-lana-cappuccio-blu.html**

In questi casi, le pagine sarebbero sostanzialmente identiche: stesso contenuto descrittivo, ma colori e URL diversi.
Se non è possibile gestire i filtri in modo differente ed è, quindi, inevitabile tenere tutti questi URL, è raccomandato inserire l'istruzione rel="canonical" all'interno dell'head di tutte le pagine non canoniche, indicando l'URL della pagina canonica, secondo la sintassi riportata nell'esempio.

Esempio pratico

Nella pagina: www.mioshoponline.it/maglia-lana-cappuccio-verde.html occorre inserire la seguente istruzione:

```
<head>
<link     rel="canonical"     href="https://www.mioshoponline.it/
maglia-lana-cappuccio. html>
</head>
```

La stessa istruzione andrà inserita in tutte le altre pagine non canoniche; nella pagina relativa al filtro del colore rosso: www.mioshoponline.it/maglia-lana-cappuccio-rosso.html occorrerà inserire la seguente istruzione:

```
<head>
<link rel="canonical" href="https://www.mioshoponline.it/maglia-lana-cappuccio.html>
</head>
```

Nella pagina relativa al filtro del colore blu:

```
www.mioshoponline.it/maglia-lana-cappuccio-blu.html
```

occorrerà inserire la seguente istruzione:

```
<head>
<link rel="canonical" href="https://www.mioshoponline.it/maglia-lana-cappuccio.html>
</head>
```

E così via per tutte le altre pagine non canoniche relative alle singole opzioni selezionabili dall'utente.

Qualora, invece, il tuo sito sia di difficile gestione e particolarmente complesso, con tantissime pagine al suo interno, è possibile optare per un'altra soluzione.
Immagina, ad esempio, un e-commerce con una **vastissima gamma di prodotti**, ognuno dei quali presenta tantissimi parametri differenti (taglia, colore, formato, variante di modello, presenza o meno di applicazioni, ecc.) e dove ogni parametro (e la combinazione contemporanea di più parametri insieme) genera un URL differente. Qualora non sia possibile gestire diversamente questi parametri (che creano di fatto dei duplicati), è auspicabile inserire **l'istruzione "noindex" all'interno delle pagine con i parametri** e – una volta accertato che il motore di ricerca non restituisca più queste pagine in SERP – bloccarle dal file robots.txt – con l'istruzione disallow: / – per impedirne la scansione.
In questo modo, si evita di dare in pasto al bot contenuti duplicati e, contemporaneamente, di disperdere inutilmente il crawl budget su pagine inutili.

La sintassi per togliere dall'indice una determinata pagina (o impedirne l'indicizzazione) è la seguente:

```
 <html>
<head>
<title>...</title>
<meta name="robots" content="noindex">
</head>
```

Qui di seguito un esempio di implementazione del file robots.txt (da attuare in un secondo momento)

```
User-agent: *
Disallow: /maglia-lana-cappuccio-blu.html
Disallow: /maglia-lana-cappuccio-verde.html
Disallow: /maglia-lana-cappuccio-rosso.html
```

Un'altra criticità molto frequente negli e-commerce di abbigliamento riguarda la presenza di URL relativi alle pagine dedicate alle collezioni stagionali che ogni anno si rinnovano. E così per la "Collezione Autunno-Inverno 2019", viene creato l'URL dedicato www.mioshoponline.it/autunno-inverno-2019.html, stessa cosa per la "Collezione Autunno-Inverno 2020" e così via per le successive. La tendenza è quindi generare ogni anno un nuovo URL dedicato alla collezione stagionale, creando di fatto un duplicato di una pagina già esistente, la quale viene solitamente nascosta con l'arrivo della nuova collezione o cancellata e redirezionata sulla nuova.

Per evitare la generazione costante di URL inutili che vengono poi gettati all'occorrenza, senza apportare alcun valore, è raccomandabile generare un solo URL per la stagione senza il riferimento all'anno, come nel seguente esempio:

```
www.mioshoponline.it/autunno-inverno.html
```

In questo modo, dovranno essere aggiornati solo i contenuti (metadata e testo all'interno con il riferimento al nuovo anno) mentre l'URL resterà lo stesso. Così facendo, da un lato, si evi-

terà di creare pagine duplicate, inutili e difficili da gestire di anno in anno e, dall'altro, **si consentirà a quell'unico URL creato di aumentare il suo valore nel tempo**, grazie all'aggiornamento dei contenuti di anno in anno e grazie all'arrivo di nuovi link – interni ed esterni – che di volta in volta andranno a puntare su quell'unica pagina.
In sostanza, si ottimizzeranno le risorse, potenziando le pagine già presenti.

1.9.3. Pagine simili nei magazine editoriali

Un altro esempio di pagine molto simili, che potrebbero essere identificate come pagine duplicate, si trova di frequente nei portali e nei magazine editoriali, dove ogni anno si parla, ad esempio, di uno stesso evento, oppure quando uno stesso fatto, una **stessa notizia viene trattata più volte nell'arco del tempo**, da punti di vista differenti e da giornalisti differenti. Pensiamo, ad esempio, alle riviste online che dedicano ogni anno uno o più articoli alla Fiera della Canapa di Milano o al Salone del Mobile: si tratta di eventi ricorrenti, che si ripetono ciclicamente. In questi casi, vale la pena creare una pagina ad hoc, con un URL pulito e privo di riferimenti all'anno o all'edizione specifica, che possa essere aggiornata di volta in volta nei contenuti o nei metadata.
Al contrario, creando ogni anno un URL differente – uno specifico per ogni edizione – si creano di fatto pagine molto simili, ovvero duplicate, difficili da gestire.
Spesso, infatti, per ovviare al problema, si effettua un redirect 301 dall'URL della vecchia pagina verso l'URL della nuova, che parla dell'ultima edizione dell'evento. Così facendo, però, si genera ogni anno un nuovo URL, che – nascendo e morendo nell'arco di dodici mesi – non ha modo di aumentare il suo valore nel tempo e, quindi, di rafforzarsi. Inoltre, creare delle catene di redirect significa far perdere del tempo al bot, che è costretto a seguire le varie redirezioni fino alla pagina di atterraggio finale.

Discorso simile per le pagine che, all'interno di uno stesso magazine, **trattano lo stesso argomento da punti di vista diversi**. Basta pensare, ad esempio, ai numerosi articoli che i magazine scrivono periodicamente sulle varie diete del momento. Prendiamo in esame il caso della dieta Detox, che da alcuni anni è uno dei temi più caldi di giornali, blog e riviste online dedicate al mondo femminile. La maggior parte di queste realtà ha trattato (e continua a trattare) l'argomento creando articoli sempre differenti: uno per descrivere il tipo di dieta e i suoi benefici, uno per illustrarne il menu tipo, uno specifico per il periodo successivo alle feste natalizie, uno per elencarne i contro, ecc.
Questo, sul lungo periodo, può generare confusione al motore di ricerca, che potrebbe essere in difficoltà nel decidere quale di queste pagine risponde meglio alla query di ricerca "dieta detox" digitata dagli utenti.
Per evitare che il bot si trovi in difficoltà e per dare maggior valore al contenuto prodotto, è raccomandabile **creare un solo contenuto dedicato** alla dieta detox, dove poter parlare in maniera esaustiva e dettagliata dell'argomento. Il contenuto sarà suddiviso in capitoli, in modo da creare un articolo esaustivo, di qualità, autorevole e facilmente leggibile dall'utente grazie alla suddivisione in capitoli specifici, opportunamente formattati (sulla creazione di un contenuto SEO-oriented e sulle regole di formattazione ti rimando al capitolo dedicato).
Un altro caso simile si verifica quando un fatto di cronaca, di costume o società **viene trattato più volte a distanza di tempo**, in articoli differenti, solo per aggiungere dettagli o aggiornamenti, che, di fatto, non cambiano la natura del contenuto.
Lo stesso identico problema si verifica sui siti comparatori di prodotti, su alcune tipologie di e-commerce e su siti di compagnie telefoniche, dove spesso vengono inserite recensioni di uno stesso prodotto o guide all'uso e all'installazione di un bene che vengono ripubblicate quasi identiche a distanza di tempo su URL di pagina diverse.

Anche in questo caso si generano dei veri e propri duplicati che il motore potrebbe avere difficoltà a interpretare e, soprattutto, a classificare. La domanda che si pone è, infatti, la seguente: "A fronte di diversi articoli che parlano dello stesso argomento, quale devo restituire all'utente?".
Per questo, in modo molto simile a quanto visto con gli esempi precedenti, è opportuno creare un solo contenuto, opportunamente diviso in paragrafi o capitoli differenti, che affronti tutti i vari aspetti della vicenda e aggiunga progressivamente, in coda, i vari aggiornamenti disponibili nel corso del tempo.
E se invece questi contenuti sono stati già creati? Come si fa a gestire le pagine e a risolvere il problema a cose fatte?
La soluzione è **l'accorpamento**, che implica una vera e propria potatura delle pagine del sito: ciò che in gergo SEO viene identificato con il termine inglese *pruning*, appunto potatura.
Quando ti accorgi che il tuo sito contiene pagine differenti, con URL differenti, che parlano dello stesso argomento in modo molto simile, è opportuno pianificare una revisione.
La prima cosa da fare è individuare **quale di queste pagine si posiziona meglio** per l'argomento e soprattutto per la parola chiave a più alto traffico potenziale. Devi, quindi, controllare – con gli appositi strumenti come SeoZoom o SEMrush[7] – sia i posizionamenti associati a ciascuno di questi URL sia il traffico organico effettivo che ciascuna di queste pagine ha registrato sull'Analytics negli ultimi mesi.
Sulla base dei risultati ottenuti da questi controlli, potrai individuare l'URL della pagina che offre i risultati migliori, ovvero che registra **i posizionamenti più brillanti e il traffico organico maggiore**.
L'URL di questa pagina sarà l'unico a restare accessibile e consul-

[7] SeoZoom e SEMrush sono due degli strumenti più utilizzati per individuare le parole chiave per il tuo sito e monitorarne l'andamento.

tabile sul sito: tutti gli altri andranno accorpati e redirezionati su questo.
Il secondo passo da compiere, una volta identificata la pagina "vincente", è **trasferire al suo interno i contenuti presenti negli altri articoli** - quelli "duplicati" - riadattando la struttura e modificandola nell'insieme in modo da armonizzare l'articolo finale.
Il passo successivo - e conclusivo - consiste nell'effettuare dei **REDIRECT 301** da ciascuno degli URL degli articoli duplicati verso l'URL della pagina "vincente", che resta sul sito perché caratterizzata da migliori performance rispetto a tutte le altre. In questo modo otterrai due benefici. Da un lato, il motore di ricerca perderà meno tempo nella consultazione, valutazione e classificazione di pagine troppo simili e ridondanti e avrà quindi più tempo da dedicare alla navigazione delle altre pagine e delle altre sezioni del sito. Dall'altro, l'URL della pagina "vincente" che resterà aumenterà il suo valore nel corso del tempo, non solo perché acquisirà almeno una parte del valore degli URL delle pagine redirezionate, ma anche perché - nel momento in cui all'interno del sito vorrai inserire un link di approfondimento verso questo argomento - questa sarà l'unica pagina da poter linkare. Ciò significa che il **valore dei link interni** non verrà più diluito su pagine differenti (dal contenuto molto simile), ma confluito unicamente su una.

1.9.4. Pagine di elenchi

Un altro esempio molto diffuso di pagine duplicate è rappresentato dalle pagine di elenchi, ovvero tutte quelle sequenze di pagine - molto simili tra loro - che contengono al loro interno dei listati. Pensa agli e-commerce dove l'elenco dei prodotti appartenenti alle singole categorie è distribuito su più pagine, ai portali di annunci, dove le inserzioni di ogni sezione sono inserite in elenchi paginati o anche, più semplicemente, agli elenchi di articoli presenti all'interno di una stessa categoria di un blog.

In tutti questi casi, le pagine di elenchi appartenenti ad una stessa categoria o sottocategoria sono di fatto dei duplicati e, di conseguenza, vanno gestiti correttamente.
Innanzitutto, occorre sapere che, per consentire al motore di ricerca di raggiungere, scansionare e valutare correttamente tutte le pagine di una sequenza di elenchi, è opportuno implementarle con una **numerazione progressiva**, come mostrano gli esempi di figura 1.4.

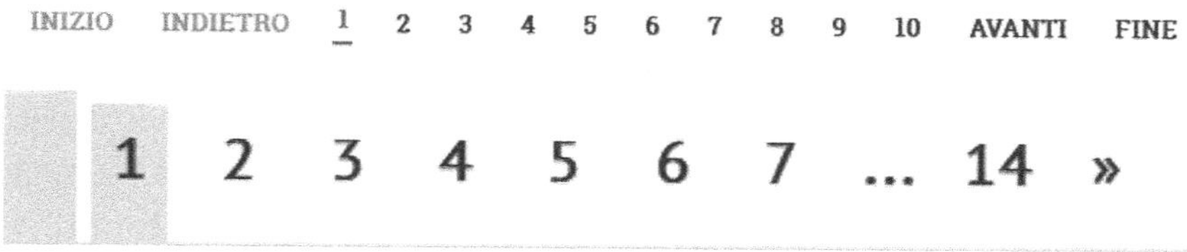

Figura 1.4. Esempi di paginazione numerata

Grazie ai numeri in sequenza, il motore di ricerca ha la possibilità di arrivare facilmente alle pagine più lontane dalla prima e di raggiungere, quindi, anche quelle più datate. Cosa che, al contrario, non riuscirebbe a fare se si adottasse una paginazione non numerata, dotata semplicemente dei pulsanti AVANTI e INDIETRO, o addirittura CARICA PIÙ CONTENUTI, come nell'esempio in figura 1.5.

Figura 1.5. Esempio di pulsante carica più contenuti

Nel caso illustrato, non solo il bot avrà grandi difficoltà a navigare e consultare le pagine più lontane dalla prima, ma anche l'utente avrà seri problemi nella navigazione, perché non potrà tornare su una pagina già consultata dell'elenco paginato, poiché manca il tasto PRECEDENTE. In sostanza, nel caso specifico, il crawler e l'utente potranno solo andare avanti cliccando sul pulsante CARICA PIÙ CONTENUTI, ma non potranno né saltare le pagine né tornare indietro. Questo è un **tipico esempio di navigazione mal progettata**, che mette in difficoltà sia il bot del motore di ricerca che l'utente.

1.9.4.1. Rel="prev" e rel="next"

Appurato che la soluzione migliore per gestire gli elenchi paginati sia implementare le pagine con la numerazione progressiva, è utile ora vedere il modo migliore per gestirla e implementarla tecnicamente, per evitare il problema della duplicazione dei contenuti.
Se analizzi da vicino queste tipologie di pagine – elenchi di prodotti in vendita distribuiti su più pagine, elenchi di annunci immobiliari per una stessa città, elenchi di articoli di una stessa sottocategoria di un blog – ti accorgi che la pagina 1 dell'elenco numerato è molto simile – per la tipologia dei contenuti che ospita al suo interno – alla pagina 2, che a sua volta ospita contenuti molto simili alla pagina 3 e così via. Questo significa che **tutte le pagine appartenenti ad una sequenza sono potenzialmente delle pagine duplicate**. Per evitare che il motore di ricerca possa interpretarle come tali, è opportuno implementarle con un'apposita istruzione. Si tratta dell'indicazione **rel="prev" e rel="next"**, che di fatto codifica correttamente la paginazione, facendo capire al motore di ricerca che **tutte le pagine numerate ed elencate in sequenza fanno parte di uno stesso elenco** e che questo va, quindi, interpretato come tale. Sebbene questa istruzione abbia perso valore negli ultimi tempi (a marzo 2019 Google ha dichiarato ufficialmente che è obsoleta[8]) rimane ancora oggi l'unico

[8] Qui un approfondimento sul tema: *Google hasn't supported rel=next/prev for a while (thanks for telling us)*, searchengineland.com

strumento per consentire al bot di Google di identificare una collezione di dati appartenenti a una stessa serie.
Il codice in questione identifica la **relazione tra le varie pagine dell'elenco**, indicando appunto che alla pagina 1 segue la 2, che la pagina 2 segue la pagina 1 e precede la pagina 3, e così via, fino ad arrivare all'ultima pagina dell'elenco, che segue semplicemente la penultima.
Di seguito il codice da adottare per inserire l'istruzione rel="prev/next", in grado di far capire al motore di ricerca che si tratta di pagine in sequenza appartenenti a una stessa numerazione.

```
Nella sezione <head> della prima pagina, ad esempio, http://www.
annunciauto.it/lazio/roma/
occorre inserire un tag link che rimandi alla pagina successiva della
sequenza:
<link rel="next" href="http://www.annunciauto.it/lazio/roma/
?page=2">
Trattandosi del primo URL della sequenza, non è necessario aggiungere
il codice di markup rel="prev".
Nella seconda pagina (e nelle seguenti) occorre invece inserire un
link con le istruzioni che rimandino agli URL precedente e successivo
della sequenza.
Ad esempio, nella seconda pagina è necessario aggiungere queste due
istruzioni:
<link rel="prev" href="http://www.annunciauto.it/lazio/roma/">
e
<link rel="next" http://www.annunciauto.it/lazio/roma?page=3">

Per l'ultima pagina della sequenza, ad esempio http://www.annun-
ciauto.it/lazio/roma?page=18)
è sufficiente aggiungere un'istruzione che rimandi all'URL
precedente, come indicato dal seguente esempio:
<link rel="prev"
href=" http://www.annunciauto.it/lazio/roma?page=17">.
Poiché si tratta dell'ultimo URL della sequenza, non è necessario
aggiungere un elemento link rel="next".
```

1.9.4.2. Errori frequenti e istruzioni in disuso nella gestione della paginazione

Fino a qualche anno fa, un'alternativa valida all'implementazione del rel="prev" e rel="next" nella gestione degli elenchi di pagine era rappresentata dall'indicazione "noindex, follow" all'interno del codice HTML della pagina. In sostanza si inseriva un'istruzione di questo tipo:

```
<html>
<head>
<title>...</title>
<meta name="robots" content="noindex, follow">
</head>
```

all'interno di tutte le pagine dell'elenco successive alla prima.
Questa istruzione chiedeva al motore di ricerca, da un lato, di non indicizzare la pagina, grazie all'indicazione "noindex", ma dall'altro di tenere in considerazione, seguire e valutare i link presenti al suo interno, grazie all'istruzione "follow".
Oggi questa indicazione non è più valida, perché il "follow" accostato al "noindex" viene rispettato dal motore di ricerca solo per un periodo limitato di tempo, dopo il quale – se la pagina continua a mantenere l'indicazione "noindex" – **il "follow" verrà ignorato**. Ciò vuol dire che la pagina continua a non essere indicizzata dal motore, ma i link cessano di essere seguiti e quindi valutati. La conseguenza è che il motore di ricerca – ignorando di fatto l'indicazione "follow" – non passerà valore alle pagine linkate in questi elenchi paginati, ovvero i prodotti, gli annunci o i singoli articoli. In sostanza, questa istruzione non è più una valida alternativa al rel="prev" e rel="next" e, anzi, è da evitare per non incorrere in problemi di indicizzazione e/o valorizzazione delle pagine foglia del sito. Se oggi stai adottando questa soluzione, ti consiglio di correre ai ripari.
Come anticipato sopra, sembrerebbe che l'istruzione rel=prev e rel=next non riceva più, da parte del motore di ricerca, la stessa considerazione che aveva in passato; sembrerebbe infatti che il

bot tenda ad ignorarla restituendo in SERP anche le pagine successive alla prima. Tuttavia, ad oggi resta ancora l'unico sistema efficace in grado di far capire al motore che pagine diverse appartengono ad una stessa collezione di contenuti paginati.
Un altro errore piuttosto diffuso nella gestione di questa tipologia di pagine è utilizzare l'istruzione **rel="canonical" in tutte le pagine successive alla prima** per chiedere al motore di ricerca di prendere in considerazione solo la prima pagina dell'elenco numerato. Così facendo, però, si va incontro a due rischi. Il primo è che questa istruzione (che non è una direttiva, ma un consiglio e come tale può essere ignorato dal motore di ricerca) non venga affatto considerata dal bot; in tal caso verrebbero indicizzate e restituite comunque tutte le pagine dell'elenco.
Il secondo rischio – ancora più pericoloso e più probabile – è che, nel considerare come non canoniche tutte le pagine successive alla prima, vengano di fatto ignorati i link contenuti all'interno, come accade con il "noindex, follow". Anche in questo caso, il bot si troverebbe ad ignorare i link alle pagine di prodotto, ai singoli annunci e alle pagine articolo. In breve, **ignorerebbe tutte le pagine foglia del sito**.
Per evitare tutto questo e contemporaneamente gestire in modo corretto la gerarchia e il rapporto tra le pagine (in attesa di nuove e più efficaci direttive da parte di Google), è importante continuare a prevedere l'inserimento dell'istruzione rel="prev" e rel="next" ovunque ci sia un elenco di pagine.

1.10. Il tag hreflang

L'attributo hreflang (nello specifico rel="alternate" hreflang= "x") è un'istruzione fondamentale da adottare nei siti multilingua che indica a Google quale lingua stai utilizzando all'interno di una determinata pagina del tuo sito.
Questo attributo **va utilizzato su tutti i siti multilingua**, indipendentemente dal fatto che le lingue siano rappresentate da sottocartelle all'interno di uno stesso dominio (www.miosito.com/

en), da domini di terzo livello (en.miosito.com) o da siti completamente autonomi dedicati alle singole versioni linguistiche (www.miosito.co.uk).
Questa informazione è fondamentale per spiegare al motore di ricerca che una stessa pagina è disponibile identica, ma in lingue differenti e per target di utenti ben precisi e diversi tra loro. In breve, l'attributo HTML link=rel è in grado di specificare la relazione tra le pagine del tuo sito disponibili in lingue alternative e di spiegare al motore di ricerca che non si tratta di contenuti duplicati (ad esempio quando è disponibile una versione per il target UK e una per il target US), ma di una pagina disponibile in più versioni linguistiche, da fornire a seconda dell'idioma parlato dall'utente. In questo modo, **il motore di ricerca potrà offrire il risultato ideale** – e quindi la pagina corretta – proprio **in base alla lingua utilizzata dal visitatore che ha effettuato la ricerca**.
Come accennato sopra, hreflang viene usato anche per comunicare al motore di ricerca che sul sito sono presenti dei contenuti disponibili in più varianti della stessa lingua (ad esempio lo spagnolo per la Spagna e quello per il Messico, l'inglese dell'Inghilterra e quello degli USA). In questo caso, puoi delineare l'entità della tua pagina in modo ancora più specifico, estendendo l'attributo hreflang con informazioni che indicano per quale area il contenuto è localizzato. Questo aspetto è estremamente utile per fornire e valorizzare delle informazioni estremamente importanti per gli utenti, come la valuta, le specifiche sulla spedizione nel loro Paese, la disponibilità stagionale dei prodotti, ecc.

Esempio di codice da implementare

```
<link rel="alternate" href="http://www.tuosito.com/pagina-inglese.html" hreflang="en-gb"/>
<link rel="alternate" href="http://www.tuosito.com/pagina-francese.html" hreflang="fr-fr"/>
<link rel="alternate" href="http://www.tuosito.com/pagina-italiana.html" hreflang="it-it"/>
```

1.10.1. Dove e come va inserito?

Il tag hreflang può essere implementato in due modi alternativi:

- come link nell'intestazione HTML di ciascuna pagina (o nell'intestazione http nel caso di file non HTML)
- istruzione all'interno della sitemap XML.

Nel primo caso, l'attributo hreflang viene implementato usando la seguente sintassi:

```
rel="alternate" href="http://www.tuosito.com" hreflang="x"
```

La "x" dell'esempio va naturalmente sostituita di volta in volta con la sigla della lingua e del Paese associati alla pagina implementata, da mostrare all'utente che effettua la sua ricerca nella stessa lingua.
Ad esempio, se vuoi mostrare la tua homepage agli utenti di lingua inglese che si trovano in Inghilterra e agli utenti di lingua inglese che abitano negli Stati Uniti – fornendo quindi due versioni ben distinte per le due differenti varietà linguistiche – dovresti inserire rispettivamente le seguenti istruzioni nell' <head> dell'HTML del suo sito:

```
<link rel="alternate" href="https://www.tuosito.com/en/" hreflang="en-gb"/>
<link rel="alternate" href="https://www.tuosito.com/us/" hreflang="en-us"/>
```

Nel caso in cui le pagine da gestire non siano in HTML – come ad esempio i PDF – occorre valorizzare l'attributo hreflang attraverso un link dedicato da inserire all'interno dell'intestazione http della pagina, secondo la seguente sintassi:

```
Link:<http://en.tuosito.com/document.pdf>; rel="alternate"; hreflang="en",<http://fr.tuosito.com/document.pdf>;rel="alternate"; hreflang = "fr"
```

Ricorda comunque che un PDF – anche se correttamente implementato – potrebbe non essere la soluzione migliore per l'esperienza dell'utente, soprattutto in termini di prestazioni e velocità di navigazione.
Il secondo metodo per implementare correttamente l'hreflang – e anche il più semplice perché evita di mettere mano al codice – è attraverso la sitemap XML.
Qualsiasi sia la tipologia di metodo prescelta, la logica che risiede dietro all'implementazione dell'attributo hreflang è sempre la stessa: **in ogni pagina da implementare occorre inserire un riferimento alla pagina stessa e a tutte le pagine alternative**, che propongono lo stesso contenuto in lingue diverse.
Per semplificare, nella pagina A va inserito il riferimento alla pagina A e quelli alle pagine B, C e D. Nella pagina B va inserito il riferimento alla pagina B e quelli alle pagine A, C e D, e così via.

Esempio pratico di implementazione dell'attributo hreflang attraverso il link nell'head della pagina HTML

Nella pagina http://www.miosito.com, andranno inserite le seguenti istruzioni:

```
<link rel="alternate" hreflang="en-gb" href="http://www.miosito.com"/>
<link rel="alternate" hreflang="en-us" href="http://usa.miosito.com/"/>
<link rel="alternate" hreflang="de" href="http://de.miosito.com/"/>
```

Nella pagina http://usa.miosito.com, andranno inserite le seguenti indicazioni:

```
<link rel="alternate" hreflang="en-us" href="http://usa.miosito.com/"/>
<link rel="alternate" hreflang="en-gb" href="http://www.miosito.com"/>
<link rel="alternate" hreflang="de" href="http://de.miosito.com/"/>
```

Nella pagina http://de.miosito.com, andranno inserite le seguenti istruzioni:

```
<link rel="alternate" hreflang="de" href="http://de.miosito.com/"/>
```

```
<link rel="alternate" hreflang="en-us" href="http://usa.miosito.
com/" />
<link rel="alternate" hreflang="en-gb" href="http://www.miosito.
com"/
```

Esempio pratico di implementazione dell'attributo hreflang attraverso la sitemap XML

```
<?xml version="1.0" encoding="UTF-8"?>
<urlsetxmlns="http://www.google.com/schemas/sitemap/0.90">
<url>
<loc>http://www.miosito.com </loc>
<xhtml:linkrel="alternate" hreflang="en-gb" href=" http://www.mio-
sito.com" />
<xhtml:linkrel="alternate" hreflang="en-us" href="http://usa.mio-
sito.com/" />
<xhtml:linkrel="alternate" hreflang="de" href="http://de.miosito.
com/" />
</url>
<url>
<loc>http://usa.miosito.com </loc>
<xhtml:link rel="alternate" hreflang="en-us" href="http://usa.mio-
sito.com/" />
<xhtml:link rel="alternate" hreflang="de" href="http://de.miosito.
com/" />
<xhtml:link rel="alternate" hreflang="en-gb" href=" http://www.
miosito.com" />
</url>
<url>
<loc>http://de.miosito.com </loc>
<xhtml:linkrel="alternate" hreflang="de" href="http://de.miosito.
com/" />
<xhtml:linkrel="alternate" hreflang="en-us" href="http://usa.mio-
sito.com/" />
<xhtml:linkrel="alternate" hreflang="en-gb" href=" http://www.mio-
sito.com" />
</url></urlset>
```

Se, invece, vuoi indicare al motore di ricerca la presenza di una pagina predefinita (principale), priva di ogni specifica territoriale e idiomatica, per fornire agli utenti internazionali la **possibilità di scegliere la loro versione linguistica preferita** (language gate o splash page), puoi utilizzare questa sintassi:

```
<link rel="alternate" hreflang="x-default" href="http://www.miosito.
com/" />
<link rel="alternate" hreflang="en-us" href="http://usa.miosito.
com/"/>
<link rel="alternate" hreflang="de" href="http://de.miosito.com/"/>
```

1.11. Rich snippet: cosa sono?

Uno snippet è un risultato che il motore di ricerca mostra all'utente all'interno della SERP a seguito di una ricerca. Il tipico snippet di un risultato restituito da Google è rappresentato dal title (che compare come primo elemento), l'URL della pagina (secondo elemento) e la description (la descrizione di circa una riga e mezza).
In figura 1.6 un esempio tipico dello snippet tradizionale restituito da Google in SERP.

Figura 1.6. Esempio di snippet classico

I rich snippet sono, invece, **gli stessi risultati di ricerca arricchiti con ulteriori informazioni** e dettagli. Ti sarà sicuramente capitato di cercare una ricetta e trovare dei risultati caratterizzati anche da una piccola immagine, delle stelline di valutazione e tempi di cottura per la realizzazione della ricetta stessa. In figura 1.7 un esempio.

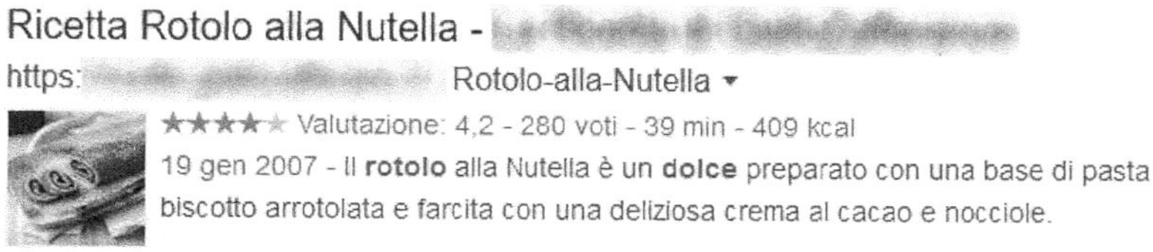

Figura 1.7. Esempio di rich snippet

I rich snippet sono delle informazioni aggiuntive mostrate in SERP grazie all'implementazione dei dati strutturati all'interno della tua pagina. Si tratta di porzioni di codice valorizzate in un particolare formato e inseriti all'interno dell'HTML della pagina: in questo modo sono leggibili e comprensibili per i motori di ricerca, i quali restituiranno i rich snippet in SERP.
Attraverso l'inserimento dei dati strutturati nel codice nell'HTML delle pagine del tuo sito puoi far capire meglio al motore l'argomento trattato nella pagina e le entità di cui stai parlando: è un **sistema per valorizzare alcune informazioni ed esplicitarle meglio al motore**, che poi le restituirà in SERP sotto forma di elementi aggiuntivi (rich snippet). Tra i più noti e frequenti troviamo – oltre alle stelline e ai tempi di cottura già visti sopra – le date degli eventi, i prezzi dei prodotti, le informazioni sulla disponibilità della merce, le condizioni (se nuovo o usato) e la thumbnail della risorsa video presente all'interno della pagina.

1.11.1. Vantaggi

I dati strutturati sono molto utili al motore, che – non sapendo ancora interpretare i testi come gli esseri umani – si serve delle informazioni aggiuntive inserite all'interno della pagina per capire le entità che compongono il contenuto generale e attribuire a ciascuna di queste entità **un significato e un valore ben precisi**. In pratica, attraverso i dati strutturati fornisci al motore informazioni aggiuntive e lo aiuti a capire meglio il contenuto

della pagina. Nello specifico, questi dati permettono al motore di **mettere in relazione i vari elementi e le varie entità presenti in pagina**, attribuendo al contenuto un significato complessivo.
Per l'utente, invece, il vantaggio è di **comprendere** in maniera più semplice e immediata **il contenuto presente all'interno della pagina**. Inoltre, essendoci elementi in grado di attirare l'attenzione e creare una discontinuità con gli snippet tradizionali, l'utente viene attratto maggiormente e spinto più facilmente al click. I rich snippet, quindi, non sono elementi in grado di favorire direttamente il ranking, ma – aumentando in maniera significativa la possibilità di conversione, ovvero il CTR della pagina in cui sono inseriti – gettano le basi per migliorare la visibilità delle pagine e, di conseguenza, favorire la crescita del sito in SERP. Se i click sulla pagina aumentano, il motore di ricerca tenderà a rivalutare positivamente il tuo contenuto e a premiarlo, di conseguenza, nel ranking. Naturalmente, i rich snippet da soli non bastano ad aumentare la visibilità del tuo sito in SERP.
I dati strutturati sono disponibili per i seguenti ambiti:

- recensioni
- prodotti
- eventi
- musica
- ricette
- contatti
- persone
- contenuti video
- notizie
- aziende e associazioni.

Riprendendo l'esempio precedente della ricetta, con i dati strutturati puoi comunicare al motore quali sono i tempi di realizzazione, qual è l'immagine del piatto completato, la lista degli ingredienti e i passaggi per realizzarla.

Per i CMS ci sono degli appositi plugin; in alternativa è possibile implementare direttamente i dati strutturati in pagina, seguendo tre alternative possibili: Microdata, RDF o **JSON-LD**, che è la soluzione raccomandata, perché più semplice da implementare e **anche la preferita da Google**.
Per controllare la corretta implementazione dei dati strutturati all'interno della pagina, Google ha messo a disposizione un tool gratuito:

https://search.google.com/structured-data/testing-tool?hl=it

1.11.2. Come implementarli

Qui di seguito un esempio pratico di implementazione dei dati strutturati con Microdata:

```
<p itemscope itemprop="organization" itemtype="http://schema.org/Organization">
 <a itemprop="url" href="https://www.miosito.it">
 <span itemprop="name">Company</span>
 </a> è partner tecnico di:
  <span itemprop="sponsor" itemscope itemtype="http://schema.org/Organization">
 <a itemprop="url" href=" http://www.climateartproject.com/">
 <span itemprop="name">Associazione Climate Art Project</span>
 </a>
 </span>
 </p>
```

Esempio di implementazione dei dati strutturati con JSON-LD:

```
<script type="application/ld+json">
 {
 "@context": "http://schema.org/",
 "@type": "Organization",
 "name": " Company",
 "url": " https://www.miosito.it ",
 "partner tecnico":
 {
```

```
"@type": "Organization",
"name": " Associazione Climate Art Project ",
"url": http://www.climateartproject.com/"
}
}
</script>
```

```
Pagina Azienda
<script type="application/ld+json">
{
"@context": "http://schema.org",
"@type": "Organization",
"url": "https://miosito.it",
"logo": "https://www.miosito.it/img/logo-sito.png",
"contactPoint": [{
"@type": "ContactPoint",
"telephone": "+39-06-75338411",
"contactType": "customer service"
}] }
</script>
```

Achille Baudino

L'IMPORTANZA DEI DATI STRUTTURATI

«*Implementare dati strutturati significa comunicare ai motori di ricerca il contenuto principale delle nostre pagine e le eventuali relazioni con altri contenuti secondari*»[9].

I motori di ricerca, Google in primis, hanno trovato nell'intelligenza artificiale un alleato molto potente per la comprensione del contenuto delle risorse disponibili sul web. Per averne un'idea basta pensare a quanto sia evoluta la comprensione del contenuto all'interno delle immagini.

Anche chi si occupa di ottimizzazione ha un valido alleato per fornire agli algo-

[9] Kempes D., *Il metodo SMR: una guida pratica alla implementazione di dati strutturati*, it.semrush.com

ritmi informazioni esplicite sul significato e sul contenuto di una pagina: i dati strutturati.
Sono stati gli stessi motori di ricerca a creare un vocabolario univoco, che consentisse di esplicitare il contenuto di ogni pagina in modo universalmente riconosciuto. Google, Yahoo, Yandex (il motore di ricerca russo) e Microsoft (proprietaria di Bing) hanno infatti fondato **SCHEMA.ORG**, che ha definito un vocabolario (in continua evoluzione) che consente di **specificare le informazioni che vogliamo mettere in evidenza** al motore di ricerca, utilizzando uno schema di dati univoco e riconosciuto.
Utilizzando la sintassi RDFa, Microdata oppure JSON-LD a nostra scelta (anche se Google predilige JSON-LD), possiamo indicare al motore di ricerca che in una pagina si parla di un evento, indicando la data, l'ora, il luogo e altre informazioni utili per l'utente. Oppure informazioni relative ad una organizzazione, ad una persona, ad un luogo, un prodotto, e così via.
Utilizzando uno schema predefinito e condiviso, diventa più facile per un software comprendere le informazioni che la pagina fornisce attraverso l'uso della sintassi corretta.
Ma l'utilità dei dati strutturati non si ferma qui. Trattandosi di una sintassi riconosciuta universalmente, **può essere usata anche da "oggetti"**, come potrebbe essere un assistente vocale come Alexa o Google Home, per recuperare rapidamente informazioni, andando a scandagliare la "rete", alla ricerca di risorse che forniscono quelle informazioni nel formato predefinito da schema.org. Oggi siamo ancora molto ancorati al concetto di risorsa web identificandola come una pagina di un sito. Ma l'evoluzione della Internet delle cose (Internet of Things, abbreviata in IoT) fa sì che sia possibile far dialogare tra di loro oggetti diversi, connettere dispositivi che si scambiano informazioni, ecc.
Ma come sarebbe possibile se non ci fosse una "lingua" comune che tutti questi dispositivi possono riconoscere? Esattamente come noi umani dobbiamo parlare la stessa lingua per capire il significato di quello che diciamo, anche le macchine devono, il più possibile, usare un linguaggio comune per poter dialogare e scambiarsi informazioni. E **i dati strutturati sono proprio questa lingua comune**.
Sebbene non sia un fattore di posizionamento diretto, compilare correttamente i dati strutturati nelle pagine del nostro sito può, quindi, diventare prossimamente un plus grazie al quale dispositivi e software diversi possono recuperare le informazioni che forniamo ed erogarle agli utenti nei modi più disparati (vedi le query effettuate attraverso la ricerca vocale).
Le risorse più importanti dove trovare indicazioni (ed esempi) molto utili, sono, ovviamente, il sito di schema.org e quello di Google dedicato agli sviluppatori: developers.google.com/search/docs/guides/intro-structured-data?hl=it

2. L'importanza dei link interni

I link interni sono link che collegano tra loro le pagine presenti all'interno di uno stesso sito. Sono tutti quei collegamenti che consentono all'utente – e naturalmente anche al motore di ricerca – di muoversi da una pagina all'altra, di spostarsi da una categoria alla sottocategoria e dalla sottocategoria alla pagina foglia (un contenuto o una scheda di prodotto), oppure da un articolo ad un approfondimento presente in un'altra pagina, di tornare indietro al contenuto consultato precedentemente, e così via. I link interni sono i nodi che congiungono tra loro le pagine interne di un sito e ne permettono la navigazione.

In realtà, i collegamenti presenti all'interno di un sito sono fondamentali anche per delineare l'architettura informativa del sito stesso e collegare in ordine gerarchico tutti gli elementi e le informazioni presenti al suo interno. Basti pensare, infatti, che senza i link interni non avremmo modo di navigare da un documento

all'altro e, quindi, non esisterebbe Internet, almeno per come lo conosciamo e utilizziamo oggi.
Ma affinché un sito sia navigabile e consultabile non è sufficiente che ci siano i link: ti devi accertare che questi siano collocati nel posto giusto, che abbiano una reale utilità per l'utente facilitandone la navigazione, che siano distribuiti in modo ragionato nelle varie pagine e che tutti i contenuti siano effettivamente raggiungibili grazie a loro.
Per riassumere, i link interni sono fondamentali per tre motivi principali:

- consentono all'utente e al motore di navigare un sito
- aiutano a definire la gerarchia tra le sezioni di un sito
- trasmettono link juice (valore) da una pagina all'altra.

Il motore di ricerca – nel momento in cui visita una determinata pagina all'interno del tuo sito – scansiona il contenuto e segue i link che trova al suo interno, arrivando così a visitare tutte le altre pagine collegate. **Grazie ai link** – come anticipato sopra – il **bot è in grado di navigare** ed esplorare la **struttura** dell'intero sito. Se rendi le pagine del tuo sito raggiungibili dai link, il bot avrà la possibilità di scansionarle, valutarle e archiviarle, nonché procedere alla loro indicizzazione (in base alle ottimizzazioni SEO on-site).
I collegamenti interni sono fondamentali per un sito e tuttavia vengono spesso ignorati o mal gestiti (lasciando che sia il CMS con il suo template a decidere la loro sorte).
Nella creazione e implementazione dei siti web, uno degli errori più frequenti è **creare delle pagine di valore** che tuttavia restano "**orfane**", perché di fatto non sono raggiungibili da nessun link e, quindi, inesistenti per il motore di ricerca.
Ciò accade più frequentemente di quanto si possa immaginare: articoli importanti e utili per l'utente non linkati dal menu di navigazione, pagine form non linkate neanche dal footer, appro-

fondimenti in pdf (brandizzati) presenti tecnicamente sul sito, ma non raggiungibili da nessuna parte, ecc.
Occorre ricordare che per il bot una pagina priva di collegamenti in ingresso è una pagina che non merita attenzione (altrimenti l'avresti linkata!), quindi accertati che tutte le pagine principali (e da queste tutte le altre pagine di cui è composto il sito) siano realmente raggiungibili dal menu di navigazione principale o da un menu secondario.
Per rendere ottimale l'architettura informativa del tuo sito, è opportuno strutturarla secondo il modello a piramide: in alto il nodo principale rappresentato dalla homepage (ovvero la punta della piramide), a seguire il gradino successivo e sottostante rappresentato dai nodi delle singole categorie principali del sito, direttamente collegati alla homepage, poi il livello successivo caratterizzato dai nodi delle sottocategorie, collegate direttamente con i nodi delle categorie principali, fino a giungere al gradino più basso, ovvero la base della piramide. Qui troviamo le singole pagine foglia: in un e-commerce saranno le schede di prodotto, in un sito di annunci saranno le singole inserzioni, in un sito informativo saranno i singoli articoli, tutti collegati direttamente alle sottocategorie di appartenenza.
Sottovalutando questi aspetti, si rischia di creare un sito valido dal punto di vista dei contenuti, ma scadente nella struttura.
Come visto, infatti, i link sono in grado di offrire ai motori di ricerca la possibilità di comprenderne l'architettura e la gerarchia informativa e, quindi, anche il peso che hanno le singole pagine rispetto alle altre.
In ultima analisi, i link interni aiutano a trasmettere link juice dalla pagina che linka alla pagina linkata, rafforzando così quest'ultima.

2.1. Cos'è il link juice o link equity?

Per semplificare, possiamo dire che il link juice è il valore che viene trasferito da una pagina all'altra proprio grazie ai link. Il

valore acquisito dalla pagina che linka varia naturalmente da pagina a pagina e da sito a sito in funzione del numero e della qualità dei link che la pagina riceve, dalla loro autorevolezza, dall'argomento trattato (se è in linea o meno con la pagina linkata) e da altri fattori. Occorre sapere anche che più è alto il numero dei link presenti all'interno di una pagina, minore è il valore che viene trasferito alle pagine linkate; per questo un numero eccessivo di link in pagina rischia di diluire eccessivamente il valore trasferito. Al contrario, l'assenza di link all'interno di una pagina autorevole del tuo sito è un'occasione sprecata per passare del valore ad una delle altre pagine semanticamente correlate che potresti linkare.
In sostanza, il link è come se fosse un voto positivo verso la pagina di destinazione e, quindi, uno strumento per dare ulteriore valore, credito e autorevolezza (trust) alla pagina linkata.
Per questo, **è fondamentale gestire correttamente il linking interno** (e anche gli eventuali link che puntano verso l'esterno) per non disperdere inutilmente questo valore.
Spesso sottovalutati, i link interni sono uno strumento prezioso per aumentare progressivamente il valore delle pagine più importanti del sito e renderle sempre più visibili in SERP.

2.2. I link devono essere scansionabili dal bot

Potrebbe sembrare una banalità ma i link – per essere considerati e valutati – devono essere facilmente leggibili dal motore di ricerca. Per questo, devi sempre ricordarti – specie nel momento in cui scegli la tecnologia con cui costruire il tuo sito web – che alcuni linguaggi non sono scansionabili e interpretabili dai motori di ricerca (o almeno non lo sono così facilmente come gli altri). Ad esempio, i link realizzati in JavaScript potrebbero non essere identificati immediatamente dal bot del motore di ricerca, oppure potrebbero non essere valutati correttamente, a seconda di come vengono implementati. Per questo motivo, è raccomandabile utilizzare sempre collegamenti scritti in linguaggio HTML standard in tutte quelle pagine in cui il traffico proveniente dai motori di ricerca è per te importante.

Ma non è tutto, perché ad essere ignorati dal bot di Google sono anche tutti quei link implementati in Flash, applet Java e similari, che rendono di fatto non scansionabili i collegamenti presenti all'interno delle pagine.

A tal proposito, vale la pena segnalare anche che i link ideali per il motore di ricerca – che vengono letti e interpretati sempre correttamente – sono quelli "assoluti", dove nel codice href= viene indicato l'indirizzo completo dell'URL e non solo il path finale della categoria o della pagina foglia, come avviene per i link "relativi".

```
Solo per fare un esempio, il link assoluto si presenta in questo modo:
<a href="https://www.tuosito.it/categoria/pagina-foglia.html">pagina linkata</a>
```

Il link relativo, invece, si presenta con la sintassi che segue:

```
<a href="categoria/pagina-foglia.html">pagina linkata</a>
```

La presenza di link assoluti (ovvero completi) consente al motore di ricerca di scansionare le pagine più rapidamente, risparmiando così crawl budget.

2.3. Perché non puoi fare a meno dei menu di navigazione secondari

Hai mai sentito parlare di menu di navigazione secondari? Moltissimi imprenditori, marketing manager e webmaster – al momento di disegnare il *wireframe*[10] della homepage e delle pagine interne

[10] Il wireframe è la bozza grafica di un sito che mostra quali sono le sezioni previste in pagina e dove sono collocate, ad esempio la posizione del menu di navigazione principale, dei prodotti o degli articoli, la collocazione delle immagini, ecc.

di un nuovo sito web – tendono a considerare e includere nella struttura solo un menu di navigazione: quello principale. Questo, nella versione desktop, si trova generalmente in posizione alta e in orizzontale, mentre nella versione mobile è rappresentato da un'icona che ricorda la forma di un hamburger, che si apre verticalmente solo dopo averci cliccato.
Nella maggior parte dei siti, si prevede – almeno all'inizio – un solo menu di navigazione, che tuttavia rischia di limitare non poco la valorizzazione dei contenuti presenti all'interno.
Come anticipato all'inizio di questo capitolo, i link sono fondamentali per consentire all'utente e al motore di ricerca di arrivare in profondità all'interno del sito, di raggiungere tutte le pagine. Ma il compito dei link è anche quello di **stabilire una gerarchia e un ordine di importanza** tra i vari contenuti e renderli facilmente trovabili. Questo compito specifico viene assolto, in primo luogo, dalle etichette (tab) del menu di navigazione principale del sito, ovvero dai link delle categorie (ed eventuali sottocategorie) che definiscono la struttura e la gerarchia del sito stesso. Tuttavia, i grandi siti generalisti e quelli caratterizzati da un forte storico – che nel tempo hanno quindi pubblicato e sedimentato un grande numero di pagine – fanno fatica a valorizzare alcune tipologie di contenuto utilizzando solo il menu di navigazione principale. Per questo diventa importante prevedere anche dei menu secondari, collocati, ad esempio, sotto quello principale, oppure nella colonna a destra della pagina o, in alternativa, subito prima del footer. Si tratta di "percorsi alternativi", che consentono di dare maggior importanza ad alcune pagine o ad alcune tipologie specifiche di contenuto. Facciamo un esempio pratico per capire la validità e l'utilità di questo strumento, importante tanto per la SEO quanto per la navigabilità e l'usabilità del sito per l'utente finale.
Immagina di avere un e-commerce presente sul mercato da anni: nel tempo avrai accumulato una serie di informazioni sui vari prodotti, da quello più apprezzato dai clienti a quello meno ven-

duto, ma avrai ottenuto anche dati fondamentali sulla stagionalità delle tipologie di prodotto, sugli impieghi che vengono fatti delle singole merci, ecc.
Queste informazioni – raccolte attraverso l'analisi dei dati del traffico organico registrato da Analytics e incrociate con quelli delle vendite reali – saranno fondamentali per poter creare dei nuovi **contenuti ad hoc**, originali e utili per gli utenti, da poter inserire, **evidenziare e valorizzare attraverso dei menu secondari di navigazione**. Pensa, ad esempio, ad una classifica dei "prodotti più venduti in estate", dove hai la possibilità di mettere in evidenza i link ai prodotti maggiormente richiesti in quel periodo, o semplicemente che desideri valorizzare, perché economicamente più vantaggiosi per il tuo business. Oppure, pensa all'elenco dei "prodotti top di cui non puoi fare a meno", dove puoi proporre ai tuoi utenti i migliori kit o dei set indispensabili per svolgere al meglio una determinata attività. In sostanza, indipendentemente dalla tipologia del tuo sito e dall'argomento trattato, i menu di navigazione secondari ti consentono di creare delle scorciatoie e dei percorsi di navigazione alternativi per accedere immediatamente e più facilmente a determinate tipologie di contenuto. Ad esempio, dei contenuti esclusivi (che possono essere anche dei semplici e brevi elenchi di link) da poter valorizzare e far emergere rispetto a tutto il resto. In questo modo, le pagine create saranno visibili, facilmente cliccabili e immediatamente consultabili.
Per riassumere, i menu di navigazione secondari, spesso ignorati al momento della progettazione di un nuovo sito, si rivelano in realtà degli strumenti insostituibili per far emergere dei contenuti di valore, che altrimenti rischierebbero di restare in profondità. Ma non è tutto, perché i menu secondari consentono anche di variare periodicamente una parte del tuo sito e renderlo, di conseguenza, più dinamico, fresco e aggiornato: mentre un menu di navigazione principale dovrebbe restare più o meno invariato nel tempo, soprattutto per non disorientare l'utente che torna,

quello secondario può essere variato a seconda della stagionalità o delle esigenze specifiche. L'importante, come visto con l'esempio delle pagine dedicate alle nuove collezioni autunno-inverno, è progettare per bene, a monte, la creazione degli URL ed evitare di cancellare e redirezionare spesso le pagine.

2.4. I link sono tutti uguali?

Ora che hai capito l'importanza del menu di navigazione principale e dei menu secondari, la domanda dovrebbe nascerti spontanea: ma questi link hanno tutti lo stesso valore per il motore di ricerca?

In breve, il link che si trova in corrispondenza di un'etichetta del menu di navigazione principale viene valutato allo stesso modo di un link presente nel menu secondario? E il link presente all'interno di un testo? È bene sapere che non tutti i link sono uguali, perché non tutti hanno lo stesso valore.

Ad esempio, i link presenti all'interno di un contenuto testuale contano di più rispetto ai collegamenti nei menu di navigazione del sito, perché si tratta di un link contestualizzato, motivato e, quindi, valorizzato. Non è semplicemente un link di navigazione - che deve esserci necessariamente per rendere accessibile la pagina di destinazione corrispondente - ma un link di approfondimento, che merita davvero di stare lì rispetto ad altri collegamenti di minore importanza. Allo stesso modo, i link presenti nel footer di una pagina (o di più pagine) hanno un'importanza nettamente inferiore rispetto a quelli presenti in un contenuto testuale o all'interno di un menu di navigazione e, di conseguenza, trasferiranno meno valore (ovvero meno link juice o link equity) alla pagina linkata.

E se in una pagina appaiono **più link verso la stessa identica risorsa**? Questo è un fenomeno che capita molto di frequente e, nella maggior parte dei casi, in modo assolutamente involontario. Per fare un esempio pratico piuttosto comune, pensa ad un link presente in alto all'interno di un articolo e poi nel footer della medesima pagina. In questo caso, il motore di ricerca vede entrambi i link e li segue, ma prenderà in considerazione solo il primo e attribuirà alla pagina di destinazione solo ed esclusivamente l'anchor text appartenente al primo link che incontra, quello collocato più in alto all'interno della pagina. In sostanza, scansiona e valuta entrambi i collegamenti presenti, ma poi considera solo il primo che vede. A tal proposito, ricorda sempre che il motore di ricerca legge le pagine esattamente come noi: da sinistra verso destra e dall'alto verso il basso, pertanto – proprio come un normale utente – anche il bot di Google assegna più valore a ciò che si trova in alto nella pagina.

2.5. I link rotti

Un link, per essere tale e per avere valore, deve essere attivo e deve raggiungere correttamente l'URL della pagina di destinazione cui è collegato. Se ciò non avviene si parla di *link rotto*.
Le cause possono essere diverse; ad esempio, al momento di inserire l'URL di destinazione del link, è stato copiato o digitato male l'indirizzo della pagina da collegare, oppure la pagina di destinazione, che prima esisteva, ora è stata cancellata, generando di fatto un errore 404, senza essere redirezionata verso un contenuto simile.
I link rotti rappresentano un **problema importante** (e spesso ignorato) sia per la navigazione interna al sito, e quindi per l'esperienza dell'utente nel momento in cui passa da una pagina all'altra, sia per il link juice che di fatto viene perso.
Tutto questo – specie se presente in modo massivo all'interno di un sito – influisce negativamente sull'esperienza dell'utente nella navigazione e mette un freno al posizionamento delle pagine in SERP, perché le priva di una parte del valore.
A tal proposito, si parla di *broken link* e *broken backlink*. Per broken link si intendono dei link interni (rotti) che puntano a pagine 404 all'interno dello stesso sito. Con la definizione di broken backlink

si identificano, invece, dei collegamenti che provengono da siti esterni (i backlink) i quali puntano a pagine interne al tuo sito che, a loro volta, restituiscono un errore 404.
In entrambi i casi si tratta di criticità importanti, da risolvere nel più breve tempo possibile, ma le modalità per farlo, naturalmente, sono diverse.
Come anticipato sopra, un link rotto – che riguardi un link proveniente da una pagina diversa dello stesso sito o da una pagina di un sito esterno – toglie link juice, ovvero forza e valore, e può, quindi, rappresentare un problema di grande impatto nel posizionamento della pagina e delle parole chiave per cui questa si posiziona. Vediamo, allora, nel dettaglio le caratteristiche di queste due macrocriticità.

2.5.1. Broken link: correggere i link interni rotti

Per identificare tutti i link rotti presenti nel tuo sito, puoi ricorrere a Screaming Frog (oppure a un tool a scelta che effettua lo stesso tipo di analisi, come Visual SEO Studio, un software tutto italiano), strumento che simula la scansione di un sito web da parte dei motori di ricerca. Ricorda che questo software di analisi offre una versione gratuita, che tuttavia permette di scansionare solo 500 URL e di usare solo alcune funzionalità. Per analisi approfondite, specie per i siti con tante pagine, è fondamentale disporre della versione a pagamento, che, tra le varie opzioni, consente di variare lo user-agent.
Per mostrarti l'iter da seguire, prenderemo come riferimento l'analisi effettuata con Screaming Frog: imposta il tool in modo da scansionare l'intero sito con lo user-agent di Googlebot, poi inserisci l'URL completo della homepage del tuo sito nell'apposita barra in alto (dove c'è il messaggio: "Inserisci URL per lo spider") e, infine, avvia la scansione completa del sito cliccando sul tasto START.
Una volta terminata la scansione, clicca sul tab RESPONSE CODES e filtra i risultati in modo tale da visualizzare per primi i "Client Error

(4XX)", ovvero le pagine di errore, poi vai nel riquadro in basso e clicca su INLINKS, in modo da visualizzare gli URL delle pagine da cui provengono i link che generano degli status code 404.
Puoi attendere che la scansione finisca e arrivi, quindi, al 100%, oppure puoi iniziare a fare un controllo provvisorio per avere un'idea generale dell'entità del problema, mentre il bot sta ancora analizzando.
Conoscere tutte le pagine (o fonti) da cui provengono i link rotti è essenziale per poterli correggere.
Se desideri visualizzare i dati in un foglio Excel, puoi esportare sia gli URL "di origine" che i link rotti utilizzando l'opzione ESPORTAZIONE BULK -> CODICI DI RISPOSTA -> ERRORE DI ACCESSO CLIENT (4xx) nel menu di navigazione principale.
Se, invece, hai già una lista pronta di pagine 404 da controllare, che sai già aver cancellato per qualche ragione, o sulle quali hai già riscontrato delle criticità, puoi incollare direttamente questi URL utilizzando l'opzione MODE LIST nel menu di navigazione principale in alto (invece di SPIDER dove puoi incollare l'URL della home) e avviare una scansione dedicata all'elenco specifico di pagine.
Qualunque sia il metodo per analizzare e identificare le pagine in 404 e i relativi URL di provenienza, una volta ottenute queste informazioni, è **fondamentale intervenire per risolverle**.
Ci sono due strade tecnicamente percorribili: la sostituzione dell'URL che non esiste con uno disponibile oppure l'eliminazione del link rotto. Tuttavia, a livello SEO, per non perdere del valore prezioso (link juice) e per non sprecare l'autorevolezza acquisita dalla pagina che linka, è consigliabile optare unicamente per la prima strada: **sostituire tutti gli URL rotti di pagina**, in modo da rendere nuovamente attivi e utili i link presenti.
Naturalmente, se il sito è molto vasto, questa operazione potrebbe essere molto lunga, ma con l'aiuto di un buon programmatore, potrà essere effettuata in modo automatico o, se utilizzi un CMS, potrebbero venirti in aiuto alcuni plugin (ad esempio per WordPress c'è Search&Replace).

2.5.2. Broken backlink: correggere i link esterni rotti

Una volta sistemati i link interni, che sono più semplici e immediati da gestire, perché ne hai il controllo totale, è fondamentale fare un passo in avanti e ricercare anche tutti i link rotti che provengono dall'esterno, i backlink appunto.

Per effettuare correttamente questa operazione, è indispensabile utilizzare un tool dedicato alla scansione e all'analisi dei link e dei domini linkati provenienti dall'esterno. Uno dei migliori strumenti (a pagamento) è sicuramente Majestic Seo, mentre una valida alternativa è Ahrefs.

Per comodità, prenderemo come riferimento l'analisi tramite Majestic SEO. Una volta effettuato l'accesso, occorre inserire il dominio del tuo sito (avendo cura di togliere i riferimenti http/https e www) nell'apposito box in alto e poi cliccare sul pulsante arancione (identificabile facilmente anche per l'icona di una lente di ingrandimento), per avviare la scansione. A questo punto, clicca sul pulsante PAGINE e potrai visualizzare l'elenco completo degli URL del tuo sito linkati da domini esterni.

Majestic SEO ti fornisce già – proprio sotto ai singoli URL di pagina restituiti nell'elenco – lo status code corrispondente, pertanto potrai visualizzare già a colpo d'occhio le pagine linkate che risultano in 404, in breve i backlink rotti.

Tuttavia, per avere un elenco aggiornato delle pagine linkate che sono in realtà in 404, è opportuno scaricare la lista fornita dal tool, caricarla in Screaming Frog ed effettuare una scansione aggiornata. Questo perché il bot di Majestic SEO potrebbe fornire informazioni meno aggiornate rispetto a quelle ottenute, in tempo reale, tramite Screaming Frog.

A questo punto, conosci l'elenco completo dei backlink rotti, ovvero tutti gli URL delle pagine interne al tuo sito attualmente in 404 che ricevono link da domini esterni.

Come risolvere il problema e recuperare il trust e l'autorevolezza perduta?

Il primo passo da compiere è effettuare dei redirect di tipo 301 da ciascun URL in 404 verso un URL di pagina dal contenuto simile. Se la pagina in 404 è un prodotto, dovrai effettuare un redirect 301 verso un prodotto simile; se invece la 404 è una pagina di categoria, occorre redirezionarla - sempre con un 301 - verso una categoria simile o semanticamente compatibile.
Una volta effettuate tutte le redirezioni, inizia la fase più lunga del lavoro e anche la più frustrante, perché - ti avverto - non sempre va a buon fine. Dovrai contattare via mail tutti i siti che linkano sulle pagine precedentemente in 404 (ora redirezionate) e chiedere loro di linkare direttamente la nuova pagina, sostituendo il link rotto con quello corretto, o meglio l'URL vecchio in 404 con quello nuovo, verso il quale hai effettuato la redirezione. Tieni presente che se i webmaster non ti risponderanno o non effettueranno la sostituzione, sicuramente perderai una piccola parte del valore che deriva dal dominio linkante. Tuttavia - come vedremo nel capitolo dedicato alla link building e alle strategie per acquisire dei nuovi domini linkanti - un profilo link naturale e SEO-friendly prevede anche la presenza di pagine linkate e, nel tempo, redirezionate verso contenuti simili.

2.5.3. Redirect: errori frequenti da evitare

Uno degli errori più frequenti che vengono fatti da webmaster, proprietari di siti, professionisti e imprenditori che si occupano, direttamente o indirettamente, della gestione delle pagine del proprio sito è ignorare l'importanza dei redirect. E più in generale, come visto sopra, delle migrazioni.
Molto spesso infatti, in fase di modifica e restyling di un sito, tanti URL di **vecchie categorie cancellate vengono redirezionati in modo massivo** verso un'unica categoria o, addirittura, verso la homepage.
È un errore su cui riflettere e assolutamente da ovviare, per evitare di perdere autorevolezza. Questo perché, se la nuova pagina

di destinazione del redirect ha poco a che fare, da un punto di vista tematico, con la vecchia pagina redirezionata, Google potrebbe decidere di non trasferire il valore (link juice) della vecchia pagina alla nuova. In tal caso, l'utente verrebbe comunque redirezionato sul nuovo contenuto, ma il motore potrebbe decidere di non trasferire valore. Facciamo un esempio pratico. Se la pagina di categoria del tuo e-commerce che parla di "scarpe con le zeppe" viene cancellata (per ragioni che non stiamo ad indagare) e redirezionata verso la pagina di categoria "sandali di pelle", trattandosi di due tipologie di scarpe diverse, Google potrebbe decidere di "ignorare" questa associazione ed evitare di far confluire il valore della pagina eliminata alla nuova pagina di categoria dedicata ai sandali.

Per questa ragione, ogni volta che fai una redirezione da una pagina cancellata a una pagina alternativa, è fondamentale accertarsi che quest'ultima abbia un'affinità tematica e sia, quindi, semanticamente simile alla vecchia.

Questo vale ancora di più – e riveste quindi un'importanza ancora maggiore – quando si parla di "migrazione" di un sito, ovvero quando, in occasione di un restyling completo o di un aggiornamento particolare, tutti gli URL vengono cambiati e devono, quindi, effettuare delle redirezioni da ciascun vecchio URL al corrispondente nuovo URL. Qualora non ci sia un nuovo URL perfettamente corrispondente al vecchio, occorre individuare la pagina semanticamente più vicina.

Un altro errore piuttosto comune, nel momento in cui si gestiscono le redirezioni, è quello relativo alle "catene di redirect".

2.5.3.1. La catena di redirect

La catena di redirect è una condizione che si verifica quando esiste più di un reindirizzamento tra l'URL iniziale (ad esempio la vecchia pagina cancellata) e l'URL di destinazione finale (la nuova pagina). Quando reindirizzi un URL, ci dovrebbe essere sempre

un solo e unico redirect (301 o 302 a seconda della tipologia che hai scelto) dalla pagina A alla pagina B. Tutto ciò che si differenzia da questo schema crea dei rischi per l'autorevolezza del tuo sito e, soprattutto, per il trasferimento di valore, che – nella catena di redirezioni – tende a perdersi e a diluirsi.
Le catene di redirect si verificano a causa di due grandi tipologie di problemi: la prima è legata soprattutto al tempo e alla **mancanza di un diario condiviso delle attività effettuate** sul sito nel corso dei mesi e degli anni (in sostanza è un problema di organizzazione e coordinamento tra i vari team e tra le varie persone che si alternano nella gestione di un sito); la seconda problematica è legata, invece, ad **una errata impostazione del server**. Ma vediamo da vicino cosa rappresentano questi due problemi e cosa determinano nello specifico.
La maggior parte delle catene di redirect si verificano perché, nel corso del tempo, le pagine vengono redirezionate senza tenere traccia di ciò che è stato redirezionato in precedenza. Capita, ad esempio, che la pagina A venga cancellata e redirezionata sulla pagina B. A distanza di mesi o di anni, viene cancellata anche la pagina B, ma chi effettua questa redirezione è spesso un'altra persona (oppure è lo stesso professionista che a distanza di mesi o anni non si ricorda della prima redirezione effettuata tempo prima) e così redireziona la pagina B sulla pagina C, dimenticando di fare la redirezione dalla pagina A (quella originaria appunto) alla nuova pagina C. Ogni volta che questo accade, si verifica necessariamente **una diluizione del valore trasferito da una pagina all'altra**: più catene ci sono, maggiore è il valore che si perderà in questi passaggi.
Se pensi al numero di pagine che ogni anno nascono e muoiono all'interno di un sito – specie in quelli in cui c'è un'alta volatilità o che hanno uno storico importante – puoi farti un'idea più o meno chiara di quanto sia frequente il rischio di creare delle catene di redirect.
L'altra ragione per la quale si possono creare delle catene di redirezioni è legata ad un problema di server. In alcuni casi in cui il

sito effettua il **passaggio dalla versione http a quella https** – per una errata impostazione del server – viene creato prima un redirect dalla vecchia pagina http alla nuova pagina http e poi viene effettuata una seconda redirezione dalla nuova pagina http alla stessa pagina in versione https. Ciò avviene più frequentemente nei casi in cui i responsabili del sito decidono di effettuare un restyling del template e combinare contemporaneamente il passaggio da http ad https. Una scelta sicuramente sensata e auspicabile, a patto che venga gestita correttamente. Per farlo, occorre necessariamente effettuare un controllo sul server e accertarsi che la gestione dell'http/https e quella dei redirect siano correttamente impostate.

2.5.3.2. Perché è importante evitare le catene di redirect

Per due macro-ragioni fondamentali. La prima riguarda **LA PERDITA DI LINK EQUITY**, ovvero lo spreco di una parte del valore derivante dai domini linkanti che puntano alle pagine del tuo sito. La seconda ha a che fare, invece, con il **CRAWL BUDGET**, **l'indicizzazione**, le **performance** del sito e l'esperienza dell'utente, aspetti fondamentali per la SEO, ma soprattutto – in senso più ampio – ormai essenziali per poter creare dei contenuti che siano fruibili e apprezzabili da chi naviga.

Iniziamo con la prima, che fa riferimento alla link equity. Ad oggi sappiamo che i redirect trasferiscono circa **l'80% del valore** della vecchia pagina alla nuova. Se il redirect non è diretto, ma prevede una catena di redirezioni intermedie, questo valore viene ulteriormente diluito e ridotto nei passaggi interni, andando a compromettere di conseguenza il valore della pagina di destinazione finale. In sostanza, più alto è il numero dei reindirizzamenti, minore è il valore che la pagina di destinazione riceverà.

Per questa ragione, è fondamentale annotare tutti gli interventi effettuati sul sito nel corso del tempo, dando particolare importanza alle pagine cancellate e redirezionate, in modo da avere una

mappatura chiara delle modifiche e delle redirezioni fatte e intervenire in modo corretto sulle implementazioni future.
Il secondo motivo per cui è fondamentale evitare sul sito delle catene di redirect è legato al crawl budget, all'indicizzazione, alle performance tecniche e all'esperienza dell'utente sulle pagine del tuo sito.
Come vedremo più nel dettaglio nel capitolo dedicato alla velocità e alle performance, queste catene di redirect **aumentano il numero delle richieste inviate al server** e incidono negativamente sulle performance del sito.
Le redirezioni non necessarie, infatti, rallentano l'erogazione del contenuto finale richiesto dall'utente e diminuiscono la velocità generale del sito, rendendolo meno appetibile per chi lo consulta e più difficilmente scansionabile dal bot del motore di ricerca. Il bot, infatti, deve passare da una pagina all'altra seguendo i vari redirect prima di poter visualizzare finalmente la pagina di destinazione. Ma c'è di più, perché – in tutti questi passaggi intermedi tra una redirezione e l'altra – **il bot potrebbe rinunciare ad arrivare fino alla fine**, evitando così di seguire tutti i redirect generati. Creando degli ostacoli alla scansione delle pagine, a causa del numero elevato di reindirizzamenti, Google potrebbe rinunciare a indicizzare il nuovo URL, creando un danno non indifferente al tuo sito, soprattutto se la nuova pagina riveste un ruolo centrale per la tua attività.
Le catene di reindirizzamenti non devono essere confuse con i **loop di reindirizzamento**, un problema ancora più grave sia per la fruibilità del sito che per la sua autorevolezza. Si verifica un loop di reindirizzamento quando la pagina A redireziona alla pagina B e – per un errore di impostazione – la pagina B redireziona, a sua volta, alla pagina A. Un altro caso simile si verifica quando la pagina A contiene un canonical verso la pagina B, che a sua volta redireziona – con un 301 – verso la pagina A.
In sostanza, si crea una confusione tale da mettere in seria difficoltà il bot, che avrà enormi problemi a capire quale pagina deve

prendere in considerazione. Il risultato? Naturalmente, nella SERP non restituirà nessuna delle due pagine.
Per riepilogare e semplificare, quindi, ricorda sempre che se fai una redirezione dalla pagina A alla pagina B e poi - magari a distanza di tempo - fai una nuova redirezione dalla B alla pagina C, dovresti modificare la vecchia redirezione, prevedendo un redirect diretto dalla pagina A alla pagina C, in modo da evitare catene di redirect e, allo stesso tempo, accertarti che tutte le vecchie pagine siano correttamente redirezionate. Infine, fai fare (o fai direttamente se ne hai dimestichezza) un controllo sul server, per evitare che ci siano impostazioni non corrette.

Checklist

Controlla che:

- le pagine importanti siano raggiungibili dal menu di navigazione principale
- le pagine importanti ricevano link da altre pagine interne di valore
- i link siano scritti in HTML e siano assoluti
- sia presente un menu di navigazione secondario
- i link alle pagine importanti siano all'interno di articoli/contenuti testuali affini
- non ci siano link rotti/pagine linkate in 404
- ci siano delle redirezioni sensate e gestite correttamente
- non ci siano catene di redirect.

3. Il codice in pagina

Spesso trascurato o sottovalutato, il codice in pagina è uno dei fattori più importanti a cui devi prestare maggiore attenzione, se realmente intendi ottimizzare correttamente il tuo sito web. A volte basta davvero poco per migliorare la struttura generale delle tue pagine web e far sì che il motore di ricerca possa scansionare con facilità il codice in pagina. In questo modo, permetterai al tuo sito di essere valutato positivamente, migliorando sensibilmente la sua visibilità nelle SERP.

CONOSCI IL TUO CODICE SORGENTE E CONOSCI IL TUO NEMICO!

Ma che cos'è il codice sorgente o codice in pagina? Per scoprirlo, ti basta fare click con il tasto destro del mouse, su una qualsiasi pagina web e selezionare la voce VISUALIZZA SORGENTE PAGINA. In alternativa, seleziona contemporaneamente i tasti CTRL + U della tua tastiera.

Il contenuto che visualizzi – che si aprirà in un'altra finestra – è il codice sorgente alla base della pagina che stai visualizzando sul tuo browser.

```
<!DOCTYPE html>
<html lang="it-IT" prefix="og: http://ogp.me/ns#">
    <head>
        <meta charset="UTF-8">
        <meta http-equiv="X-UA-Compatible" content="IE=edge">
        <meta name="viewport" content="width=device-width, initial-scale=1">
        <link rel="shortcut icon" href="/wp-content/uploads/2017/03/poltrona-anziani-ikea.jpg">
        <link rel="apple-touch-icon-precomposed" href="/wp-content/uploads/2017/03/poltrona-anziani-ikea.jpg">
            <title>Poltrone per anziani in vendita online - Poltrona-Anziani</title>

<!-- This site is optimized with the Yoast SEO plugin v10.0.1 - https://yoast.com/wordpress/plugins/seo/ -->
<meta name="description" content="Scopri di più sul mondo delle poltrone e delle sedie per anziani: guide, articoli e recensioni per scegliere e acquistare subito online."/>
<link rel="canonical" href="http://www.poltrona-anziani.it/" />
<meta property="og:locale" content="it_IT" />
<meta property="og:type" content="website" />
<meta property="og:title" content="Poltrone per anziani in vendita online - Poltrona-Anziani" />
<meta property="og:description" content="Scopri di più sul mondo delle poltrone e delle sedie per anziani: guide, articoli e recensioni per scegliere e acquistare subito online." />
<meta property="og:url" content="http://www.poltrona-anziani.it/" />
<meta property="og:site_name" content="Poltrone e sedie per anziani" />
<meta property="og:image" content="http://www.poltrona-anziani.it/wp-content/uploads/2017/02/poltrone-anziani.jpg" />
<meta property="og:image:width" content="622" />
<meta property="og:image:height" content="600" />
<meta property="og:image:alt" content="poltrone per anziani" />
<meta name="twitter:card" content="summary" />
<meta name="twitter:description" content="Scopri di più sul mondo delle poltrone e delle sedie per anziani: guide, articoli e recensioni per scegliere e acquistare subito online." />
<meta name="twitter:title" content="Poltrone per anziani in vendita online - Poltrona-Anziani" />
<meta name="twitter:image" content="http://www.poltrona-anziani.it/wp-content/uploads/2017/02/poltrone-anziani.jpg" />
<script type="text/javascript" src="http://ff.kis.v2.scr.kaspersky-labs.com/8B62343E-CE77-6A45-B65A-FF4F31605490/main.js" charset="UTF-8"></script><script type='application/ld+json'>{"@cc
<script type='application/ld+json'>{"@context":"https://schema.org","@type":"Organization","url":"http://www.poltrona-anziani.it/","sameAs":[],"@id":"http://www.poltrona-anziani.it/#orgar
<!-- / Yoast SEO plugin. -->

<link rel='dns-prefetch' href='//s.w.org' />
<link rel="alternate" type="application/rss+xml" title="Poltrone e sedie per anziani &raquo; Feed" href="http://www.poltrona-anziani.it/feed/" />
<link rel="alternate" type="application/rss+xml" title="Poltrone e sedie per anziani &raquo; Feed dei commenti" href="http://www.poltrona-anziani.it/comments/feed/" />
        <script type="text/javascript">
            window._wpemojiSettings = {"baseUrl":"https:\/\/s.w.org\/images\/core\/emoji\/11.2.0\/72x72\/","ext":".png","svgUrl":"https:\/\/s.w.org\/images\/core\/emoji\/11.2.0\/svg\/","s
            !function(a,b,c){function d(a,b){var c=String.fromCharCode;l.clearRect(0,0,k.width,k.height),l.fillText(c.apply(this,a),0,0);var d=k.toDataURL();l.clearRect(0,0,k.width,k.heig
        </script>
        <style type="text/css">
img.wp-smiley,
img.emoji {
    display: inline !important;
    border: none !important;
    box-shadow: none !important;
```

Figura 3.1. Esempio di codice sorgente

Sebbene possa sembrare un'accozzaglia indistinta di stringhe, quello che appare è semplicemente ciò che i browser leggono, interpretano e restituiscono per mostrare all'utente i contenuti di una qualsiasi pagina web.

I motori di ricerca – e naturalmente Google in primis – scansionano il codice sorgente delle pagine per capirne l'architettura e i contenuti presenti all'interno. In particolare, dalla lettura di questo codice riescono a capire la struttura della pagina e l'architettura complessiva del sito (menu, link interni, sezioni, ecc.) cui la pagina appartiene e, naturalmente, anche l'argomento trattato, vista la presenza del contenuto.

3.1. I linguaggi di programmazione

Appurato che cos'è il codice in pagina, devi sapere che non tutti i linguaggi sono uguali: alcuni sono apprezzati dai motori di ricerca, altri sono completamente ignorati o deprecati e altri ancora – per essere correttamente interpretati da Google – devono rispettare alcuni requisiti importanti.
Tra i linguaggi comunemente usati c'è sicuramente l'HTML, che rappresenta le fondamenta di qualsiasi sito web. Ce ne sono poi altri, come JavaScript, AJAX, Flash e Frames, ognuno dei quali ha delle caratteristiche differenti rispetto agli altri e viene usato (o veniva usato in passato) per ragioni diverse. In particolare, nel momento in cui si fa ricorso ai CMS, JavaScript, Ajax e altri linguaggi di programmazione vengono utilizzati per gestire alcune funzionalità specifiche e particolari, che l'HTML non consente.
Vediamo, allora, quali sono i concetti chiave da conoscere in questo ambito e i fattori da considerare assolutamente nel momento in cui scegli di utilizzare dei linguaggi per implementare il tuo sito web.

3.2. Perché evitare JavaScript

Ciò che caratterizza frequentemente i menu di navigazione principali e secondari che vediamo sui siti web è l'implementazione in JavaScript. Questo linguaggio – rispetto ai menu testuali implementati in HTML – viene scansionato con maggiore difficoltà e in tempi diversi dai motori di ricerca. La raccomandazione generale, quindi, è di evitare di utilizzare JavaScript nelle parti fondamentali del tuo sito, come i menu di navigazione e i contenuti fondamentali per la comprensione della pagina.

3.2.1. JavaScript e SEO

Un sito che utilizza JavaScript non è sempre e necessariamente un dramma ai fini della SEO.

Tuttavia, nel momento in cui hai un sito che utilizza questo linguaggio, devi necessariamente porti una domanda: "il mio sito può essere consultato, navigato e utilizzato anche con JavaScript disattivato?".
Se la risposta è affermativa, non corri alcun pericolo. Se la risposta è negativa, devi necessariamente porre rimedio al problema, che, con tutta probabilità, ti sta facendo perdere traffico organico e, di conseguenza, la possibilità di fare business.
JavaScript diventa una criticità – dal punto di vista della SEO – quando viene utilizzato per caricare, visualizzare o modificare dinamicamente il contenuto essenziale delle tue pagine. In questi casi, vuol dire che si tratta di un vero e proprio "sito JavaScript" e ciò contrasta nettamente con le buone pratiche raccomandate da Google.
In linea generale, secondo le best practice diffuse da Google, il bot dovrebbe essere in grado di vedere tutto il contenuto di una pagina, incluse le parti che vengono aggiunte dinamicamente utilizzando il codice JavaScript.
Se, nell'analizzare il codice in pagina, riesci a vedere solo alcuni dei contenuti presenti al suo interno, vuol dire che anche il motore di ricerca – nel momento in cui scansiona per la prima volta la pagina del tuo sito – sarà in grado di vedere solo una parte dei contenuti presenti (HTML). Di conseguenza, con questo primo passaggio, indicizzerà solo ciò che vede.
Il contenuto che viene erogato con JavaScript verrà scansionato e indicizzato in un secondo momento, quando il bot ripasserà sul sito per la seconda volta.
Non a caso, quando si parla di JavaScript, si fa sempre riferimento alle "due differenti ondate del processo di indicizzazione"[11].

[11] Qui puoi approfondire l'argomento JavaScript e SEO:
Southern M., *Google Explains When JavaScript Does and Does Not Matter for SEO*, searchenginejournal.com e *When does JavaScript SEO matter? - JavaScript SEO*, youtube.com

Concludendo, ricorda sempre che – se proprio desideri utilizzare questo linguaggio per gestire alcune funzionalità del tuo sito – accertati che con JavaScript disattivato sia comunque tutto visibile, accessibile e navigabile.
In linea generale, il modo più semplice per prevedere dei contenuti JavaScript all'interno di un sito – e contemporaneamente far in modo che tutto sia leggibile e indicizzabile anche dai motori di ricerca – è accertarsi che almeno **il contenuto fondamentale** (ad esempio le voci del menu principale e il testo descrittivo) **sia presente in linguaggio HTML**, sempre visibile a tutti, indipendentemente dal browser e dal device utilizzato per consultare il sito.

3.3. Graceful degradation VS progressive enhancement

Un altro aspetto fondamentale da considerare – a proposito dei linguaggi utilizzabili per realizzare o ristrutturare il tuo sito web – riguarda l'impostazione e la filosofia da adottare. La scelta, in questo caso, è tra due impostazioni completamente diverse, che riguardano il web design e, quindi, il modo di costruire l'impalcatura del sito. Da un lato, la graceful degradation, che potremmo tradurre con "degrado gradevole", dall'altro il progressive enhancement, che potremmo identificare come "miglioramento progressivo".
Anche in questo caso – proprio come visto nel paragrafo precedente – il problema fondamentale è garantire all'utente e al motore la piena accessibilità dei contenuti presenti in pagina, indipendentemente dagli strumenti utilizzati. Nel caso specifico, si fa riferimento soprattutto al tipo di browser utilizzato per la navigazione delle pagine web. Vediamo, allora, nel dettaglio, di cosa si tratta esattamente e quale scuola di pensiero occorrerebbe privilegiare nella realizzazione di un sito web per poter aderire correttamente alle linee guida raccomandate dai motori di ricerca.

3.3.1. Graceful degradation: dalle stelle alle stalle

Il punto di vista dei web designer, e più in generale degli sviluppatori web, che sostengono la corrente della graceful degradation è quello di chi immagina gli utenti come un grande gruppo omogeneo di persone (alla faccia dello studio delle personas che potrai approfondire in uno dei capitoli che seguiranno), perfettamente allineate alle ultime evoluzioni del web e, soprattutto, dotate degli strumenti più potenti e moderni presenti in circolazione. Inclusi i browser per la navigazione. In sostanza, questo modello di sviluppo tende a sfruttare al massimo le potenzialità e le opportunità offerte dalla tecnologia, con l'obiettivo di sviluppare prodotti web perfetti per utenti super equipaggiati.

E se l'utente non dispone degli ultimi software messi a disposizione dallo sviluppo tecnologico? In questi casi, i web designer e gli sviluppatori di questa corrente di pensiero prevedono la graceful degradation, ovvero un impoverimento controllato del prodotto (dotato di un numero inferiore di funzionalità) affinché sia fruibile anche da coloro che non dispongono di tutti gli strumenti più recenti.

Non a caso, chi sviluppa i siti web seguendo questo modello divide generalmente l'utenza in due categorie distinte, in base alla tipologia di strumenti a disposizione. Gli utenti della prima fascia – che dispongono dei software più recenti – sono quelli che possono sfruttare pienamente tutte le funzionalità del sito creato, perché è di fatto studiato per loro. Gli utenti della seconda fascia sono quelli che utilizzano strumenti obsoleti, che potranno pertanto servirsi solo di alcune delle funzionalità del sito, ovvero quelle compatibili con gli strumenti a loro disposizione.

Pensa però a chi non può permettersi di rinnovare il suo vecchio cellulare con un recente smartphone, oppure all'over 65 che si trova più a suo agio con il suo browser di vecchia generazione. In entrambi i casi, secondo questa scuola di pensiero, si tratta di utenti di serie B, esclusi dalla possibilità di usufruire di alcune funzionalità.

3.3.2. Progressive enhancement: la migliore UX per tutti

Sul versante opposto troviamo il punto di vista dei web designer e degli sviluppatori che sostengono la scuola di pensiero del progressive enhancement, ovvero miglioramento progressivo.
In sostanza, questo modello prevede una base di partenza uguale per tutti, con l'obiettivo ultimo di offrire la migliore esperienza possibile per l'utente, indipendentemente dagli strumenti a disposizione.
Ciò significa che anche coloro che dispongono di hardware o software di vecchia generazione possono avere facilmente accesso a tutti i contenuti del sito. Per coloro che, invece, dispongono di strumenti più moderni e software più avanzati sono previsti, a monte, degli elementi aggiuntivi e di arricchimento.
Se nella graceful degradation vengono tolte delle funzionalità, perché il sito viene progettato per gli utenti più avanzati, nel progressive enhancement si parte dal punto di vista opposto, costruendo il prodotto partendo da chi ha a disposizione strumenti meno evoluti e si prevedono aggiunte per tutti gli altri.
La scelta ideale per andare incontro alle **esigenze degli utenti e a quelle del motore di ricerca** (che a sua volta opera per rendere il web maggiormente fruibile e più interessante per l'utente) è sposare la causa del progressive enhancement, sicuramente più in linea con i principi chiave che regolano il comportamento del motore di ricerca. Ciò che è fondamentale – nel momento in cui si accede ad un sito – deve essere visibile a tutti, mentre chi dispone di mezzi superiori può vedere alcune funzionalità in più, che, tuttavia, non sono determinanti per la qualità della navigazione e per l'esperienza complessiva dell'utente.

3.4. I tempi di caricamento dei contenuti: la velocità

Se fino ad ora abbiamo visto quanto è importante rendere un sito facilmente accessibile, scansionabile e navigabile, è arrivato il

momento di considerare uno degli aspetti più importanti per l'usabilità e uno dei fattori di ranking oggi fondamentali: la velocità di caricamento delle pagine.
Da essa dipende la possibilità – per l'utente e il bot di Google – di navigare agilmente tra le pagine del sito, consultare facilmente i contenuti e portare a termine le azioni, come, ad esempio, il riempimento di un modulo, l'invio di una richiesta, l'acquisto di un prodotto, ecc.
In sostanza, la velocità – oltre ad essere uno dei fattori chiave del posizionamento sui motori di ricerca – è anche uno degli elementi che **può facilitare**, mettere in pericolo **o** addirittura **impedire la conversione**, ovvero il fine ultimo di qualsiasi sito web.
Gli utenti, infatti, hanno ancora meno pazienza dei motori di ricerca e se il tempo di attesa per l'erogazione dei tuoi contenuti è troppo lungo, i visitatori se ne andranno sui siti dei concorrenti, con il rischio che non torneranno mai più sul tuo.
Prima di addentrarti nello studio del codice delle tue pagine per velocizzarne lo scaricamento, devi ricordare che il tempo di latenza non è mai un fattore tollerato, né dall'utente né, di conseguenza, dal motore di ricerca, che tende sempre a premiare i siti graditi agli utenti, in grado di rispondere meglio e più velocemente alle loro esigenze.
Ridurre al minimo i tempi di caricamento delle pagine deve essere uno dei tuoi obiettivi principali, per tre motivi fondamentali:

- l'utente vuole trovare subito ciò che cerca
- la velocità è un fattore di ranking
- un sito lento fa sprecare al motore il crawl budget.

In breve, il tempo è denaro, per cui, se vuoi posizionarti in modo visibile nelle SERP del motore di ricerca, devi assolutamente iniziare ad occuparti della velocità di caricamento delle tue pagine web.
A tal proposito, vale la pena segnalare che di recente Google ha annunciato che nel prossimo futuro lancerà il *Chrome Speed*

Badge[12], che servirà a segnalare i siti lenti agli utenti prima che questi clicchino sui risultati di ricerca. L'obiettivo di questa iniziativa è spingere i proprietari dei siti a rendere le loro pagine sempre più veloci. Questo aiuta a capire ancora meglio l'importanza che la velocità di un sito web riveste per Google.

3.4.1. Strumenti di controllo della velocità

Considerando l'importanza fondamentale della velocità, come puoi capire se le tue pagine vengono caricate in tempi rapidi? Come puoi renderti conto se i contenuti del tuo sito vengono forniti in tempi ragionevoli?

Innanzi tutto, occorre sapere che **non c'è un tempo di caricamento ideale**, perché ogni settore e ogni tipologia di sito evidenzia tempistiche differenti. Ovviamente una pagina ricca di immagini tenderà a pesare di più e a impiegare, quindi, un lasso di tempo maggiore per scaricarsi rispetto ad una pagina semplicemente testuale. Tuttavia – secondo quanto rilasciato ufficialmente da Google in uno dei suoi report[13] – l'utente che naviga da mobile (ovvero più dell'80% del totale) tende ad abbandonare il sito che sta visitando se questo impiega più di tre secondi per caricarsi.

Uno degli strumenti più semplici da utilizzare per monitorare la velocità di erogazione dei contenuti di un sito è GTmetrix, disponibile anche in versione gratuita. Per controllare la velocità del tuo sito, inserisci l'URL della homepage (o della pagina di cui vuoi conoscere i tempi di caricamento) nel box del software, clicca sul tasto ANALYZE e attendi i risultati dell'analisi. L'operazione potrebbe richiedere qualche minuto; al termine, ti apparirà una schermata come quella in figura 3.2.

[13] *Find out how you stack up to new industry benchmarks for mobile page speed*, think.storage.googleapis.com

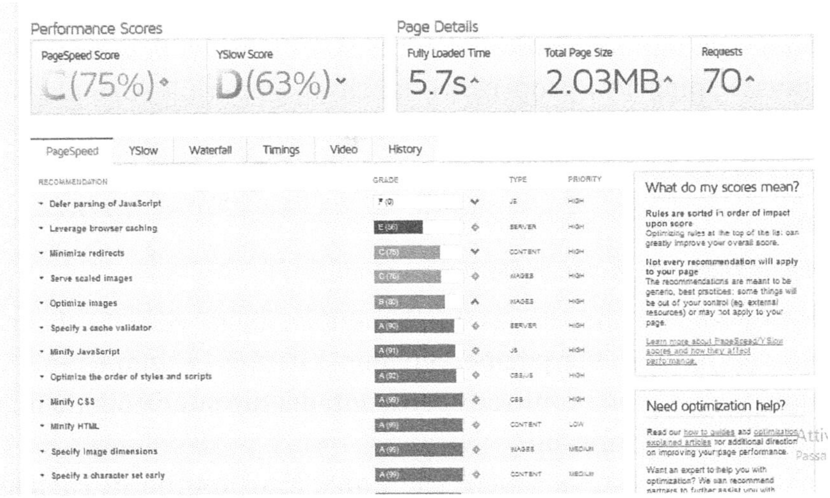

Figura 3.2. Esempio di analisi restituita da GTmetrix

Tieni presente che Gtmetrix offre dei valori indicativi, perché la scansione delle tue pagine viene effettuata da un server localizzato in Canada, pertanto parte della latenza è legata proprio alla distanza geografica.

Come puoi vedere, questo strumento non ti restituisce solo i tempi indicativi di caricamento della pagina (nel caso specifico 5.7 secondi), ma ti segnala anche tutti gli aspetti del codice in pagina che puoi migliorare per ridurre i tempi di latenza.

Tra questi, la **gestione del caricamento dei file JavaScript**, l'inserimento della data di scadenza dei file aggiornati poco frequentemente (CACHE DEL BROWSER), **l'ottimizzazione e la compressione delle immagini**, del codice JavaScript e dei CSS e altri suggerimenti molto utili per migliorare le performance complessive del tuo sito.

Un altro strumento altrettanto valido, che consente di capire e monitorare nel tempo i progressi effettuati per diminuire la latenza delle tue pagine, è WebPageTest.

Anche in questo caso, devi inserire l'URL della pagina che desideri analizzare nel box di ricerca presente nella home del tool, selezionare la località più vicina all'area di provenienza dei tuoi utenti, cliccare su START TEST, collocato a destra, e attendere per il completamento dell'analisi. Al termine del controllo, ti apparirà una schermata come in figura 3.3.

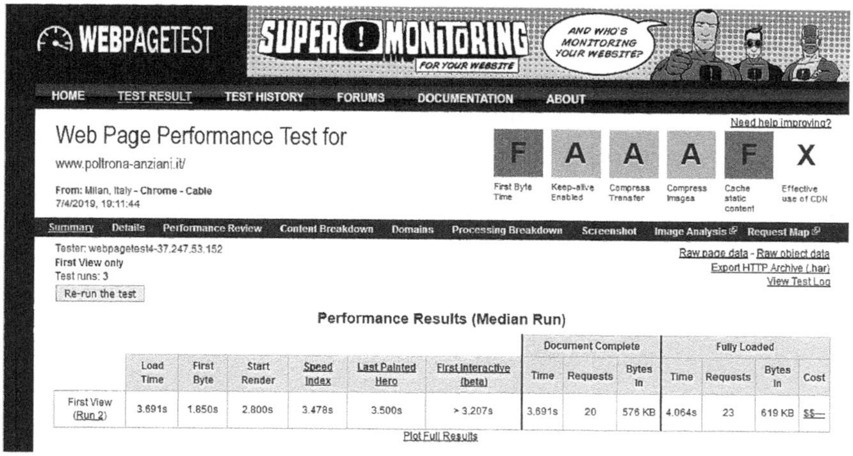

Figura 3.3. Esempio di analisi restituita da WebPageTest

In questo caso, puoi controllare con maggior dettaglio quali sono gli elementi che incidono maggiormente sui tempi di caricamento del tuo sito.

Analizzando il tempo indicato in corrispondenza della voce TTFB (Time To First Byte) puoi capire, ad esempio, se il problema risiede nel server; inoltre hai l'opportunità di controllare le performance delle immagini, la presenza della cache, ma soprattutto puoi monitorare **dopo quanto il browser inizia a mostrare i primi elementi della pagina e quanto tempo impiega a restituirla completa**.

Ma non dimenticare che tra gli strumenti a disposizione dei webmaster e dei proprietari dei siti c'è anche la Google Search Console, che mostra gratuitamente una serie di informazioni utili e importanti anche per quanto riguarda la velocità.

Occorre sapere che da alcuni mesi la Search Console è disponibile anche in una nuova versione in continuo mutamento. Alcune funzionalità sono state sostituite, altre momentaneamente eliminate e altre ancora verranno modificate nei prossimi mesi. Allo stato attuale in cui scriviamo è ancora possibile accedere ad alcune funzionalità della vecchia Search Console (perché non ancora disponibili nella nuova); tra queste troviamo le sezioni che riguardano i tempi di scansione.
Per avere un'idea generale dei tempi medi impiegati dal bot di Google per scaricare le tue pagine web, puoi consultare la sezione della vecchia Search Console SCANSIONE e cliccare sulla voce di sotto-menu STATISTICHE DI SCANSIONE.

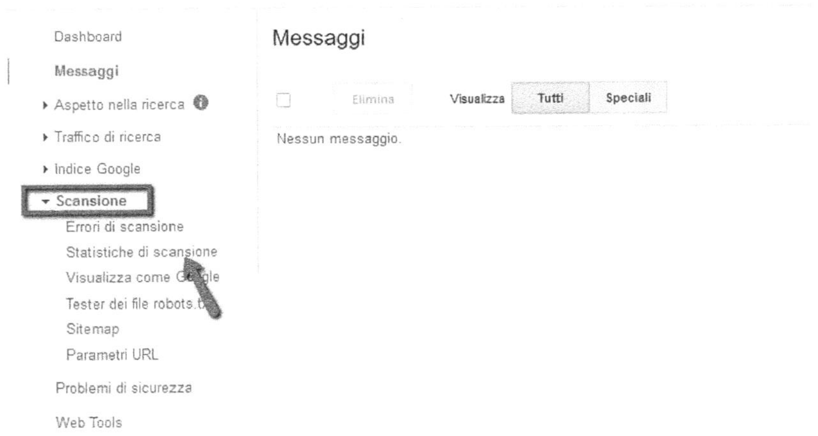

Figura 3.4. Sezione scansione della Search Console

Con riferimento alla figura 3.5, nel primo grafico viene indicato il numero delle pagine sottoposte a scansione giornalmente, nel secondo grafico i kilobyte scaricati giornalmente, mentre nell'ultimo – in questo caso il più interessante per il tuo obiettivo specifico – è indicato il tempo trascorso per il download di una pagina (in millisecondi).

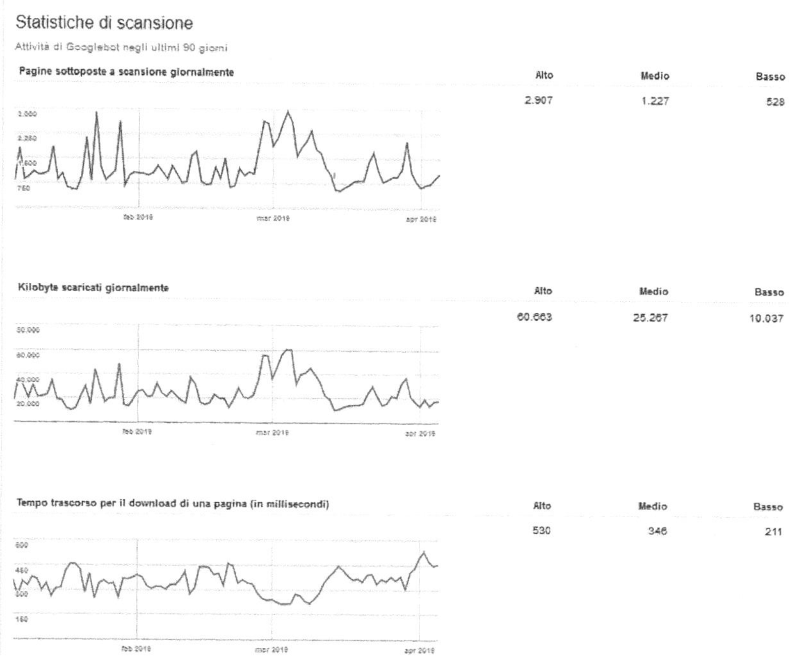

Figura 3.5. Statistiche di scansione della Search Console

Il primo dato da leggere è il **numero di pagine** sottoposte a scansione giornalmente. Se il dato tende a crescere nel tempo è molto probabile che il bot di Google stia apprezzando il tuo sito, perché, ad esempio, hai velocizzato le tue pagine e per scansionarle impiega meno tempo di prima. Per confermare questo dato, dovresti dare un'occhiata all'ultimo grafico, che mostra il tempo impiegato (in millisecondi) per scaricare il contenuto delle singole pagine. Se questo scende nel tempo, significa che il tuo sito ha velocizzato lo scaricamento delle risorse e il bot sta impiegando meno tempo, rispetto a prima, per consultare i tuoi contenuti.
A tal proposito, è opportuno segnalare una nuova sezione inserita recentemente all'interno della nuova Search Console: sotto il tab MIGLIORAMENTI è visibile la voce **velocità**, che consente di capire

in modo immediato quali pagine del sito sono mediamente o particolarmente lente.
Un altro strumento molto facile da consultare ed estremamente utile è Google Analytics, che permette di individuare le pagine più lente del tuo sito. Dal pannello principale, accedi alla sezione COMPORTAMENTO, clicca su VELOCITÀ DEL SITO e poi su TEMPI PAGINA: potrai consultare una schermata con l'elenco delle pagine che registrano più traffico e, a destra, i tempi di caricamento medio di ciascuna di queste pagine rispetto alla media del sito. In questo modo, con una semplice occhiata, puoi individuare facilmente le pagine che impiegano più tempo a caricarsi.

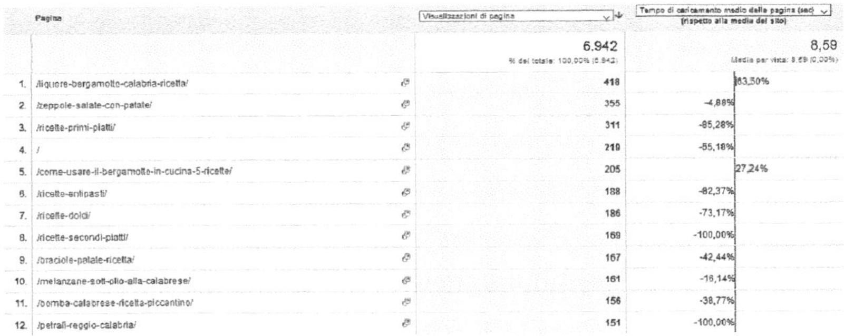

	Pagina	Visualizzazioni di pagina	Tempo di caricamento medio delle pagina (sec) (rispetto alla media del sito)
		6.942 % del totale: 100,00% (6.942)	8,59 Media per vista: 8,59 (0,00%)
1.	/liquore-bergamotto-calabria-ricetta/	418	63,50%
2.	/zeppole-salate-con-patate/	355	-4,88%
3.	/ricette-primi-piatti/	311	-85,28%
4.	/	219	-55,18%
5.	/come-usare-il-bergamotto-in-cucina-5-ricette/	205	27,24%
6.	/ricette-antipasti/	188	-82,37%
7.	/ricette-dolci/	186	-73,17%
8.	/ricette-secondi-piatti/	169	-100,00%
9.	/braciole-patate-ricetta/	167	-42,44%
10.	/melanzane-sott-olio-alla-calabrese/	161	-16,14%
11.	/bomba-calabrese-ricetta-piccantino/	156	-38,77%
12.	/petrali-reggio-calabria/	151	-100,00%

Figura 3.6. Sezione Google Analytics dedicata ai tempi di caricamento medio delle pagine

Per semplicità, potresti partire da qui, ottimizzando proprio le pagine più lente rispetto alle altre.

3.4.2. Come rendere più veloce il tuo sito

Generalmente, quando designer e sviluppatori si confrontano per progettare e realizzare un sito web – dietro l'input e i desiderata dell'imprenditore o proprietario del sito – tendono a concentrarsi sugli aspetti estetici e sulle funzionalità, tralasciando completamente tutto ciò che riguarda la velocità.

Tuttavia, se non consideri anche questo aspetto e non gli attribuisci il giusto grado di priorità – chiedendo a web designer e sviluppatori il rispetto di alcuni **standard relativi alle performance** – è molto probabile che il tuo sito avrà dei problemi di caricamento e, quindi, anche di usabilità.
Anche per questa ragione è fondamentale coinvolgere un professionista della SEO fin dalle prime fasi della progettazione del sito web.
Se il tuo sito carica i contenuti molto lentamente, è altamente probabile che non goda di ottima salute. Ciò significa che non riceverà grande considerazione da parte dei motori di ricerca e, di conseguenza, anche dagli utenti. Se il tuo sito lento, è fondamentale snellirlo e accelerarlo.
Come abbiamo visto, una delle caratteristiche fondamentali cui prestare particolare attenzione al momento della progettazione di un sito, o in fase di restyling, è la pulizia del codice in pagina.
La **pulizia del codice delle pagine** è un requisito fondamentale per rendere più veloce lo scaricamento dei contenuti erogati all'utente. Pertanto, è essenziale rendere le pagine più snelle possibili.
Uno dei fattori chiave della velocità di un sito risiede nella **progettazione dei template** di pagina perfettamente ottimizzati per la SEO.
Ecco, allora, la SEO checklist per rendere più veloce il caricamento del tuo sito: una scaletta con l'elenco degli aspetti tecnici da considerare e ottimizzare correttamente, per diminuire con efficacia la latenza ed erogare più velocemente i contenuti delle tue pagine.

3.4.2.1. Ridurre le richieste HTTP

Secondo la guida di Yahoo per gli sviluppatori, **l'80% del tempo di caricamento** di una pagina web viene utilizzato per scaricare i diversi componenti, come immagini, CSS e script[14].

[14] *Best practices for speeding up your web site*, developer.yahoo.com

Poiché per ognuno di questi elementi viene fatta una richiesta HTTP specifica, più elementi ci sono nella pagina, maggiore sarà il numero di richieste effettuate e, di conseguenza, maggiore sarà il tempo impiegato per il download della pagina.
Il primo passo da compiere per poter velocizzare il rendering delle pagine consiste proprio nel **ridurre il numero di richieste**. In questo modo si riduce automaticamente il numero di richieste HTTP necessarie per poter ridisegnare i contenuti. Nei paragrafi successivi, troverai delle indicazioni per poter diminuire il numero di richieste HTTP nella gestione delle immagini mediante l'uso dei CSS Sprite.
Per controllare il numero di richieste HTTP sul tuo sito, puoi utilizzare lo strumento per gli sviluppatori di Google Chrome. Clicca con il tasto destro del mouse sulla voce ISPEZIONA, quindi vai sul tab NETWORK, seleziona CTRL+R e potrai visualizzare un sunto della situazione, incluso – in basso a sinistra – il numero delle richieste totali. A questo punto, puoi controllare e analizzare tutti i tuoi file e capire se ce ne sono alcuni inutili, da poter eliminare o accorpare per ridurre il numero delle singole richieste.

3.4.2.2. Minimizzare e accorpare i file

Una volta appurato il numero di richieste HTTP effettuate dal tuo sito, puoi iniziare a lavorare sui tuoi file HTML, CSS e JavaScript, per ridurre il più possibile quel numero.
Naturalmente, nella maggior parte dei casi, si tratta di risorse estremamente importanti, perché contribuiscono a determinare il design e l'aspetto generale del tuo sito. Di contro, ne appesantiscono il caricamento.
La soluzione è nell'accorpamento dei file in modo da ridurre il numero di richieste senza andare ad inficiare sul risultato finale.
Questo è estremamente importante, soprattutto nei casi in cui si utilizzano dei **template già pronti all'uso**, che, da un lato, rendono sicuramente più facile la realizzazione di un sito web,

dall'altra creano porzioni di codice inutile, che rallenta il caricamento dei contenuti erogati.
Un importante passo verso l'ottimizzazione del sito in ottica di velocità e performance consiste nel ridurre il numero complessivo dei file e le dimensioni di ciascuna risorsa con la loro **minificazione (o minimizzazione)**, che prevede l'ottimizzazione del codice attraverso l'eliminazione degli elementi non necessari (formattazione, spazi, ecc.).
Se il tuo sito esegue più file CSS e JavaScript, cerca di accorparli e combinarli in uno solo ricordando sempre che minore è il numero di elementi in una pagina minore sarà il numero di richieste HTTP che il browser dovrà effettuare. Di conseguenza, il rendering della pagina sarà più veloce.

3.4.2.3. Gestire i file CSS

Uno degli aspetti più importanti da considerare per quanto riguarda lo snellimento del codice in pagina è la gestione dei CSS. In linea generale, se le porzioni di codice CSS utilizzate non sono particolarmente lunghe e complesse, è consigliabile lasciarle all'interno della stessa pagina in cui è presente il contenuto (CSS inline). Diversamente, è opportuno creare un file ad hoc, autonomo ed esterno, da richiamare all'occorrenza, e ottimizzarne il codice attraverso la minificazione e la successiva compressione.
Di cosa si tratta esattamente?
La minificazione è un processo che prevede la riduzione del codice attraverso la rimozione di eventuali commenti, spazi inutili, tabulazioni e formattazioni, ritorni a capo e altri elementi non necessari per la funzionalità, ma inseriti per facilitare la lettura del CSS da parte di uno sviluppatore.
La **compressione del codice**, da effettuare subito dopo, avviene invece grazie all'utilizzo di appositi algoritmi (uno dei più usati è gzip ed è gratuito) che comprimono le stringhe, alleggerendole. In questo modo, è possibile risparmiare ulteriori byte.

Il consiglio generale, a monte, è di usare il meno possibile i codici CSS, inserendoli solo dove necessario ed evitando di farli richiamare nel codice HTML in pagine in cui non servono.
Solo per fare un esempio, se hai delle classi di CSS specifiche solo per la tua homepage, evita di inserirle in altre pagine del tuo sito, dove non servono.
Qualora i CSS siano complessi e ampiamente utilizzati all'interno delle pagine del tuo sito, è bene prevedere di inserire questi codici (e anche i JavaScript) in file esterni, da richiamare all'occorrenza all'interno delle singole pagine. Anche in questo caso, è bene avere cura di inserire solo ed esclusivamente i riferimenti ai CSS strettamente necessari.
Come vedrai in seguito, a proposito delle tipologie di pagina e dei template da adottare – per garantire un codice snello e pagine veloci da scaricare – è raccomandabile **prevedere dei file CSS separati per singola tipologia di pagina**.
Solo per fare un esempio, l'homepage avrà un file per la struttura di base comune a tutte le pagine, presente quindi nella homepage ma anche nelle pagine di categoria, sottocategoria e pagina foglia (ad esempio, file1tutto.css); avrà poi un secondo file CSS per poter impostare tutti gli stili e le caratteristiche specifiche della homepage (file2homepage.css).
La **pagina di categoria** ospiterà – come la homepage – il file-1tutto.css, comune a tutte le pagine del sito, perché ne definisce la struttura e le caratteristiche di base, e avrà poi un file CSS specifico (ad esempio file3categ.css) per tutti gli aspetti relativi alla pagina di categoria.
Con lo stesso metodo, la pagina di sottocategoria avrà anche questa il file1tutto.css – comune a tutte le pagine del sito – e poi un file specifico solo per questa tipologia di pagina (ad esempio il file4sottocateg.css). E così via per tutte le altre tipologie di pagina previste all'interno del tuo sito, indipendentemente dal fatto che sia un e-commerce, un blog o un magazine.

3.4.2.4. Gestire i file JavaScript

Un altro aspetto estremamente importante, che influisce maggiormente sulla velocità di caricamento dei contenuti delle pagine del tuo sito web, riguarda la gestione dei file JavaScript. È un aspetto spesso sottovalutato – o addirittura completamente ignorato da sviluppatori e webmaster – che invece merita attenzione.

Innanzi tutto, devi sapere che, in molte situazioni, per velocizzare il sito e rendere i suoi contenuti più facilmente fruibili dagli utenti **è sufficiente modificare la posizione del blocco di codice JavaScript** all'interno della pagina e **posticiparne lo scaricamento**.

In alternativa, è possibile **utilizzare l'attributo *async o defer*** – se e quando possibile – per garantire che non stia eseguendo il blocco.

In sostanza, quello che dovresti fare è rinviare (in una posizione più bassa della pagina) lo scaricamento di tutte quelle risorse non indispensabili nella primissima fase dell'erogazione dei contenuti. Ciò significa ottimizzare il percorso di rendering critico, fornendo all'inizio – e nel modo più veloce possibile – tutto il necessario per ridisegnare la parte above the fold della pagina ed evitare inutili colli di bottiglia.

Tuttavia, questa operazione è una delle più difficili, perché – affinché non provochi problemi – è necessario **testare continuamente il risultato** e assicurarsi che non comprometta la funzionalità e la fruibilità dei contenuti.

In linea generale, ogni volta che rimuoverai una porzione di codice JavaScript dalle pagine del tuo sito, lo renderai sicuramente più veloce. Per questa ragione, è raccomandabile eliminare – se e dove possibile – il maggior numero di porzioni di codice JavaScript.

Tuttavia, se proprio non puoi eliminarlo, è possibile effettuare delle implementazioni per rendere meno problematica la sua presenza.

Proprio come visto sopra anche con i CSS, per velocizzare lo scari-

camento delle risorse è possibile **inserire in file esterni le parti di codice in JavaScript** che appaiono all'interno della pagina, in modo da richiamarli e farli scaricare all'occorrenza, solo quando necessari.
Un altro metodo consiste nel **minificare il codice JavaScript**, operazione che prevede – come anticipato prima per i CSS – l'ottimizzazione della formattazione e la riduzione delle dimensioni del codice sorgente. Si rimuovono gli elementi inutili, come spazi, commenti, ecc. per compattare e alleggerire la sintassi e si provvede ad una compressione gzip per alleggerire ulteriormente il codice.

Checklist

Al momento di realizzare o ristrutturare un sito accertati che:

- i menu di navigazione, i link o contenuti descrittivi non contengano JavaScript
- i menu di navigazione a tendina siano costruiti in CSS (non in JavaScript, Flash, o JQuery)
- i link dei menu siano disponibili in HTML.

3.4.2.5. Altri consigli per velocizzare il caricamento

Oltre alle opportunità illustrate sopra, ci sono un serie di altre modalità – in formato meta data – che consentono di ridurre i tempi di erogazione dei contenuti, mettendo in pre-caricamento alcune risorse.
Una di queste è il **PRE-CONNECT**. È un'istruzione destinata al browser, che consente di accelerare il processo di connessione tra browser e server, soprattutto quando si devono scaricare risorse pesanti. Non è detto che il browser decida di rispettare questa istruzione (questo varia in base al numero e alla tipologia di connessioni già aperte), ma sicuramente può essere utile per stabilire in tempi più brevi la connessione con la macchina server che erogherà le risorse, riducendo così il processo di qualche millisecondo.

C'è poi l'istruzione **PREFETCH**. Questa – a differenza del pre-connect che riguarda solo la connessione – è un'istruzione che consente di ridurre i tempi di caricamento delle risorse, come immagini, pagine HTML, fogli di stile, ecc.
Con questa indicazione – che è inclusa nelle specifiche dell'HTML5 – puoi suggerire al browser quali sono le risorse che, con probabilità, verranno richieste e usate dall'utente durante la sua navigazione.
Con un tag HTML puoi indicare al browser di scaricare una determinata risorsa, che sarà già disponibile e consultabile non appena l'utente ne farà richiesta.
Il **PRE-LOAD** è un'istruzione molto simile al pre-fetch ma, a differenza dell'altra, è imperativa. Questa ordina (e non suggerisce) al browser di scaricare una risorsa (quella che probabilmente verrà richiesta dall'utente subito dopo) e metterla da parte, per renderla già pronta e consultabile qualora venga richiesta.
Pre-fetch e pre-load devono essere usati correttamente e in modo alternativo e non combinato. Qualora vengano adottati entrambi, infatti, il rischio è che la stessa risorsa venga scaricata due volte, provocando l'effetto contrario a quello desiderato.
C'è poi l'istruzione **PRE-PRENDER**, che permette di indicare una risorsa che potrebbe essere richiesta dall'utente in un secondo momento, dopo aver consultato un determinato contenuto.
Il **PRE-RENDERING** – invece di scaricare solo alcune risorse del contenuto – fa in modo di poter mostrare all'utente finale l'intera pagina, già completa e pronta, quando ci clicca. Con questa istruzione, la pagina viene di fatto pre-caricata (anche se l'utente non la vede) e successivamente mostrata non appena il lettore avrà finito di consultare la pagina precedente[15].

[15] Qui un approfondimento: Gomes S., *Priorizzare le risorse: fare in modo che il browser ti sia d'aiuto*, developers.google.com

3.4.2.6. Gestire e ottimizzare le immagini

L'ottimizzazione delle immagini – proprio come la corretta gestione dei file CSS e JavaScript – è uno dei punti fondamentali della SEO tecnica, in qualsiasi strategia e per qualsiasi tipologia di sito.

Prova a pensare al numero di immagini potenzialmente presenti all'interno di un e-commerce di moda, di un e-shop che vende oggetti d'arte o articoli usati – solo per fare qualche esempio banale – in cui la parte visuale è un elemento insostituibile di tutta la strategia di conversione e, quindi, di vendita. Ma una situazione molto simile si riscontra anche in tutti i magazine, specie quelli dedicati al settore della moda, della bellezza e del benessere, dove l'immagine è parte integrante del contenuto generale, in grado di svolgere molteplici funzioni. Ad esempio, attirare l'attenzione dell'utente, aumentare il suo coinvolgimento, creare una rottura con il testo, in modo da non stancare l'occhio del visitatore e spingerlo a continuare la lettura dell'articolo. In questo modo, si aumenta il tempo di permanenza sulla pagina da parte degli utenti e, di conseguenza, anche le possibilità di generare dei click sui banner pubblicitari o delle conversioni (invio del contatto, acquisto, download di un documento, ecc.).

In sostanza, le immagini sono componenti essenziali del contenuto generale delle pagine e occorre ottimizzarle da tutti i punti di vista per renderle più facilmente fruibili dagli utenti.

Innanzi tutto, è opportuno utilizzare **immagini originali** e **in linea con il contenuto testuale della pagina**. Considera che l'immagine è il primo elemento che attira l'attenzione dell'utente quando approda su un contenuto: prima di iniziare a leggere le prime righe di testo, il visitatore guarda l'immagine e solo dopo, in base a ciò che vede, deciderà di proseguire o meno la consultazione del contenuto. In breve, la prima impressione è quella che conta.

Prima di caricare e inserire un'immagine nella pagina del tuo sito, prenditi qualche minuto per identificare quella più adatta e ricorda sempre che il visitatore va conquistato anche emoti-

vamente, quindi via libera a immagini emozionali, romantiche o anche spiritose, in grado di suscitare una qualche reazione.
Se poi disponi di **immagini originali**, perché hai a disposizione un fotografo professionista, il gioco è fatto! L'utilizzo di immagini originali è un valore aggiunto. Non solo per gli utenti, ma anche per i motori di ricerca, che hanno imparato a riconoscere le foto di stock (quelle scaricabili gratuitamente o a pagamento sui siti dedicati, che vengono quindi usate da centinaia e centinaia di siti in tutto il mondo). L'utilizzo di immagini originali, quindi, è il primo passo per ottimizzarle anche lato SEO, soprattutto se si tratta di prodotti in vendita.
Un altro aspetto per la corretta gestione e ottimizzazione delle immagini riguarda **la qualità e la risoluzione**.
Le pagine con immagini caratterizzate da una scarsa risoluzione, o formattate in modo non corretto, possono apparire distorte e poco gradevoli dai dispositivi mobili. Cerca, quindi, di non utilizzare immagini di bassa qualità.
In linea generale, nel momento in cui devi scegliere i formati dei file, ricorda che **per i siti di e-commerce i file JPEG rappresentano la soluzione ideale** e il miglior compromesso tra la qualità dell'immagine e la dimensione del file.
Un'immagine in formato JPEG, infatti, riesce a offrire un'esperienza di alta qualità dal punto di vista visivo, anche quando viene ridimensionata e compressa. In sostanza, il formato JPEG garantisce immagini di altissima qualità anche quando la dimensione è estremamente ridotta. Non a caso, è il formato ad oggi più usato e supportato a livello universale, insieme al sempre più affermato WebP, un formato che, a parità di qualità, riesce a ridurre il peso di immagini e grafiche del 30% rispetto agli stessi file PNG o JPEG. Lo stesso non si può dire delle immagini GIF, che si adattano solo alle miniature e alle piccole icone decorative.
Una volta compresa la tipologia di immagini da usare, è fondamentale **ridurre il più possibile le dimensioni del file**, cercando

naturalmente il miglior compromesso tra il peso dell'immagine e il suo aspetto finale, da desktop ma, soprattutto, da mobile.
Oggi esistono diversi tool, anche gratuiti, per ottimizzare e comprimere correttamente le immagini; tra questi CompressNow.com, jpeg-optimizer.com, Optimizilla (imagecompressor.com) e molti altri.
Indipendentemente dallo strumento che deciderai di usare, è importante ricordare che l'ottimizzazione delle immagini e la facilità di scaricamento sono elementi fondamentali sia per la SEO tecnica che per la user experience.
Un'ulteriore soluzione per ottimizzare le immagini e migliorare la user experience è **l'adozione del *lazy load*** – letteralmente "caricamento pigro" – che consente di velocizzare sensibilmente il caricamento della pagina, soprattutto quando al suo interno vi sono più immagini. Pensa, ad esempio, ad un contenuto che ospita le immagini dei singoli passaggi di una procedura, un percorso in più tappe fotografato passo passo o un annuncio immobiliare. Normalmente, il browser di un utente dovrebbe scaricare tutte quelle immagini prima di mostrare all'utente il contenuto della pagina consultata.
Con il lazy load, invece, può caricare prima il contenuto presente nella parte alta della pagina (il primo che l'utente vedrà) e, in seguito, le foto solo nel momento in cui l'utente – navigando la pagina con lo scroll – sta per arrivare nel punto in cui è posizionata l'immagine.
Il lazy load è, infatti, particolarmente utile per le pagine con molti contenuti below the fold. Il lazy load è uno strumento estremamente utile per velocizzare qualsiasi script, a patto che sia implementato in modo corretto. Il rischio, in caso di errore durante l'implementazione, è che il bot del motore di ricerca non riesca a consultare, scansionare e quindi indicizzare il contenuto. Per capire come implementare il lazy load e testare il suo funzionamento, è opportuno consultare la guida dedicata messa a disposizione da Google[16].

[16] *Correggere i contenuti caricati tramite caricamento lento*, developers.google.com

Un altro metodo per poter ridurre i tempi di erogazione delle immagini – consentendo allo stesso tempo una corretta visualizzazione dei contenuti – consiste nel **fornire al browser una stessa immagine in più formati**. In base alla risoluzione del dispositivo da cui l'utente naviga, verrà scelta la versione più adatta. In sostanza, dovrai creare più versioni differenti della stessa immagine, una per ogni tipologia di dispositivo e risoluzione: sarà poi il browser a scegliere quella più adatta in base al tipo di risoluzione.
Naturalmente, oltre a considerare tutti gli aspetti tecnici, devi **ottimizzare le immagini anche dal punto di vista dei contenuti**, implementando correttamente – come vedrai nel capitolo dedicato ai contenuti – il nome del file (filename), il tag ALT, ovvero la stringa di testo alternativo che viene consultata dal bot del motore di ricerca per capire meglio il contenuto dell'immagine e contestualizzarla.
Un altro metodo per migliorare le performance relative alle immagini consiste nello **scalarle**.
Che cosa significa?
La dimensione di un'immagine scalata corrisponde esattamente alla dimensione definita nel file CSS o HTML, ovvero quella dell'immagine che verrà effettivamente fornita all'utente.
Ipotizza di caricare sul tuo sito un'immagine di dimensioni 600×600 e di utilizzare poi soltanto la miniatura, impostando, tramite CSS e HTML, la dimensione di 60×60. Questo comporta che il browser – prima di mostrare l'immagine all'utente – debba prima scaricare il file grande (quello 600×600) e poi ridimensionarlo secondo le indicazioni (60×60).
Non è uno spreco di risorse e di tempo?
Per rendere meno macchinoso, più rapido e, quindi, più efficiente lo scaricamento delle immagini è opportuno scalarle. In sostanza, dovresti ridimensionare le immagini direttamente nel formato 60×60, in modo che il browser non debba prima scaricare e poi ridimensionare la versione grande del file.

I benefici dati dall'utilizzo di immagini scalate sono evidenti: il risparmio dei byte che non vengono utilizzati consente di velocizzare l'erogazione, aumentando così le prestazioni del sito, in particolare da mobile.
Infine, un altro aspetto da non sottovalutare nell'ottimizzazione delle immagini ai fini della velocità (ma anche per migliorare l'esperienza dell'utente) riguarda la **specifica delle dimensioni**, ovvero l'implementazione dei valori di larghezza e altezza: *width* e *height*.
Indicando le dimensioni delle immagini presenti all'interno della pagina, fornisci al browser tutte le informazioni necessarie per potersi ritagliare uno spazio dedicato proprio all'immagine che sta scaricando. In questo modo, il browser saprà già dove collocare la foto e dove sistemare tutti gli altri elementi attorno.
In assenza delle specifiche, sarà costretto a scaricare prima tutti gli elementi della pagina e poi a ridisegnarla in base al loro reale ingombro.
Un ulteriore strumento molto utile per poter ottimizzare le immagini sono i **CSS SPRITE**, che permettono di ridurre il numero di richieste HTTP della pagina, velocizzandone il caricamento.
In sostanza, i CSS Sprite creano un unico file immagine contenente al suo interno tutte le icone presenti all'interno della pagina. Tramite le coordinate HTML sarà poi possibile richiamare all'occorrenza le singole risorse (icone) da mostrare all'utente.
In questo modo, si carica una sola immagine (invece di 10, 20 o anche di più) e si utilizza, di volta in volta, solo la porzione realmente necessaria, evitando così il peso dato dal caricamento di più immagini. Questo strumento è molto utile soprattutto nei casi in cui le pagine del sito ospitino tante piccole icone. Ad esempio, quelle relative alle bandierine dei Paesi che indicano le differenti versioni linguistiche, oppure i simboli della mail e del telefono in corrispondenza dei contatti, piccole immagini di sfondo, ecc.

3.4.2.7. CDN – Content Delivery Network

Un altro strumento a tua disposizione per migliorare le prestazioni è la CDN (Content Delivery Network). Si tratta di un sistema che consente al browser di scaricare le immagini in parallelo, ovvero contemporaneamente, permettendo così un'erogazione più rapida della pagina.
Normalmente, il browser effettua un numero limitato di richieste parallele per ogni server, quindi se le risorse (immagini, ma anche CSS e JavaScript) si trovano tutte sulla stessa macchina, il browser effettuerà diverse richieste in sequenza per poter scaricare tutte le risorse della pagina. Se, al contrario, le risorse si trovano su più host, le richieste del browser verranno fatte in parallelo e, quindi, contemporaneamente su più server.
Naturalmente, non è necessario spostare e distribuire fisicamente – su più macchine – le risorse del tuo sito. Esistono dei servizi anche piuttosto economici per le CDN. Queste consentono – con delle opportune impostazioni a monte che puntano dall'host esterno a quello principale – di spostare virtualmente le risorse, in modo da rendere più veloce e fluido il loro scaricamento.
In pratica, semplificando, con le CDN (disponibili ad esempio con il servizio di Cloudflare o Amazon Cloudfront) si passa da una distribuzione delle risorse da uno a tanti (un server solo fornisce i contenuti a più computer) a una distribuzione da tanti a tanti (tanti server a tanti browser/utenti).

3.4.2.8. Alleggerire e ottimizzare i font

L'utilizzo indiscriminato dei font è un altro aspetto importante da considerare. Spesso trascurata dai web designer, la scelta e la selezione della tipologia e del numero di font da impiegare incide sensibilmente sulla velocità di un sito.
Che cosa è opportuno fare per alleggerire i font?
Innanzi tutto, è raccomandabile utilizzare **FONTELLO** per generare

i file dei vari font che intendi utilizzare. Così facendo, puoi includere nelle tue pagine solo i caratteri e i simboli realmente usati, che prevedono file più piccoli e una maggiore velocità di caricamento della pagina.
In secondo luogo, se desideri utilizzare i caratteri web, dovresti verificare se sono realmente necessari proprio tutti i caratteri presenti nel file dedicato. Probabilmente, non avrai bisogno dei font giapponesi, russi o arabi, specie se il tuo sito è unicamente in lingua italiana e per il mercato italiano. In questi casi cerca una versione ridotta e più leggera, che contenga solo i caratteri che ti occorrono davvero.

3.4.2.9. Sfruttare la cache del browser

Per velocizzare lo scaricamento dei contenuti delle tue pagine - nel caso specifico solo per gli utenti che tornano sul tuo sito - puoi sfruttare la cache del browser. Per farlo, devi inserire nel file .htaccess del tuo sito (o comunque nel file di configurazione del tuo server, ad esempio il file config) **una data di scadenza per tutte quelle risorse che non vengono aggiornate** frequentemente.
In sostanza, per ogni tipologia di risorsa che non viene modificata spesso - HTML, CSS, JavaScript, Jpg, Jpeg, PNG, PDF, ecc. - puoi indicare una data di scadenza che indicherà per quanto tempo il browser dovrà memorizzare quella risorsa specifica dopo l'accesso dell'utente.
Naturalmente, più una risorsa verrà aggiornata frequentemente, più breve sarà il periodo impostato per memorizzarla nella cache del browser.
Solo per fare qualche esempio, le risorse statiche potrebbero avere una durata della cache di almeno una settimana. Le risorse di terze parti, come i widget, potrebbero avere una durata di almeno un giorno. Tutte le risorse come JavaScript e file CSS, file immagine, file multimediali e PDF, possono essere memorizzati

in cache anche per un anno. Tutto dipende dalla tipologia di sito e dalla frequenza di aggiornamento.
In questo modo, tutti gli utenti che torneranno sul sito avranno già nella cache del loro browser molte delle risorse di cui avranno bisogno, le quali non verranno richieste nuovamente al server, ma recuperate direttamente dal dispositivo dell'utente. In questo modo, la loro erogazione sarà immediata.
Come funziona in pratica la cache del browser?
Con il sistema di caching, le pagine erogate al client – nel momento in cui l'utente ne fa richiesta – vengono automaticamente implementate dal CMS con i riferimenti delle date di scadenza, inserite nell'intestazione HTTP delle pagine stesse. Nel momento in cui queste risorse vengono visualizzate dall'utente, restano in memoria nella copia cache del browser, quindi sul dispositivo utilizzato, per il periodo indicato nell'intestazione HTTP.

Solo a titolo di esempio, un'implementazione del file htaccess:

```
ExpiresByType text/html «access plus 3 months»
ExpiresByType image/jpg «access plus 5 months»
ExpiresByType image/jpeg «access plus 5 months»
ExpiresByType image/gif «access plus 5 months»
ExpiresByType image/gif «access plus 1 year»
```

3.4.2.10. Ridurre i reindirizzamenti (e le catene di redirect)

I reindirizzamenti o redirect – come già visto nel primo capitolo – sono necessari in tutti quei casi in cui vengono eliminate, modificate o spostate alcune pagine del sito.
Tuttavia, ci sono delle situazioni – soprattutto nei siti che possono vantare uno storico e che sono attivi da anni – in cui i redirect diventano troppi, formando delle vere e proprie catene (redirect chain). Ciò avviene quando **si perde lo storico delle redirezioni fatte nel tempo** e non si ha, quindi, la possibilità di gestirle. Nel momento in cui ti accorgi della presenza di catene di

redirect (tramite tool come Screaming Frog), devi modificare le precedenti redirezioni: ricorda sempre che ciascuna delle vecchie pagine non più esistenti dovrà effettuare un unico redirect puntuale verso la pagina più recente, attualmente online.

3.5. Scegliere il servizio di hosting ideale

Sebbene non sia generalmente uno dei fattori critici e determinanti per la velocità generale del sito, la scelta della tipologia del servizio di hosting potrebbe comunque inficiare sulle performance delle tue pagine.
L'hosting fa la differenza soprattutto per i siti multilingua, che ricevono visite da Paesi diversi e lontani tra loro. In sostanza, il server del tuo sito dovrebbe risiedere nello **stesso Paese da cui provengono i tuoi visitatori**.
Se, ad esempio, hai un e-commerce di abiti di moda italiana in lingua inglese, per un target di utenti americano, dovresti scegliere un hosting basato negli Stati Uniti e non in Italia, dove sicuramente hai il tuo team di collaboratori e dove risiedono i tuoi fornitori.
A questo si aggiunge anche la qualità dell'hosting selezionato. Nella maggior parte dei casi, imprenditori e webmaster tendono a scegliere la soluzione più economica possibile, che – con una ventina di euro all'anno – offre un servizio completo, includendo la registrazione del dominio, l'hosting, il database.
Spesso, per iniziare, tutto questo è sufficiente, ma quando il business cresce?
Nella maggior parte dei casi è necessario estendere il pacchetto di servizi e aumentare, quindi, l'impegno dell'abbonamento annuale per poter sostenere l'aumento di traffico sulle pagine del sito.
Ad inficiare sul costo finale è naturalmente anche la qualità del servizio. Al momento di scegliere un hosting, puoi optare per tre differenti soluzioni:

- hosting condiviso
- server dedicato
- hosting VPS.

Nell'**HOSTING CONDIVISO** si condividono con altri siti alcune risorse importanti, come la CPU, lo spazio sul disco e la RAM; in sostanza siti differenti sono ospitati sullo stesso server.
Naturalmente, si tratta dell'opzione più economica, acquistabile con pochi euro all'anno.
Diversamente, un **server dedicato** consente di avere una macchina unicamente per il tuo sito web. Questo tipo di servizio prevede, naturalmente, un lavoro tecnico di configurazione più lungo e complesso rispetto a quello previsto per il server condiviso, ma per chi ha volumi di traffico importanti è l'unica soluzione possibile, anche se, naturalmente, ha un costo più elevato.
Con l'**HOSTING VPS** (che sta per Virtual Private Server) si condivide un server con altri siti, ma si dispone di alcuni spazi dedicati. Con questo tipo di servizio, un server fisico viene suddiviso tra più computer indipendenti, con un sistema di partizione, ma è come se disponesse di un server dedicato. È, in sostanza, una via di mezzo tra l'hosting condiviso e la macchina dedicata.
Ora che hai un'idea più chiara della differenza tra i vari servizi acquistabili e delle possibili necessità, hai tutti gli strumenti per poter prendere una decisione. Se pensi di aver scelto un servizio di hosting non conforme alle tue esigenze, puoi sempre cambiare in corso d'opera. In questo caso, parla con gli sviluppatori del tuo sito, chiedi loro di effettuare un controllo sul tipo di hosting attuale ed eventualmente fai cambiare la tipologia di servizio.

4. Sito mobile friendly

La SEO per il mobile consiste nell'ottimizzare il tuo sito web per tutti quegli utenti che accedono dai dispositivi mobili, in particolare da smartphone. Naturalmente, oltre che per le persone, e quindi i tuoi potenziali clienti, il tuo sito dovrà risultare accessibile anche ai bot dei motori di ricerca.
Ma perché oggi si parla tanto di SEO mobile e ottimizzazione per i dispositivi mobili? Semplicemente, perché più **del 70% degli utenti** che utilizzano i motori di ricerca – e in più in generale Internet – accede tramite smartphone. Ad oggi, infatti, naviga da desktop solo il 30% degli utenti. E la tendenza non potrà che continuare ad accentuarsi anche in futuro.
Non a caso, oggi il motore di ricerca – a seguito dell'aggiornamento dell'algoritmo che ha introdotto il Mobile First Index – analizza prima la versione mobile dei siti e poi quella desktop. Ciò significa che Google ha cambiato il modo di comporre i risul-

tati di ricerca e ha deciso di prendere come riferimento principale non più la versione desktop dei siti, ma quella mobile. Pertanto, a determinare il posizionamento del tuo sito all'interno delle SERP è proprio la versione del tuo sito accessibile da smartphone.
Per questo, è fondamentale ottimizzare il sito prioritariamente per la versione mobile (e solo successivamente per quella desktop): **analizza e migliora le performance tecniche**, la **velocità di caricamento**, la **qualità** e la **fruibilità** dei **contenuti e dei link interni** e tutto ciò che influisce sul ranking di un sito.
Con il lancio del Mobile First Index, Google ha iniziato a penalizzare in SERP tutti i siti che non erano stati ottimizzati per i dispositivi mobili.
Ora che sai quanto è importante l'ottimizzazione del tuo sito lato mobile, devi accertati che i tuoi contenuti vengano caricati e mostrati correttamente su tutte le tipologie di dispositivi: da smartphone, da tablet e da desktop. Tuttavia, ricorda anche Google – quando si parla della versione mobile dei siti – non include il tablet[17], che vengono considerati dispositivi a sé stanti. Ciò significa che ad avere maggiore importanza è la versione del tuo sito consultabile da smartphone. Usa, quindi, come riferimento uno dei cellulari di ultima generazione per fare tutti i test del caso.
Tra i vari aspetti che dovrai necessariamente curare c'è il **contenuto**: è fondamentale che i testi presenti nella versione desktop del tuo sito siano tutti perfettamente visibili anche da mobile. È opportuno accertarsi che il contenuto scritto non venga eliminato o nascosto ma, allo stesso tempo, sia visualizzato correttamente e in modo fruibile.
Tra i controlli da effettuare c'è naturalmente anche quello relativo alle **performance**: i tempi di caricamento delle risorse richie-

[17] Qui puoi vedere un approfondimento sull'argomento: *Scegliere una configurazione per dispositivi mobili*, developers.google.com

ste dall'utente dovranno essere ridotti e la user experience dovrà essere ottimale. In sintesi, accertati che anche l'utente da mobile riesca a consultare facilmente e velocemente i contenuti del tuo sito. A volte, basta semplicemente immedesimarsi nel tuo potenziale utente/cliente e consultare le pagine del tuo sito dal tuo smartphone per renderti conto se c'è qualcosa che non va. Tra le criticità più frequenti riscontrate ci sono:

- tempi di caricamento troppo lunghi
- contenuti difficilmente consultabili (testi troppo piccoli o troppo uniformi)
- elementi cliccabili troppo ravvicinati.

Se il tuo sito mobile è semplicemente una versione in miniatura del sito desktop, vuol dire che c'è ancora molto da fare!

4.1. Come creare e rendere un sito mobile friendly

Esistono diversi modi per rendere il tuo sito aderente agli standard del mobile:

- creare due URL distinti per le due versioni del sito: www.miosito.it per la versione desktop e m.miosito.it per quella mobile (pratica oggi non più consigliata)
- erogare dinamicamente i contenuti del sito (l'URL rimane lo stesso ma a seconda del device usato viene mostrato un HTML e dei CSS differenti)
- creare un sito responsive.

Se in passato, queste tre soluzioni potevano essere utilizzate a piacere, nel tempo Google ha fatto capire che la soluzione migliore è creare un sito con un **DESIGN RESPONSIVE**. In effetti, è l'opzione più pratica sotto molti punti di vista, perché ti evita una serie di grattacapi e possibili controindicazioni.
Con il responsive design, la struttura e i contenuti delle pagine del

tuo sito verranno restituiti in modo puntuale e funzionale a ogni utente, indipendentemente dal dispositivo utilizzato. Inoltre, un sito responsive fa sì che i contenuti siano disponibili sempre da un **unico URL** e con questo viene meno il problema dei contenuti duplicati (generato dalla presenza di una stessa identica pagina disponibile su due URL distinti), dei rel="canonical" da prevedere su tutte le pagine e delle redirezioni.
Ora che hai appreso quale impostazione seguire per rendere il tuo sito disponibile anche nella versione mobile, è arrivato il momento di vedere da vicino quali sono i controlli da effettuare, gli strumenti da utilizzare e gli interventi indispensabili da prevedere per rendere il tuo sito più efficiente.
Per prima cosa, effettua un controllo utilizzando uno strumento molto semplice quanto efficace: la sezione USABILITÀ SUI DISPOSITIVI MOBILI presente nel menu della Google Search Console.
Cliccaci e consulta la dashboard fornita: in questo modo puoi capire se la versione mobile del tuo sito presenta delle criticità.
Nello specifico, questo strumento segnala l'eventuale utilizzo di linguaggi di programmazione che impediscono al motore di visualizzare correttamente i contenuti (ad esempio Flash), segnala se i font usati sono troppo piccoli e impediscono, quindi, la corretta visualizzazione del testo, se ci sono dei link troppo ravvicinati e difficili da selezionare o testi troppo grandi rispetto allo schermo.

4.1.1. Controllare con il test Mobile Friendly di Google

Un altro strumento molto utile per monitorare e individuare le eventuali criticità del tuo sito lato mobile è il test di ottimizzazione mobile di Google[18]. Questo tool ti permette di inserire un URL del tuo sito e farlo analizzare per capire se presenta delle criticità da risolvere lato mobile.

[18] Qui il link del tool per il test: search.google.com/test/mobile-friendly

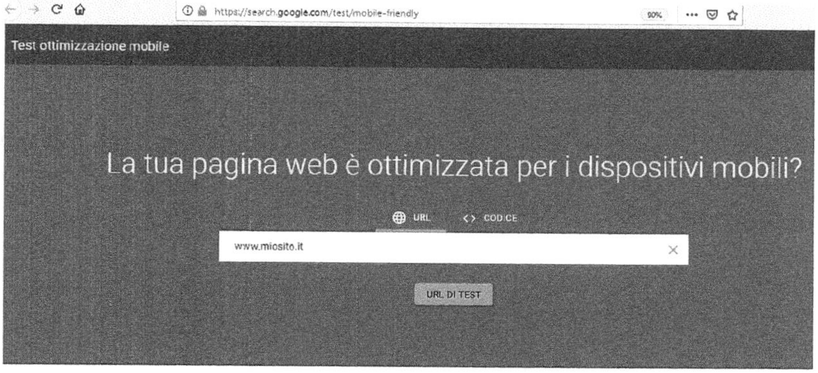

Figura 4.1. Tool per verificare l'aderenza di un sito ai requisiti per il mobile

Come puoi vedere in figura 4.2 (schermata restituita dal tool al termine dell'analisi), Google evidenzia come il bot mobile – lo spider del motore di ricerca dedicato alla versione mobile dei siti – non sia riuscito a caricare tutti gli elementi della pagina analizzata.

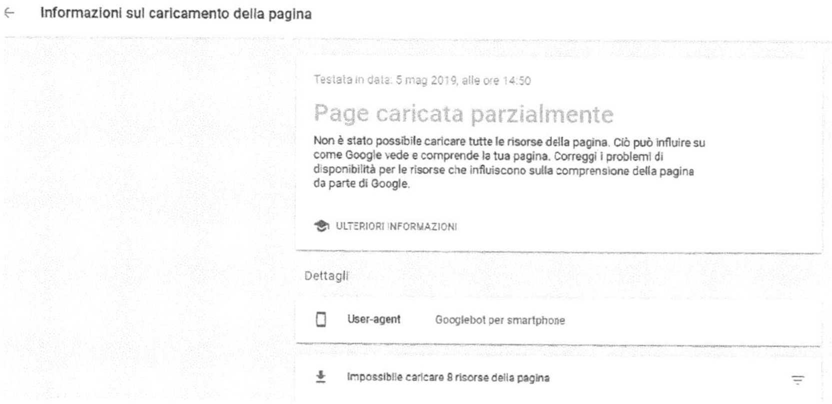

Figura 4.2. Esempio di messaggio che avverte della presenza di criticità

Ciò significa che ci sono degli elementi della pagina bloccati per il bot e quindi inaccessibili al motore di ricerca.

Tutto questo potrebbe comportare dei problemi di indicizzazione delle tue pagine e, di conseguenza, anche di posizionamento. Per evitare questo tipo di criticità, devi accertarti che il bot del motore di ricerca – quello della versione desktop, ma soprattutto quello dedicato alla versione mobile – sia in grado di visualizzare e scansionare correttamente tutte le risorse presenti all'interno delle tue pagine.

4.1.2. Permettere a Google di scansionare tutto il sito

La parola d'ordine è lasciare libero accesso al bot. Fai in modo che Googlebot abbia la possibilità di leggere liberamente e correttamente tutti i tuoi file presenti nelle pagine di tutto il sito, inclusi i file JavaScript e CSS, che spesso nei siti web risultano bloccati.
In sostanza, per capire e testare se un sito web è realmente mobile friendly, il motore di ricerca vuole consultare e analizzare tutte le risorse presenti all'interno e, se non può farlo, non è in grado di capire e stabilire se il sito corrisponde ai requisiti previsti per il mobile. Se il motore non è in grado di scansionare correttamente le risorse che visita, non potrà che propendere a penalizzare il posizionamento del sito.
Per riassumere, dovresti ricordati sempre che impedire a Google di accedere ad alcune delle tue risorse potrebbe mettere in pericolo il ranking e la visibilità in SERP delle tue pagine, con una conseguente diminuzione degli accessi dalla fonte organica.

4.1.3. Effettuare una diagnosi mobile al sito

Come hai potuto vedere nei paragrafi precedenti, per iniziare a capire come Google visualizza il tuo sito – e individuare eventuali criticità che riguardano la versione mobile – puoi utilizzare degli strumenti gratuiti, alcuni dei quali sono messi a disposizione dal motore di ricerca stesso.
Innanzitutto, guarda se nel file robots.txt ci sono delle **risorse**

bloccate (potrebbero esserlo per errore). Sulla barra di navigazione del tuo browser, digita www.miosito.it/robots.txt e controlla se sono state bloccate alcune risorse.
In alternativa, per effettuare lo stesso controllo, puoi consultare la sezione SCANSIONE -> TESTER DEI FILE ROBOTS.TXT (ad oggi ancora non presente nella nuova versione della GSC) e controllare la presenza di eventuali errori o avvisi segnalati dal tool stesso (in fondo alla pagina, gli errori sono segnalati con una X in un cerchietto rosso, gli avvisi sono mostrati con un punto esclamativo in un triangolino giallo).

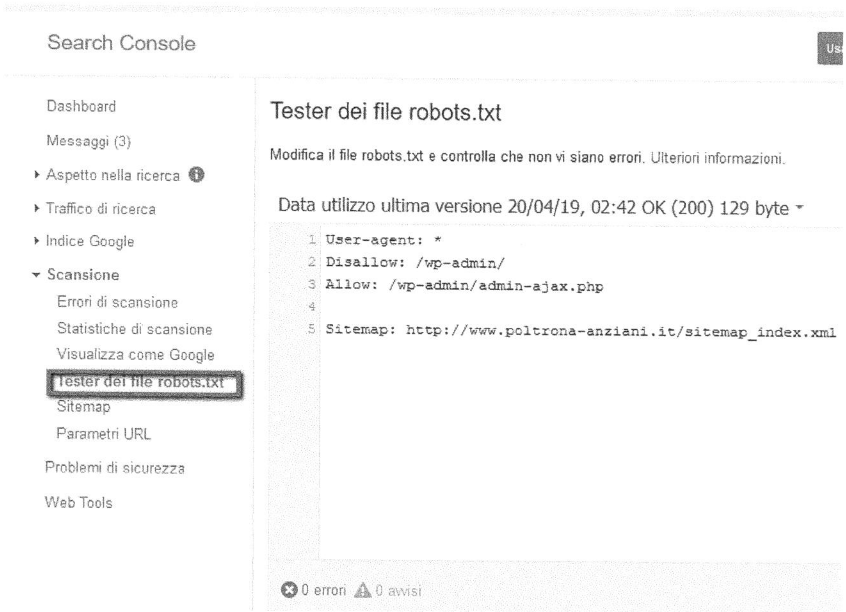

Figura 4.3. Messaggio della Search Console sulle criticità del file robots.txt

Da qui puoi capire se ci sono delle cartelle o delle risorse particolari per le quali l'accesso al bot è impedito. Se noti i nomi di cartelle che contengono file CSS e/o JavaScript, vuol dire che devi togliere il blocco al bot del motore e rendere accessibili anche quelle risorse.

Per fare questo, puoi procedere in due modi alternativi:

- togliere le risorse CSS/JS dalle cartelle bloccate
- togliere il disallow (il blocco) dalle cartelle bloccate.

Un secondo passaggio che puoi fare per testare la compatibilità e l'accessibilità delle pagine del tuo sito da parte del bot mobile del motore, è consultare – sempre restando all'interno della Search Console – il tab denominato USABILITÀ SUI DISPOSITIVI MOBILI. In questo pannello verranno evidenziate tutte le risorse critiche: pagine che contengono elementi troppo grandi o troppo piccoli per lo schermo, o link troppo vicini tra loro, che rappresentano le problematiche più diffuse nelle versioni mobile dei siti web.

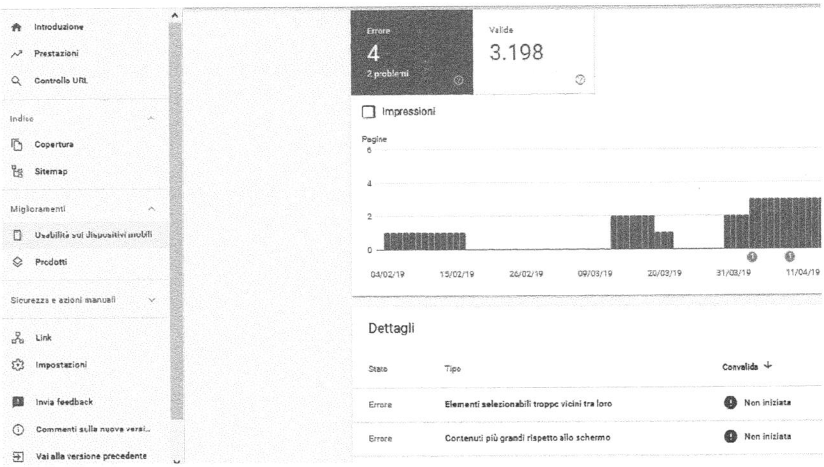

Figura 4.4. Esempi di errori segnalati su Search Console

In seguito, puoi effettuare un controllo più approfondito e dettagliato con i vari strumenti a disposizione.
Oltre a quello già illustrato nei paragrafi precedenti – ovvero il test di ottimizzazione mobile consultabile all'indirizzo search.google.com/test/mobile-friendly – puoi utilizzare un altro tool,

che consente di analizzare la velocità e le performance della versione mobile delle pagine del tuo sito. Anche questo strumento è gratuito ed è reperibile a questo indirizzo
https://www.thinkwithgoogle.com/intl/it-it/feature/testmysite
Come visto anche con lo strumento per il test di ottimizzazione mobile, basta inserire l'URL della pagina da analizzare e poi cliccare sulla freccetta a destra per avviare l'analisi.

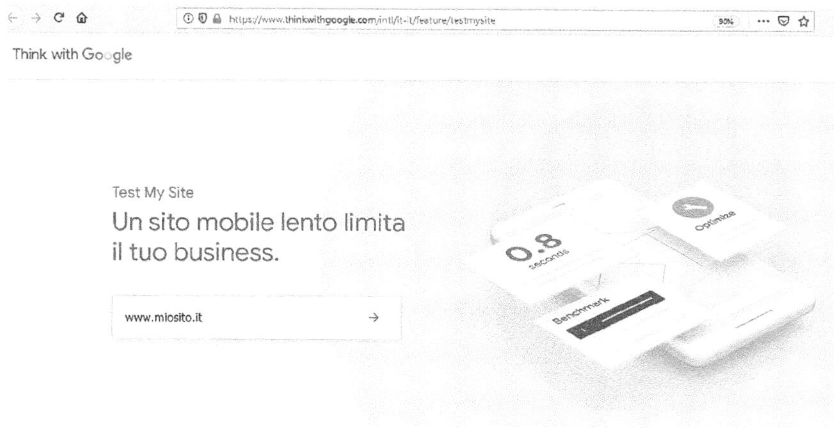

Figura 4.5. Tool per verificare la velocità di un sito mobile

Per avere i risultati del test del tool Think With Google, occorrerà attendere qualche secondo. Al termine dell'analisi, comparirà una schermata con una serie di segnalazioni e suggerimenti per risolvere le criticità emerse.
In figura 4.6 – a titolo di esempio – due immagini relative alla segnalazione di due criticità riscontrate su un sito ed evidenziate dal motore di ricerca dopo il test.
Tra i vantaggi offerti da questo strumento c'è la possibilità di avere un report completo in PDF: basta cliccare sul tab in alto a destra RICEVI IL REPORT, inserire il tuo indirizzo mail e pazientare qualche minuto.
Nel file in PDF troverai un riepilogo completo delle criticità

emerse nella versione mobile della pagina del tuo sito (di cui hai inserito l'URL nel box del test).

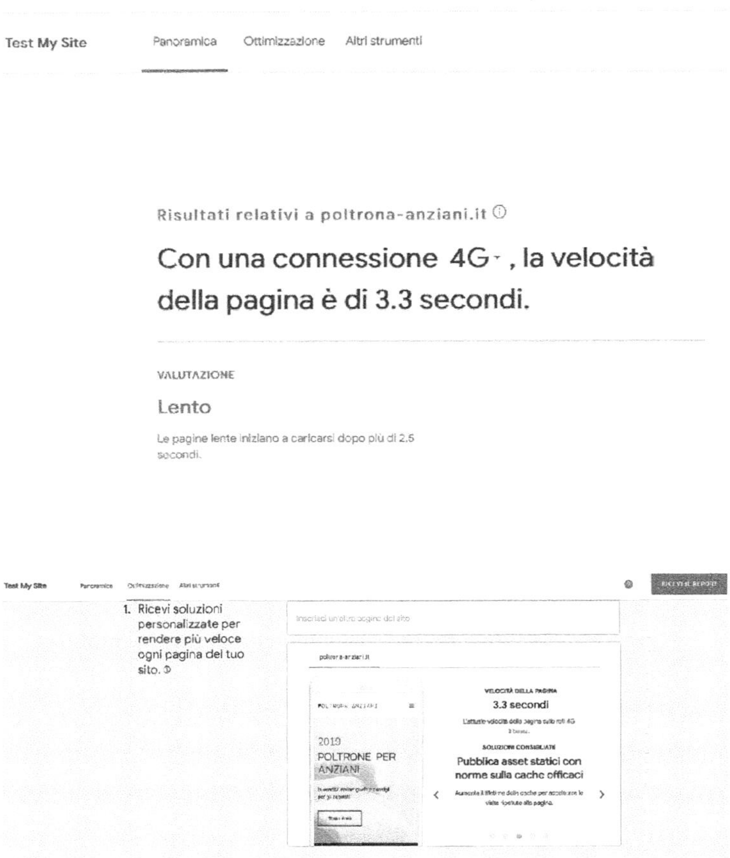

Figura 4.6. Esempio di test per mobile

Probabilmente si tratta di criticità che ritroverai anche in tante altre pagine del tuo sito, se non in tutte. Per accertarti di questo – e fare in modo che sia analizzato correttamente tutto – **fai un singolo test per ogni tipologia di pagina** del tuo sito. Parti dalla homepage, poi analizza anche una delle pagine di categoria, una

pagina di sottocategoria, due/tre pagine foglia, una pagina di contenuto informativo, la pagina dei contatti e altri eventuali contenuti importanti da mostrare all'utente e al motore.
Tra le informazioni presenti nel report a seguito del test Think With Google troverai soprattutto indicazioni per capire qual è la situazione attuale del tuo sito dal punto di vista della velocità e informazioni per poter ridurre i tempi di caricamento delle tue pagine. In particolare, capirai quali sono i tempi medi di caricamento del tuo sito e quali i tempi ottimali da raggiungere e otterrai una sintesi con dei consigli utili per velocizzare le differenti tipologie di risorse presenti.

4.2. La velocità sul mobile

Quanto è importante la velocità di caricamento del tuo sito mobile? Oggi è fondamentale, soprattutto per la versione mobile, poiché, come visto, è la prima versione che il motore di ricerca considererà nella sua valutazione.
Secondo gli ultimi dati, il sito dai dispositivi mobili dovrebbe caricarsi in meno di un secondo[19]. Utilizzare i tool – come ad esempio PageSpeed Insights di Google – che consentono di analizzare le performance delle tue pagine web, soprattutto in relazione alla velocità, è fondamentale per poter capire cosa migliorare per rendere il sito più veloce possibile e a prova di utente.
Come visto nei paragrafi dedicati alle performance, velocizzare il sito ottimizzando il codice e tutti gli elementi in pagina significa renderlo più aderente ai device mobili e alle aspettative dell'utente. Se questi due fattori vengono rispettati, il motore di ricerca non potrà che tendere a premiare il tuo sito.
In particolare, a titolo di riepilogo, occorre prestare attenzione soprattutto a:

[19] Google_MobileSiteSpeed_Playbook_v2.4

- gestione e prioritarizzazione dello scaricamento del codice in pagina
- ottimizzazione, compressione e gestione delle immagini
- inserimento della data di scadenza dei file (cache del browser) nell'htaccess
- riduzione del numero di richieste dal browser al server.

4.3. Pop-up, banner e altri elementi critici

A questo punto, avrai capito quanto e perché sia importante la velocità per il motore di ricerca. Tuttavia, le performance non sono l'unico fattore importante da considerare per rendere il tuo sito accessibile e consultabile correttamente da mobile.
Un altro dei punti chiave che dovresti sempre tenere a mente riguarda la **fruibilità del contenuto**, non solo in riferimento alla grandezza del font utilizzato o al distanziamento dei link cliccabili, ma anche alla presenza di eventuali pop-up, banner e tutto ciò che potrebbe nascondere il contenuto principale. In sostanza, se hai creato un ottimo contenuto (un testo opportunamente ottimizzato e formattato correttamente) ma poi lo copri con un pop-up, il motore di ricerca – proprio come l'utente – avrà difficoltà a leggerlo, consultarlo e, di conseguenza, anche a valutarne la qualità.
In breve, tutto ciò che è "invadente" all'interno della pagina, perché impedisce o limita la lettura di un contenuto, è **considerato negativamente dal motore di ricerca**. Ciò significa che se una pagina correttamente ottimizzata viene coperta da un pop-up invadente (ad esempio quello dell'accettazione della GDPR), con molta probabilità verrà comunque penalizzata nei risultati del motore di ricerca.
Presta, quindi, attenzione all'ingombro dei pop-up e dei banner presenti nelle tue pagine: non solo quelli pubblicitari, ma anche tutti gli altri eventuali messaggi di alert previsti per l'utente.

Ancora una volta, mettiti nei panni del tuo visitatore: immagina di arrivare su una delle pagine del tuo sito e trovare immediatamente un pop-up che si apre coprendo quasi completamente la pagina che stai leggendo. Non ti infastidirebbe? Se questa dinamica infastidisce te, darà noia inevitabilmente anche al tuo visitatore e, di conseguenza, al motore di ricerca, che lavora proprio per rendere il web un luogo più a misura di utente. Ciò significa che il tuo contenuto – anche se ben fatto – sarà probabilmente **poco visibile** nei risultati di ricerca di Google.

Ma come si fa a capire quali sono i pop-up troppo invadenti? E quali, invece, quelli accettabili? Come si fa a misurare e valutare l'esperienza dell'utente in una pagina popolata da uno o più pop-up?
Per fortuna, Google ci fornisce alcuni esempi[20]. Tra le tecniche da evitare assolutamente, che rendono un contenuto poco accessibile troviamo:

- la visualizzazione di un **pop-up che copre il contenuto** principale che l'utente sta visualizzando
- la **visualizzazione di un interstitial** che l'utente deve necessariamente **chiudere** prima di accedere al contenuto principale
- la visualizzazione di un **pop-up o interstitial che copre tutta la parte superiore dello schermo** mobile (above the fold), mentre sotto mostra il contenuto che l'utente sta cercando.

In sostanza, come illustrato sopra, tutto ciò che impedisce o rende difficile la lettura del contenuto che l'utente ha cercato e sta consultando viene considerato negativamente dal motore di ricerca. In figura 4.7 tre esempi pratici da evitare.

[20] Qui puoi trovare un approfondimento sull'argomento: *Helping users easily access content on mobile*, webmasters.googleblog.com

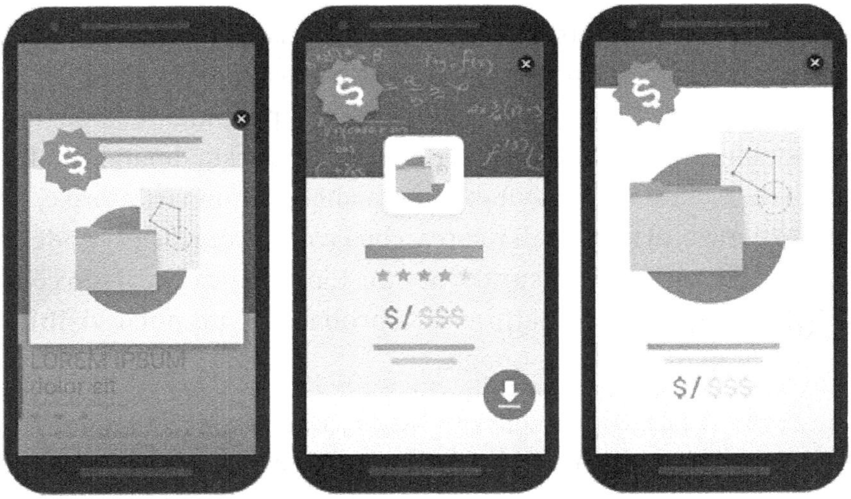

Figura 4.7. Esempi da evitare (fonte: webmasters.googleblog.com[21])

A questo punto, occorre conoscere i limiti e capire quali sono le tipologie di pop-up ammesse e tollerate dagli utenti e dal motore di ricerca.

Nello specifico, è possibile utilizzare (sempre in modo responsabile e accurato) le seguenti tecniche:

- **interstitial di dimensioni ridotte** che rispondono ad un obbligo legale (ad esempio l'uso dei cookie o il banner per la verifica dell'anno di nascita, ecc.)
- **finestra di login** per contenuti e approfondimenti accessibili solo con nome utente e password
- **banner che usano lo spazio in modo dosato** e moderato e che possono essere ignorati facilmente.

In figura 4.8 tre esempi pratici tollerati e applicabili, se usati in modo oculato, opportuno e responsabile.

[21] *Helping users easily access content on mobile,* webmasters.googleblog.com

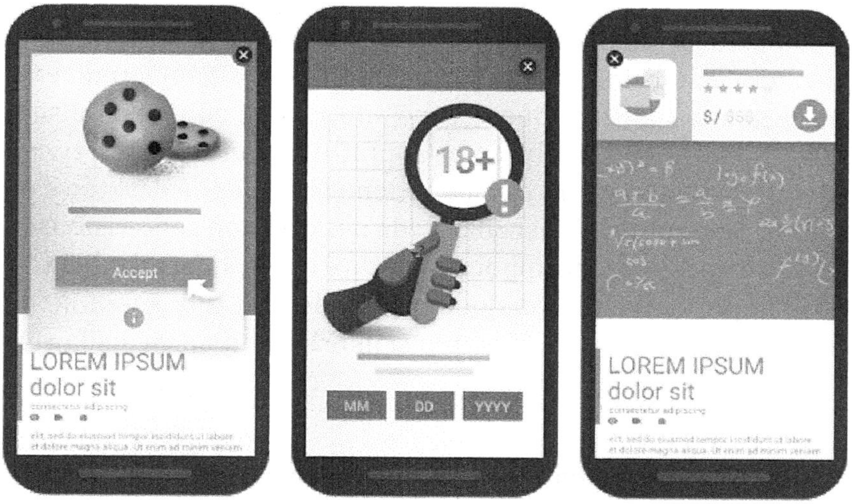

Figura 4.8. Esempi da poter seguire (fonte: webmasters.googleblog.com)

4.4. Mostrare i testi anche nella versione mobile

Sempre in riferimento alla visualizzazione dei contenuti, ricordati che, proprio come i pop-up non devono coprire il contenuto principale, allo stesso modo, i testi presenti nelle tue pagine devono essere mostrati integralmente. È, quindi, opportuno far vedere i contenuti testuali senza l'utilizzo di scroll, accordion[22] o altre soluzioni che permettono l'espansione del contenuto da leggere. Ricorda sempre che la versione più importante del tuo sito è quella mobile, pertanto se i contenuti sono nascosti – o visibili solo dopo una determinata azione – è possibile che questi non vengano indicizzati o, in alternativa, non vengano valorizzati in modo adeguato.

In breve, se blocchi o nascondi i contenuti agli utenti che visitano il tuo sito da mobile, Google li ignorerà o darà a questi un peso

[22] Porzione di testo espandibile con il click dell'utente.

nettamente diverso rispetto a quello che avrebbe dato se non fossero nascosti. Fai una serie di test, anche con strumenti diversi, analizza la visualizzazione del tuo sito mobile su diversi dispositivi mobili, inclusi i tablet (ma soprattutto smartphone), e vedi se ci sono differenze tra ciò che vedono gli utenti da desktop e da mobile. Se i contenuti visualizzati da desktop non sono visibili da chi usa dispositivi smartphone, vuol dire che devi fare degli interventi importanti sulla versione mobile del tuo sito. Fai in modo che i testi della versione desktop siano riportati anche nella versione mobile.

4.5. Come rendere fruibili i contenuti da mobile

Per rendere fruibili i tuoi contenuti anche da mobile e impedire che l'utente debba faticare per leggerli, è opportuno seguire alcune semplici ma fondamentali indicazioni:

- dividi il testo in blocchi ancora più piccoli: 1-2 righe per paragrafo
- fai in modo che ogni riga di testo non superi i 50-55 caratteri
- rendi i testi più leggibili attraverso l'uso oculato dei grassetti
- per i testi usa il colore nero
- utilizza un font bastonato (senza grazie) di almeno 14/15px
- lascia più spazio bianco tra un paragrafo e l'altro.

In relazione all'ultimo punto elencato, in cui si parla dello spazio bianco (definito anche come *spazio negativo*) occorre fare un approfondimento. Lo spazio bianco tra un paragrafo e l'altro o tra un elemento della pagina e l'altro – ad esempio tra due pulsanti, due immagini, ecc. – è fondamentale sia per consentire una facile consultazione dei contenuti sia per offrire al visitatore la possibilità di selezionare correttamente gli elementi cliccabili in pagina. Ti è mai capitato, visitando un sito da cellulare, di voler cliccare su un link e selezionare, per sbaglio, quello accanto? Non sei tu che hai le dita troppo grandi, sono i designer del sito che non hanno considerato questo aspetto. Evita che questo problema si verifichi sulle tue pagine!

4.6. I meta data da mobile

Come per la versione desktop, occorre far attenzione alla lunghezza del title e della meta description valorizzati all'interno della pagina. L'obiettivo è trovare un compromesso tra le informazioni da implementare (spesso tante rispetto allo spazio a disposizione) e il numero massimo di caratteri da inserire per evitare che Google tagli le stringhe di testo in SERP. Operazione che avvilisce l'esperienza dell'utente (che vede dei puntini di sospensione al posto delle parole) e riduce il CTR (ovvero il tasso di click sul risultato da parte dell'utente).
La tecnica per evitare che il motore di ricerca tagli il title restituito in SERP è di attenersi – in linea orientativa – ad una lunghezza di 55 caratteri (massimo 60), mentre per la description è opportuno non superare i 155 (massimo 160). In questo modo è possibile trovare un giusto compromesso e fornire così dei metadata che andranno bene sia per il desktop che per il mobile.

4.7. Le immagini da mobile

Uno degli aspetti fondamentali per rendere le immagini mobile-friendly? Un'implementazione banale quanto fondamentale: il metatag **VIEW-PORT**, che consente di adattare la grandezza dell'immagine alla dimensione dello schermo del dispositivo.
Qui di seguito la sintassi:

```
<meta name="viewport" content="width=device-width, initial-scale=1">
```

In assenza di questa istruzione, l'immagine apparirà più grande rispetto allo schermo e sarà visibile solo parzialmente.

Inoltre, per fornire all'utente ciò che cerca in modo rapido e immediato, fai in modo che le immagini non siano eccessivamente ingombranti rispetto al testo: nella parte above the fold delle tue pagine, ci dovrebbe essere un'immagine (che attrae l'occhio e invita l'utente a proseguire la lettura) e qualche riga di testo che fornisca le informazioni fondamentali che stava cercando.
Sostituisci, quindi, le immagini troppo grandi con delle thumbnail, facilmente visibili sui dispostivi mobili.

4.8. I video da mobile

Come per tutte le altre tipologie di contenuto, anche per i video occorre rispettare alcune regole. I filmati e le animazioni – indipendentemente dal settore o dall'argomento trattato – sono sempre molto apprezzati, perché illustrano in modo semplice dei concetti complessi, intrattengono e divertono.
Tuttavia, se i tuoi video sono in Flash (solo per fare un esempio di un linguaggio molto obsoleto che il motore di ricerca non riesce a leggere) non saranno visibili sui dispositivi mobile: per renderli fruibili sempre e comunque utilizza l'**HTML5**.

4.9. Gli strumenti per testare il sito da mobile

Per capire come il tuo sito viene visualizzato dal motore di ricerca, hai a disposizione una serie di strumenti gratuiti.
Tra questi troviamo:

- responsinator.com
- quirktools.com/screenfly
- mattkersley.com/responsive
- isresponsive.com

Utilizzando uno qualsiasi di questi strumenti – una volta inserito l'URL della pagina che vuoi far analizzare – hai la possibilità

di verificare come il tuo sito viene visualizzato sui vari dispositivi mobili, anche in funzione dei vari formati e delle differenti dimensioni dello schermo. In questo modo, puoi renderti conto se ci sono dei contenuti poco visibili, poco fruibili o se i pop-up che sulla versione desktop sono tollerabili risultano troppo invasivi quando vengono visualizzati da mobile.
Un ulteriore strumento che ti permette di effettuare questa analisi è quello oggi presente nella Search Console (che sostituisce il vecchio e più comodo Fetch as Google) raggiungibile dal tab CONTROLLO URL.
Per controllare come Google visualizza da mobile la tua pagina, devi inserire l'URL da analizzare nel box in alto della Search Console, cliccare sulla voce VISUALIZZA PAGINA SOTTOPOSTA A SCANSIONE, selezionare il tab intermedio SCREENSHOT, quindi cliccare sulla voce TESTA URL PUBBLICATO. Dopo l'analisi dell'URL, vedrai sulla destra un'immagine che mostra come Google visualizza quella pagina da mobile.

4.10. SEO e usabilità: il mix ideale per il tuo sito

A prima vista, l'ottimizzazione dei motori di ricerca e l'usabilità sembrano due argomenti abbastanza distinti e lontani: la SEO è la disciplina che prevede una serie di attività di ottimizzazione on-site in grado di intercettare nuovi utenti e portarli sul tuo sito; l'usabilità prevede l'ottimizzazione del sito affinché il visitatore si trovi a suo agio e generi conversioni sulle tue pagine.
Ma sono davvero così distanti come concetti?
Avere un sito perfettamente ottimizzato ma con una pessima usabilità significa ottenere molto traffico dai motori di ricerca ma poche conversioni: i visitatori arriveranno numerosi ma non si trasformeranno in clienti.
In realtà, l'usabilità e la SEO on-page spesso si intrecciano, si sovrappongono e si influenzano a vicenda in molti modi. A tal proposito, devi ricordare che il motore di ricerca, negli ultimi

anni, ha preso una direzione ben chiara a favore dell'usabilità: un sito che piace agli utenti, veloce, facile da consultare e ricco di contenuti utili per il visitatore merita di stare nelle prime posizioni di Google. I due concetti sono, quindi, strettamente legati tra loro, molto di più di quanto non lo siano stati in passato.

Usabilità e SEO dovrebbero viaggiare sempre insieme, perché **sono entrambi fondamentali per intercettare i tuoi utenti**, trattenerli sulle tue pagine e spingerli all'acquisto dei tuoi servizi o prodotti.

Pensa, ad esempio, ad un sito lento, che impiega addirittura più di 4-5 secondi per caricarsi o a una pagina del sito di un e-commerce dove non riesci a trovare il tasto per tornare alla pagina consultata precedentemente. Oppure pensa ai siti caratterizzati da pop-up invadenti, che spuntano non appena atterri sulla pagina, coprendo tutto il contenuto. Non ti spingono ad abbandonare il sito? I tre elementi menzionati – velocità di caricamento, presenza dei breadcrumb e leggibilità dei contenuti presenti in pagina – sono fattori fondamentali dell'ottimizzazione on-site e, allo stesso tempo, tre concetti chiave dell'usabilità.

Vediamo, allora, l'elenco degli elementi fondamentali da prevedere e inserire per rendere il tuo sito SEO friendly e, allo stesso tempo, usabile per gli utenti:

- contenuti scansionabili e indicizzabili
- struttura degli URL breve e leggibile
- heading tag (H1, h2, h3, ecc.)
- meta description
- link interni e articoli correlati
- reindirizzamenti 301
- architettura e design usabile
- sito responsive e veloce
- aggiornamenti frequenti (fresh content).

Molti di questi punti sono stati già trattati nei capitoli precedenti e altri verranno approfonditi nei capitoli successivi.

4.10.1. Contenuti scansionabili e indicizzabili

I motori di ricerca, per poter scansionare, indicizzare e restituire in SERP un documento, hanno bisogno di contenuti scritti ed erogati con il linguaggio HTML, che consente al bot di leggere i testi e i link, capire il contenuto delle immagini e tutto ciò che è presente all'interno di una pagina web. Lo stesso discorso vale per tutti i software – usati comunemente dai non vedenti e dagli ipovedenti – che leggono i contenuti del web al posto degli utenti. Sebbene il motore di ricerca abbia imparato nel tempo a interpretare sempre meglio il contenuto presente all'interno delle immagini, è fondamentale continuare a fornire informazioni testuali aggiuntive, implementando correttamente il nome del file, il tag alt e il title dell'immagine attraverso porzioni di testo HTML. Questo permetterà a tutti i software di leggere e restituire correttamente le informazioni.
I contenuti testuali inseriti in questi campi a corredo delle immagini aiutano il motore di ricerca e i software di lettura a capire meglio il contenuto e il contesto. In breve, quante più informazioni mettiamo in corrispondenza di un'immagine (a patto che non sia keyword stuffing, ma informazioni realmente utili e di approfondimento) maggiori saranno le possibilità che i software riescano ad interpretarla correttamente.
Pertanto, quando utilizzi immagini in formato gif, png o jpg, aggiungi sempre degli "attributi alt" chiari e parlanti che possano essere utilizzati come descrizione del contenuto visivo. Questo è importante per la SEO, ma ancora più per l'usabilità.
Prova a navigare le pagine web con un browser per non vedenti: ti accorgerai che la comprensione di una vastissima quantità di contenuti dipende proprio dall'implementazione corretta dei file immagine.
Anche i video meritano un approfondimento, perché – ad oggi –

i motori di ricerca, proprio come i software di lettura per i non vedenti, non sono ancora in grado di interpretare completamente il contenuto audio e video presente all'interno di un file multimediale. Pertanto, è consigliabile trascrivere, sotto forma di testo HTML, tutto il contenuto (o almeno un riassunto esaustivo) di ciò che viene detto e mostrato nel video stesso. In questo modo, il bot di Google potrà scansionarlo meglio, indicizzarlo e restituirlo all'occorrenza nelle SERP del motore di ricerca, mentre i programmi di lettura potranno facilmente leggerli agli utenti ipovedenti. Ma c'è di più, perché trascrivere il contenuto di un podcast o di un video offre all'utente la possibilità di fruire del contenuto in qualsiasi contesto o situazione, anche quando non può - per varie ragioni - ascoltarne l'audio. Pensa ad un esempio pratico: sei in metropolitana o in una sala di attesa e non hai gli auricolari. Non è detto che tutti vogliano ascoltare il podcast. In tal caso, invece di usufruire dell'audio, puoi approfittare della versione scritta.
In sintesi, fornire uno stesso contenuto in formati diversi - con particolare riferimento ai formati audio e video che vengono messi a disposizione sotto forma di testo - non può che piacere ai motori di ricerca e anche agli utenti che hanno la possibilità di scegliere se guardare, ascoltare o leggere.

4.10.2. Struttura degli URL breve e leggibile

La struttura degli URL, per essere compatibile con le linee guida della SEO ed essere facilmente comprensibile per gli utenti, dovrebbe essere statica (ovvero non cambiare ad esempio in base alla sessione di navigazione), più breve possibile e parlante.
Ciò significa, ad esempio, che non dovrà contenere punti interrogativi seguiti da caratteri alfanumerici, non dovrà superare i 100 caratteri complessivi ma dovrà contenere le parole chiave essenziali per far capire - al motore e all'utente - l'argomento trattato all'interno della pagina.
Pensa ad un sito dedicato alle scarpe di corda e, nello specifico, ad una pagina di prodotto.

Se l'URL fosse dinamico, apparirebbe più o meno così:

www.scarpedicorda.com/prodotti**/?p=1234xyz**

Un URL statico e ottimizzato appare così:

www.scarpedicorda.com/prodotti/**modello-stoffa-con-zeppa-12343.html**

Quale dei due ti sembra più comprensibile?
Come puoi vedere, gli URL dinamici generalmente non contengono parole chiave né termini di significato compiuto che consentano di far capire l'argomento. URL statici, brevi, chiari e ottimizzati semanticamente potranno essere letti e archiviati più velocemente dai bot e interpretati più facilmente dai visitatori.

4.10.3. Trattini o underscore nell'URL?

In molti si chiedono se per staccare le parole all'interno della struttura di un URL sia meglio utilizzare il trattino (-) oppure l'underscore o sottolineatura (_). Anche in questo caso, la risposta è nella soluzione che riesca a facilitare il lavoro del motore di ricerca e la lettura da parte dell'utente.
Secondo alcune interpretazioni, l'utilizzo dell'underscore tra un vocabolo e l'altro indurrebbe il bot ad attaccare le parole tra loro. Ciò significa che la porzione di URL valorizzata nel modo seguente "manuale_coltivazione" verrebbe interpretata come "manualecoltivazione".
Inoltre, occorre considerare comunque che, in linea generale, **il trattino è un carattere molto più usato** dell'underscore, pertanto, sia per il bot che per l'utente, è preferibile il suo uso.

4.10.4. Tag di intestazione

Ora che hai capito quanto è importante rendere scansionabili e leggibili i tuoi contenuti, non solo per la SEO ma anche per gli

utenti, è fondamentale analizzare tutti quegli elementi che permettono di valorizzare adeguatamente il contenuto.
Uno di questi elementi è rappresentato dai tag di intestazione (titoli H1, H2 ... fino all'H6, inseriti in ordine gerarchico e di importanza), ovvero dei titoli editoriali che consentono di far capire quali sono gli argomenti e i concetti chiave trattati nella pagina.
Se questi titoli sono adeguatamente ottimizzati attraverso l'inserimento delle parole chiave importanti e maggiormente rappresentative, avranno tutte le carte in regole per fornire una quantità esaustiva di informazioni e far capire – sia ai motori di ricerca che agli utenti – l'essenza del contenuto. Anche in questo caso una stessa implementazione aumenta la qualità del tuo contenuto a 360 gradi. Un aspetto che evidenzia come ciò che viene ottimizzato per l'utente sia automaticamente ottimizzato anche per il motore di ricerca.

4.10.5. Meta description

Come abbiamo già accennato, la meta description non è un fattore di posizionamento, tuttavia è una stringa di testo estremamente utile per far capire al motore di ricerca e all'utente qual è l'argomento principale trattato nella pagina.
Per questa ragione, la meta description dovrebbe contenere anche le parole chiave più importanti e rappresentative della pagina, una breve descrizione riassuntiva e, possibilmente, anche una call to action per spingere l'utente (che la visualizza in SERP) a cliccare su quel risultato.
Per semplificare, potresti considerare la meta description come una sorta di **strillo giornalistico**: uno strumento per richiamare l'attenzione dell'utente, incuriosirlo e spingerlo all'azione. È una vera e propria opportunità per parlare di un prodotto o di un servizio, mettere in evidenza le sue caratteristiche principali e i vantaggi e convincere l'utente ad approfondire.

Inoltre, se inserisci all'interno della description le parole chiave più identificative del contenuto, quando l'utente digiterà quelle stesse parole al momento di effettuare la sua ricerca, **Google le restituirà in SERP evidenziandole in grassetto**. Un elemento estremamente utile per attirare ulteriormente l'attenzione dell'utente.

Ricorda sempre di implementare la description, altrimenti lo farà il motore di ricerca: prenderà una stringa di testo presente in pagina e la mostrerà in SERP. Naturalmente, non è detto che la porzione di testo restituita dal motore sia quella più valida, pertanto è bene non lasciarlo fare. Inoltre, è importante che la description non superi i 155 caratteri, oltre i quali il motore tenderà a tagliare il testo.

4.10.6. Link interni e articoli correlati

L'ottimizzazione dei link interni è sicuramente un fattore SEO, ma è anche un fattore di usabilità. Inserire dei collegamenti, con ancore chiare e ben ottimizzate, non solo aiuta il motore di ricerca a navigare tra le pagine del tuo sito e a trasferire loro valore, ma consente all'utente di **individuare un maggior numero di contenuti di suo interesse** e di approfondire ulteriormente l'argomento attraverso la consultazione di più pagine correlate. In questo modo, aumenterà il tempo di permanenza dell'utente sul sito, aspetto sempre più importante anche per il motore di ricerca.

4.10.7. Reindirizzamenti 301

Quando decidi di cambiare l'URL di una pagina, ad esempio perché vuoi renderla più chiara e parlante o perché il contenuto è cambiato nel tempo o, più semplicemente, perché quella pagina non esiste più e hai bisogno di redirezionarla verso una simile, è fondamentale effettuare un redirect permanente lato server di tipo 301. Questa istruzione comunica al motore di ricerca che il

contenuto della vecchia pagina è ora disponibile su un altro URL, oppure che il contenuto della vecchia pagina non esiste più e che può trovare qualcosa di simile sulla nuova.
Il redirect consente inoltre il trasferimento del valore della vecchia pagina verso la nuova. Ma non è tutto, perché permette all'utente di **continuare la navigazione** in tranquillità e di trovare il contenuto richiesto anche se non esiste più o è stato modificato.
Diverso sarebbe se utilizzassi un **meta refresh temporizzato** di tipo HTML, dove l'utente visita la vecchia pagina e – dopo qualche secondo in base al tempo prestabilito in fase di implementazione – viene trasferito forzatamente sulla nuova pagina. Ciò, oltre a non essere gradito dal motore di ricerca, tende a confondere e disorientare il visitatore, influenzando negativamente l'esperienza finale.

4.10.8. Architettura e design usabile

Il design di un sito web oggi deve necessariamente sposare la causa della SEO e dell'usabilità, ovvero il processo di ottimizzazione SEO del sito affiancato alla facilità di navigazione e consultazione delle sue pagine.
Tuttavia, dovrebbe tenere conto anche dell'esperienza utente, che – solo per fornire una spiegazione sintetica – include non solo il design, l'architettura e la velocità di caricamento delle pagine, ma anche la qualità dei prodotti, dei prezzi, del servizio clienti e di tutti gli altri elementi che concorrono ad aumentare la soddisfazione di un utente.
Ma che cosa occorre, quindi, per rendere un sito gradevole, funzionale e usabile, che sia anche compatibile con la SEO?
Bisogna partire dalla **struttura delle pagine** e dall'**architettura informativa**, dal linguaggio in cui vengono presentati i contenuti, dalle funzionalità messe a disposizione e dal modo in cui i singoli contenuti vengono erogati all'utente.
Le pagine, come visto, devono essere scansionabili e consultabili

in modo semplice e veloce, l'architettura informativa deve essere chiara, la struttura facilmente navigabile, anche dagli utenti che utilizzano browser testuali di vecchia generazione. Tutto ciò che è presente sul sito deve essere trovato con facilità, attraverso i **link interni** ed eventualmente – nel caso dei siti più complessi come gli e-commerce – anche con un motore di ricerca interno, che permetta di arrivare più agevolmente a prodotti o a delle pagine specifiche.

A tal proposito, solo per fornire qualche suggerimento pratico e facilmente attuabile, ti consiglio di prevedere un numero limitato di categorie principali. Tieni presente che più categorie costruirai sul sito, più il valore di ciascuna verrà diluito e più la navigazione per l'utente sarà difficile.

Inoltre, come anticipato nel capitolo dedicato alla scansione delle pagine, accertati di prevedere **non più di tre livelli di profondità**: categoria principale, sottocategoria e pagina foglia (scheda prodotto o articolo). Superando i tre livelli di navigazione, non solo metti a rischio la capacità del bot di raggiungere i contenuti che si trovano più in profondità, ma metti a dura prova anche la pazienza dell'utente.

4.10.9. Sito responsive

Come visto in precedenza, un sito responsive – a patto che sia davvero tale e correttamente ottimizzato sia per i motori di ricerca che per gli utenti – è la migliore soluzione per i device di tipo mobile. Come abbiamo visto, Google ha indicato che un sito responsive – disponibile quindi allo stesso indirizzo del sito desktop – è da preferire nel momento in cui si realizza un sito per mobile.

Questo perché un sito strutturato per essere responsive ha il design e l'architettura ideale per consentire un'esperienza di visualizzazione ottimale per gli utenti su una vasta gamma di dispositivi diversi.

Ancora una volta ricordiamo che ciò che è studiato per soddisfare meglio le esigenze di chi naviga è preferito e premiato anche dai motori di ricerca. A patto, naturalmente, che abbia tutti i requisiti e sia opportunamente ottimizzato per essere davvero identificato come sito responsive.

4.10.10. Velocità di caricamento delle pagine

Come visto nel capitolo dedicato alla velocità di caricamento, questo è un fattore fondamentale sia per la SEO che per l'usabilità. Controlla che il tuo sito sia stato progettato e strutturato per essere veloce e, quindi, anche usabile. Lato SEO, come visto precedentemente, la velocità è sempre stato un aspetto importantissimo e oggi è ufficialmente un fattore di ranking.
Per riassumere, quindi, accertati di mettere in atto tutte le implementazioni necessarie per rendere il tuo sito più veloce possibile; in particolare:

- ottimizza e comprimi le immagini, mantenendo una buona qualità
- sfronda e comprimi il codice in pagina
- posticipa lo scaricamento di risorse non essenziali subito (ad esempio file JavaScript relativi a funzionalità utilizzabili dall'utente in un secondo momento)
- sfrutta la cache del browser (date di scadenza dei file)
- riduci il numero di richieste e di reindirizzamenti.

4.10.11. Aggiornamenti frequenti (fresh content)

Perché è importante mantenere il tuo sito aggiornato?
Avere dei contenuti sempre freschi – o almeno aggiornati spesso – è un primo importante passo per invogliare gli utenti che visitano il tuo sito a restare sulle tue pagine e a tornare frequentemente. Immagina di passare più volte davanti alla vetrina del tuo

negozio preferito a distanza di qualche settimana o mese: non ti aspetti certo che resti sempre la stessa, giusto?
Lo stesso vale per il tuo sito, il quale – se aggiornato frequentemente – viene apprezzato sia dal motore di ricerca, che così trova sempre qualcosa di nuovo da scansionare e inserire nel suo indice, sia dall'utente, che potrà leggere sempre qualcosa di nuovo in grado di stimolare il suo interesse.
Non occorre diventare un quotidiano, o seguire un piano editoriale in modo maniacale, ma è preferibile prevedere a monte – soprattutto se il tuo sito è un magazine editoriale o un blog di contenuti – **una frequenza di aggiornamento piuttosto regolare**. Questo, in particolare, soprattutto per l'utente, che così potrà **fidelizzarsi più facilmente**.

5. La ricerca delle keyword

La ricerca delle parole chiave, negli ultimi anni, è cambiata in modo radicale. Se in passato questo tipo di attività si traduceva in un qualcosa di quasi meccanizzato – selezionando e scegliendo i termini a più alto volume di traffico potenziale e poi stilando un elenco esaustivo di parole chiave – ora la strategia da seguire è profondamente diversa. Oggi non devi più ragionare per parole chiave, ma per **gruppi di keyword tematiche** o, ancora meglio, per argomenti o entità (vedi il paragrafo sui rich snippet). Spesso anche indipendentemente dai volumi di traffico ufficiali.
I volumi di ricerca, infatti, sono talvolta fuorvianti e non sono necessariamente dei validi indicatori del traffico potenziale che potresti ricevere ottimizzando il tuo sito per quelle keyword.
Che cosa vuol dire?
In sostanza, puoi anche ottimizzare il tuo sito per una parola chiave ad altissimo traffico e potresti anche posizionarti, ma non è detto – una volta ottenuta la tanto desiderata visibilità – che

otterrai delle visite da quella keyword. Ciò si verifica, ad esempio, quando Google fornisce la risposta già nel box del motore, senza che l'utente abbia la necessità di avviare la ricerca con l'apposito tasto (o con l'invio). È il caso, ad esempio, delle query come "nome personaggio famoso" + "età".
Oppure pensa alle cosiddette keyword fuorvianti o **interpretabili**, dove tu intendi un significato e l'utente ne ha in mente uno completamente diverso. Devi tener conto di queste possibili interpretazioni per non rischiare di ottimizzare il sito per parole chiave che, nella realtà, non ti portano traffico qualificato.
Facciamo un esempio concreto, prendendo come riferimento la parola "cooltube24". Questo termine identifica un modello specifico di accessorio destinato al raffreddamento delle lampade utilizzate nelle coltivazioni al chiuso. Tuttavia, coincide anche con il nome (brand) di una piattaforma sulla quale è possibile vedere in streaming contenuti di vario tipo.
La realtà ha dimostrato che **l'alto volume di ricerca di questa parola chiave** è dettato non tanto da coloro che, coltivando indoor, hanno bisogno di un modello particolare di cooltube per raffreddare le lampade, ma dal numero di coloro che ogni mese sono alla ricerca della piattaforma di contenuti in streaming.
La domanda fondamentale, quindi, nel momento in cui ti trovi ad analizzare una o più keyword è sempre la seguente: che cosa sta cercando l'utente? Cosa vuole trovare – tra i risultati di ricerca – digitando queste parole chiave?
È proprio qui che entra in gioco il *search intent*, ovvero la **reale intenzione di ricerca** che si nasconde dietro ad una parola chiave. L'intento di ricerca vince sempre.
Per semplificare, vale la pena ricordare che tutte le parole chiave digitate dagli utenti sui motori di ricerca possono essere suddivise in quattro macro-tipologie:

- **informative** (come fare il passaporto, cosa fare quando il gas non esce dai fornelli, dove andare in vacanza ad agosto, ecc.)

- **navigazionali** (Telecom servizio clienti, Zalando lavora con noi, Facebook login, ecc.)
- **transazionali** (scarpe in vendita online, divano online, ecc.)
- **commerciali** (migliori lavatrici online, ristoranti top di Roma, ecc.).

Se hai dubbi sul reale intento di ricerca di una parola chiave molto generica o di una query particolare, **consulta sempre le SERP di Google**! Nella maggior parte dei casi, guardando i risultati restituiti dal motore, capirai se si tratta di ricerche transazionali o informative. In alcune situazioni, potrai trovare delle SERP miste, dove a risultati informazionali si affiancano dei risultati di tipo transazionale. Ciò significa che anche Google sta cercando di capire le reali esigenze degli utenti, pertanto è opportuno analizzare più volte la stessa SERP, su un periodo medio-lungo, per capire come evolve e che tipologia di risultati restituisce di volta in volta.
A questo punto potrai avere un'idea più precisa del reale intento dell'utente e utilizzare le chiavi più appropriate per un determinato contenuto.
Non cercare mai di forzare la mano creando, ad esempio, un contenuto informazionale quando l'intento di ricerca dell'utente è chiaramente transazionale! Questo è un errore molto diffuso, non solo tra i piccoli imprenditori che decidono di avviare un blog, ma anche presso i grandi gruppi editoriali internazionali, che – avendo alle spalle la forza di grandi brand e a disposizione una schiera di giornalisti – pensano di poter riuscire ad intercettare intenti transazionali con contenuti informazionali o di tipo commerciale.
In questi casi, il problema è duplice, perché, da un lato, è sempre più difficile riuscire in questo intento e – anche nei casi in cui risulta possibile – il motore di ricerca, nella sua continua evoluzione, tenderà ad ignorare queste tipologie di contenuto, in favore di quelle che riflettono realmente l'intento di chi cerca.
D'altra parte, anche qualora il giochino riuscisse, l'utente, vedendo

un contenuto molto diverso da quello che si aspettava di trovare, tenderà a non cliccare su quel risultato, oppure cliccherà per entrare e uscirà immediatamente non appena si accorgerà della tipologia di contenuto.
Arrivato a questo punto, ti starai chiedendo: "va bene, ma come faccio a trovare le parole chiave giuste, in grado di posizionarmi in SERP e veicolare traffico di qualità verso il mio sito?".
Un passo necessario da compiere, ancora prima di ricercare e selezionare le parole chiave maggiormente digitate, è **identificare esattamente il target** (o i possibili target) cui ti vuoi rivolgere con i tuoi prodotti o servizi, studiare le esigenze specifiche dei tuoi utenti e rispondere correttamente ai loro bisogni.
Ti sembrerà una banalità, ma moltissimi imprenditori italiani (alcuni dei quali di successo) sono talmente entusiasti dei loro prodotti da essere convinti che possano interessare tutti e non si sono mai realmente posti questa domanda. Naturalmente, finito il periodo di gloria economica, ne pagano le conseguenze e sono costretti a porsi necessariamente degli interrogativi: "Chi sono i miei clienti? Cosa cercano davvero? E cosa posso fare io per loro?".

5.1. La mappa mentale

Le mappe mentali sono degli strumenti estremamente utili per affrontare al meglio alcune delle fasi fondamentali del processo di ottimizzazione di un sito. In particolare, si rivelano preziose per definire le fondamenta della ricerca keyword, ma non solo.
Una mappa mentale fornisce un aiuto importante per creare un primo brainstorming generale, identificare correttamente tutti i possibili target di un sito e trovare tutte le macro-aree di interesse, operazione che fornirà **le basi della ricerca keyword** e della **pianificazione della struttura e dell'architettura** informativa del sito in ottica SEO.
Ma vediamo insieme come poter utilizzare le mappe mentali per far partire tutto il processo di analisi per il tuo sito web.

Ipotizziamo che il tuo sito sia un portale di annunci immobiliari generalista, dove è possibile trovare qualsiasi tipologia di immobile (dal box alla villa di lusso) per qualsiasi tipologia di utente (dallo studente in affitto all'investitore).
Da dove inizieresti con l'analisi? È davvero difficile identificare delle parole chiave da cui partire, che consentano di effettuare poi un'analisi approfondita e sempre più dettagliata del mondo immobiliare e delle possibili categorie di utenti che vi ruotano attorno.
Vengono subito in mente termini molto generici come "casa" o "case", ma poi che direzione prendere?
Ecco, allora, che la mappa mentale si rivela particolarmente utile per abbozzare le prime tappe da cui poter partire, per poi effettuare un'analisi sempre più particolareggiata delle parole chiave e delle personas che manifestano determinate esigenze.
Quali sono le categorie di utenti che potrebbero cercare un immobile, da affittare o acquistare? Inizia a creare, sulla mappa mentale, delle **macrocategorie** per tipologia di immobili: residenziale, commerciale, terreni, ecc. Poi, per ciascuna di queste, **individua delle esigenze specifiche**.
Ad esempio, chi cerca una casa da acquistare potrebbe essere in procinto di sposarsi o di avviare una convivenza o, al contrario, si è appena lasciato alle spalle un matrimonio. In questo secondo caso, però, l'utente ha delle esigenze sicuramente diverse rispetto ad una famiglia che si sta formando e che potrebbe allargarsi in futuro. Vale la pena, quindi, distinguere questi due target all'interno della tua mappa mentale, perché, sebbene stiano cercando lo stesso prodotto, in realtà hanno esigenze completamente diverse e quindi, potenzialmente, anche due **modi diversi di cercare**.
Solo per fare un esempio, nel caso della giovane coppia, una delle parole chiave digitate su Google potrebbe essere "appartamento per coppia Roma", nel secondo caso, invece, "monolocale per single Roma". La tipologia immobiliare è la stessa, ma cambiano le esigenze e, quindi, anche i termini con cui viene effettuata la ricerca.

Anche coloro che sul motore di ricerca digitano "comprare casa senza soldi" e "leasing immobiliare rent to buy" stanno cercando esattamente la stessa cosa: un appartamento da acquistare con una formula particolare, senza ricorrere ai metodi tradizionali che comportano il versamento di un anticipo.
Nel primo caso, però, chi digita non conosce affatto il mondo immobiliare, cerca semplicemente un modo facile per comprare casa senza troppi sforzi economici. Dalla seconda query, invece, traspare un utente che ha già raccolto una serie di informazioni e si è fatto un'idea delle possibili soluzioni attuabili per comprare casa con metodi alternativi ed economici.
Ma questi sono soltanto due dei tanti esempi e delle numerosissime situazioni che è possibile trovare in questo e in tanti altri ambiti.
Ciò significa che è fondamentale **segmentare il più possibile i tuoi potenziali target**, dividendoli in categorie (acquisto, affitto, residenziale, commerciale, uffici, ecc.) e sottocategorie (coppie, famiglie con bambini, single, studenti, ecc.).
Queste categorie e sottocategorie, naturalmente, non saranno quelle che poi deciderai di inserire nel menu di navigazione definitivo del tuo sito, ma rappresentano un'ottima base da cui partire per esplorare correttamente e in maniera dettagliata il tuo settore di interesse e tutte le opportunità da poter cogliere.

5.2. Individuare le personas

Per rispondere ai vari quesiti che ogni imprenditore dovrebbe porsi sui suoi potenziali clienti, è necessario individuare le cosiddette *personas* o *buyer personas*, ovvero una serie di prototipi fittizi ma realistici di clienti ideali che, per ragioni e necessità differenti, potrebbero essere interessati al tuo prodotto o al tuo servizio. In sostanza, le buyer personas sono delle tipologie di persone che si differenziano per età, sesso, posizione geografica, impiego, disponibilità di spesa, interessi e obiettivi.

Avere un'idea più nitida di queste tipologie ti aiuterà a capire come poterle intercettare.
Ma da dove iniziare a costruire gli identikit delle buyer personas? Esistono varie metodologie – più o meno raffinate e complesse – che ti consentono di individuare le informazioni che ti occorrono. Uno strumento gratuito e immediato che ti permette di ottenere le prime informazioni necessarie è Google Analytics, che – grazie alla sezione dedicata ai dati demografici – ti consente di capire se la maggior parte dei tuoi utenti è di sesso **maschile o femminile**, quali sono le fasce di età più interessate ai prodotti o ai servizi che offri, **da quali città** e regioni provengono.
Per avere dei dati più precisi e trasformare questi numeri in persone, puoi avvalerti di Facebook, magari facendo anche una piccola campagna a pagamento per raccogliere una mole di dati superiore rispetto a quelli che hai già. Facebook è oggi uno strumento estremamente potente anche da questo punto di vista, perché ti consente di capire nel dettaglio chi sono, cosa fanno e cosa cercano generalmente (tramite abitudini e interessi) i tuoi utenti.
Altri strumenti estremamente utili e importanti, ma troppo spesso ignorati o sottovalutati, sono il **centralino per l'assistenza clienti** e la **rete vendita di agenti**. Se disponi di un numero per l'assistenza, dove vengono raccolte le richieste di aiuto, supporto, informazioni o lamentele, hai già un potenziale enorme per capire chi sono le persone che acquistano i tuoi prodotti o i tuoi servizi. Lo stesso vale se disponi di una rete vendita di agenti presenti sul territorio, che parlano direttamente con i clienti finali o con i grossisti rivenditori dei tuoi prodotti.
In entrambi i casi puoi iniziare a raccogliere i dati collezionati nel tempo dai tuoi dipendenti. In questo modo, puoi iniziare a farti un'idea più precisa di chi siano i tuoi reali interlocutori.
Il secondo passo da compiere è istruire gli assistenti al centralino e gli agenti della tua rete vendita facendo in modo che siano proprio loro – con il loro lavoro quotidiano – ad aggiungere dati e dettagli sulle persone che interagiscono con il tuo sito.

Puoi preparare, ad esempio, un piccolo questionario, inoltrarlo alla tua rete di collaboratori e chiedere loro di sottoporre le domande che hai preparato ai tuoi clienti finali.
Parallelamente, puoi inoltrare lo stesso questionario anche agli iscritti della tua newsletter. Chi meglio di chi ti conosce già – e ha deciso di darti fiducia fornendoti il proprio indirizzo email – potrà aiutarti a capire chi sono e cosa vogliono davvero i tuoi clienti?
Da questa analisi, emergeranno dati essenziali, ignorati fino a quel momento, ma importanti per poter capire come viene percepito e trattato il tuo settore.
Inoltre, a distanza di tempo, una volta raccolti i dati e rielaborate le risposte, non solo avrai un'idea più nitida delle differenti tipologie di clienti che hai attualmente, ma otterrai anche una miniera di dati preziosi per poter formulare offerte specifiche e mirate, sconti particolari e per poter ideare nuove tipologie di prodotti o servizi da vendere.

5.3. L'analisi della concorrenza

Ora che sai come ottenere maggiori informazioni sulla tua clientela, devi necessariamente capire come viene identificato, cercato e percepito il tuo settore – ovvero l'insieme dei prodotti e dei servizi che proponi – all'interno delle varie risorse presenti sul web.
Il primo passo – se ancora non lo hai fatto – è analizzare i siti dei principali concorrenti, per poter rispondere ad alcune fondamentali domande. Ad esempio: come si posizionano nelle SERP i miei concorrenti? Con quali termini identificano i prodotti (o i servizi) che stanno e sto offrendo? Che tipo di contenuti forniscono nelle pagine che parlano di questi argomenti? Le pagine dei miei competitor – e in particolare quelle più importanti per il mio business – ricevono dei link da altri siti? E da quali tipologie di siti?
Per capire come si posizionano nelle SERP di Google, individua i tuoi principali concorrenti (stila un elenco di quattro/cinque siti), poi inserisci l'URL della loro homepage nel box di ricerca

del software di SeoZoom, clicca, sulla voce DOMINIO, che si trova subito accanto, e poi sul tasto ANALIZZA.

Figura 5.1. Barra di SeoZoom dove inserire l'indirizzo del dominio

Una volta restituita la schermata di SeoZoom con i principali risultati, dovrai analizzare le keyword migliori per le quali oggi il sito è visibile in SERP e poi visualizzare anche le keyword potenziali, quelle "in salita" e quelle "in discesa", in modo da avere un'idea chiara di come il sito viene attualmente percepito dai motori.

Le Keyword migliori del Dominio analizzato

Keyword	Pos	Var	Visite att.	Var. visite	Vol	CPC Medio	URL	Risultati	KD	Opportunity
periti banche	3	0	12	0	170	€ 1,04	/perito-immobiliare-chi-cosa-fa/	965.000	37	84
veranda abusiva	8	0	5	0	170	€ 0	/tettoia-veranda-abusiva-cosa-fare/	253.000	[illegible]	42
quando si paga l agenzia immobiliare	9	0	4	0	140	€ 0	/provvigione-agenzia-quando-pagare/	38.700.000	45	78
perito immobiliare	3	0	12	0	110	€ 0,46	/perito-immobiliare-chi-cosa-fa/	5.130.000	[illegible]	56
perito banca	5	0	3	0	50	€ 0	/perito-immobiliare-chi-cosa-fa/	4.530.000	[illegible]	83
immobili vincolati belle arti	10	-2	1	-1	50	€ 0	/vincolo-belle-arti-immobile-cos-e/	108.000	[illegible]	[illegible]
vincolo belle arti	5	0	3	0	50	€ 0	/vincolo-belle-arti-immobile-cos-e/	366.000	[illegible]	80
dismissione enti roma	9	2	2	2	40	€ 0,02	/comprare-casa-dagli-enti/	1.330.000	[illegible]	83
perito immobiliare banca	1	0	19	0	40	€ 0	/perito-immobiliare-chi-cosa-fa/	241.000	[illegible]	79
come sanare una veranda abusiva	7	12	2	2	40	€ 0,02	/tettoia-veranda-abusiva-cosa-fare/	13.700	[illegible]	82

Figura 5.2. Situazione dei posizionamenti delle keyword

Da questa analisi potrai scoprire, ad esempio, che uno dei tuoi concorrenti è molto visibile in SERP per parole chiave da te non trattate e, quindi, non presenti sul tuo sito, oppure non sufficientemente valorizzate all'interno delle tue pagine. Inoltre, potresti scoprire che alcuni di quelli che consideravi dei competitor non sono così affini alla tua attività.

Ma chi sono realmente i tuoi competitor?
Per rispondere in modo esaustivo a questa domanda, è fondamentale individuare tutti i principali siti che hanno a che fare con i prodotti o i servizi da te trattati. Per scoprirlo, inserisci una delle parole più rappresentative del tuo business (solo per fare un esempio: divani online, poltrone online, scarpe di corda in vendita, ecc.) nel box di ricerca di SeoZoom, poi seleziona la voce KEYWORD, che si trova accanto e, infine, schiaccia il tasto ANALIZZA.
Una volta ottenuti i risultati dal tool, consulta il riquadro denominato ULTIMA SERP: qui potrai visualizzare l'elenco dei 50 principali competitor per quella specifica parola chiave.
Ripeti la stessa operazione per altre parole chiave rappresentative e fai una lista di tutti i principali competitor per queste tematiche.
Avrai così un'idea più ampia, ma soprattutto più chiara, di quelli che sono realmente i tuoi competitor.
Sei un produttore di divani artigianali per clienti alto spendenti e non avevi mai pensato di doverti scontrare con kijiji.it? Hai una boutique di abiti chic, frequentata solo da over 40 e non avevi mai pensato a Zalando come a un competitor diretto?
L'analisi approfondita delle SERP – e naturalmente dei siti che si posizionano per parole chiave importanti per il tuo business – ti consente di **cambiare la percezione che hai del tuo prodotto** (o del tuo servizio) e di capire realmente chi sono i tuoi concorrenti.
In alternativa, per ottenere questa informazione basta inserire la parola chiave che ti rappresenta maggiormente nel box di ricerca di Google e analizzare attentamente i risultati che ti restituisce.

5.4. L'analisi di forum e blog

Un altro aspetto spesso sottovalutato – o non sufficientemente considerato in fase di analisi – è quello dei forum e dei commenti

lasciati nei blog che parlano del tuo settore. Vendi divani artigianali e non hai mai dato un'occhiata ai commenti lasciati nei forum che parlano dell'argomento, come arredamento.it, casa.alfemminile.com, quag.com o matrimonio.com?
Stai perdendo un'occasione importante per conoscere il tuo pubblico da vicino, capire come identifica e chiama i prodotti che proponi, comprendere le problematiche, le perplessità e i dubbi riscontrati dai tuoi potenziali clienti. Infine, stai perdendo l'opportunità di capire se e come viene **percepito il tuo brand** in queste piazze digitali.
Per trovare i forum, i siti e i blog che ospitano al loro interno degli spazi dedicati ai commenti e alle domande degli utenti, inserisci una delle tue parole chiave più rappresentative del tuo business (per riprendere l'esempio di sopra, divani online) e di seguito la parola opinioni, oppure forum o ancora commenti, ad esempio: "divani online commenti" oppure "divani online forum".
Analizzando da vicino i risultati restituiti dal motore di ricerca e leggendo le domande e le risposte lasciate dagli utenti, potrai farti un'idea più precisa di quelle che sono **le reali esigenze della tua clientela attuale** e di quella potenziale, ma avrai, allo stesso tempo, anche un preziosissimo bagaglio di informazioni aggiuntive e dettagli per comprendere realmente come vengono chiamati, identificati, percepiti e cercati i tuoi prodotti sul web.
Da queste analisi specifiche e mirate capirai – solo per fare un esempio – che il termine "mastoplastica additiva", ovvero l'intervento di chirurgia estetica che serve per aumentare il volume del seno, viene utilizzato solo dagli addetti al settore, come chirurghi estetici, ma anche infermieri, assistenti, informatori scientifici, fornitori e rivenditori, mentre la chiave "rifarsi il seno" – che identifica esattamente la stessa operazione, ma in modo più semplice – viene utilizzata dai potenziali pazienti. È questo il target di riferimento dei chirurghi estetici che vogliono essere visibili per questa parola chiave.

5.5. L'analisi delle pagine e delle chiavi del tuo sito

A questo punto, hai un bagaglio importante di informazioni sugli utenti che visitano il tuo sito, sui clienti attuali che acquistano e su quelli potenziali che ancora non ti hanno trovato. È arrivato il momento di aggiungere a questa mole di informazioni anche quelle relative al tuo sito web attuale. Adesso devi capire come esso si posiziona realmente, quali sono le parole chiave per le quali è più visibile, quali le keyword (o più probabilmente le query) con cui gli utenti arrivano sul tuo sito e quali sono le pagine più visitate.
Per fare questo è sufficiente utilizzare e consultare tre strumenti specifici:

- la Search Console di Google
- Google Analytics
- SeoZoom (o in alternativa SEMrush).

Search Console e Google Analytics sono in grado di mostrarti – a fronte di un arco di tempo selezionato – le parole chiave/query con le quali gli utenti approdano al tuo sito e le pagine che hanno ricevuto più traffico.
SeoZoom ti mostrerà le parole chiave (e relativi volumi di ricerca) per le quali il sito è visibile oggi in SERP, indipendentemente dal fatto che poi gli utenti clicchino o meno sul tuo risultato (funzione disponibile anche su Search Console).
Sarà interessante analizzare – tra gli altri aspetti – quali sono le **parole chiave per le quali il sito è visibile in SERP ma non riceve click**. Per poter fare questa analisi e avere un'idea più chiara dei tassi di conversione (ovvero del rapporto tra visualizzazioni e click) basterà andare in Search Console -> PRESTAZIONI e visualizzare la schermata che mostra – da sinistra – l'elenco delle parole chiave che portano la maggior parte del traffico organico del sito. Accanto è riportato il numero di click, poi il numero di impressioni (ovvero di visualizzazioni del risultato in SERP) e

infine il CTR, ovvero il rapporto tra il numero totale di visualizzazioni e il numero di click generato da quel risultato.
Naturalmente, le parole che evidenziano il tasso di conversione più alto sono quelle che risultano maggiormente interessanti per gli utenti, per le quali il contenuto offerto in SERP è tendenzialmente in linea con le loro reali aspettative di ricerca.
Per iniziare una ricerca keyword specifica del tuo settore, potrai partire dalle informazioni che hai raccolto fino ad ora, con le analisi elencate nei capitoli precedenti, e dalle parole chiave con il maggior tasso di conversione.

5.6. La ricerca e la selezione di argomenti e parole chiave

Stabilire un iter universale per la ricerca e selezione delle keyword non è tecnicamente possibile, perché questo varia profondamente in base alla tipologia di sito e ai suoi obiettivi. Si tratta di un e-commerce che deve vendere? Un magazine o un blog che vuole informare? Oppure parliamo di un sito vetrina di un ristorante o di un'attività commerciale che vuole spingere gli utenti ad andare nel punto vendita fisico?
Ogni tipologia di attività – e quindi di sito – prevede un percorso diverso dagli altri, perché ha degli obiettivi di business estremamente differenti.
Per rendere più facilmente comprensibile il possibile percorso da seguire per effettuare la ricerca e la selezione degli argomenti e delle parole chiave per un sito, puoi vedere e confrontare due esempi di iter per due siti nettamente differenti tra loro per tipologia, obiettivi e intenti di ricerca: un e-commerce di scarpe e un sito editoriale. Prendiamo, quindi, come riferimento questi due esempi pratici (molto comuni) e simuliamo due situazioni tipiche.

5.6.1. Ricerca di parole chiave per un e-commerce

Stai per lanciare un e-commerce in cui proponi al mercato italiano le tue scarpe di corda da donna.

Il primo passo che devi compiere è individuare le keyword maggiormente utilizzate dagli utenti per ricercare sul web questo tipo di prodotto e tutto il mondo che vi ruota attorno (accessori, ma anche informazioni).
Per farti un'idea della popolarità di questo argomento, della stagionalità specifica e delle keyword maggiormente usate dagli utenti per ricercare il tuo prodotto, puoi utilizzare il tool gratuito di Google Trends, reperibile a questo indirizzo:

`https://trends.google.it/trends/explore`

Con Google Trends puoi inserire la keyword principale (e confrontare anche eventuali sinonimi), selezionare il Paese in cui vuoi verificare i trend di ricerca (in questo caso l'Italia), le date di riferimento per te più rilevanti – possono essere utili gli ultimi dodici mesi per capire la stagionalità del prodotto, ma anche gli ultimi cinque anni per vedere se c'è stata una evoluzione nelle ricerche per questa tipologia di bene – e l'ambito in cui effettuare la ricerca (Google web, immagini, news, shopping, ecc.).
Una volta inserita la keyword principale "scarpe di corda" all'interno del box di ricerca in alto a sinistra di Google Trends e gli eventuali altri sinonimi o parole chiave correlate da poter confrontare (ad esempio scarpe in corda e scarpe corda), potrai selezionare i seguenti parametri:

- ricerche effettuate in Italia
- ricerche degli ultimi dodici mesi (e in seguito negli ultimi cinque anni)
- settore acquisti
- ricerca Google Universal.

La ricerca restituisce un quadro piuttosto chiaro. Innanzitutto, ora sai che il tuo prodotto viene cercato in modo consistente con la keyword "scarpe corda", seguito da "scarpe di corda" e da "scarpe in corda".

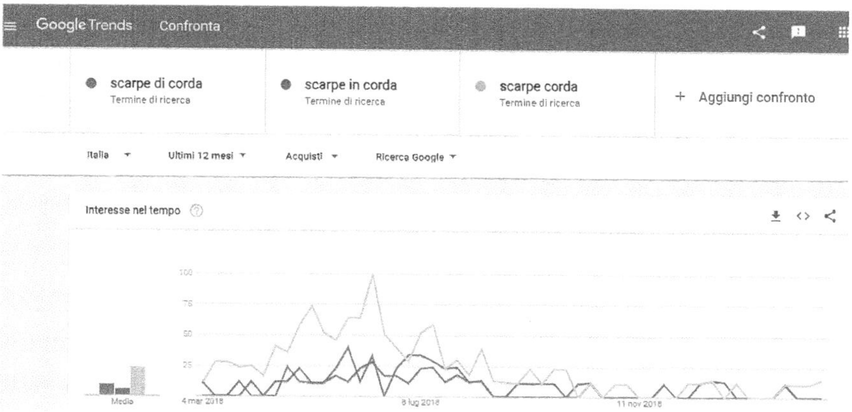

Figura 5.3. Scarpe di corda su Google Trends

Se avevi il dubbio su quale delle due preposizioni usare di più nelle tue pagine, ora sai che le ricerche più frequenti escludono la preposizione e a seguire – per frequenza di ricerca – hai la parola chiave "scarpe di corda".
Un altro dato non trascurabile riguarda la **stagionalità**, che non è sempre così scontata come potresti pensare.
La maggior parte degli utenti inizia a cercare questo prodotto a metà giugno, ma già nella seconda settimana di maggio si registra un primo incremento della domanda. Quindi? Il tuo sito deve essere pronto, rinfrescato e ben ottimizzato per la fine di aprile!
Un altro dato che si aggiunge è quello fornito da una delle keyword correlate che appaiono tra i risultati di Google Trends; si tratta della parola chiave "scarpe di corda con zeppa", visibile nel box QUERY ASSOCIATE, che puoi visualizzare scrollando la pagina (figura 5.4).
Da questa analisi preliminare, puoi farti un'idea per capire quale tipologia di scarpe di corda è maggiormente ricercata rispetto alle altre. Sai ad esempio che, nel menu di navigazione principale dove andranno inserite le varie tipologie di scarpe di corda, la sezione dedicata alle zeppe dovrà avere una posizione evidente.

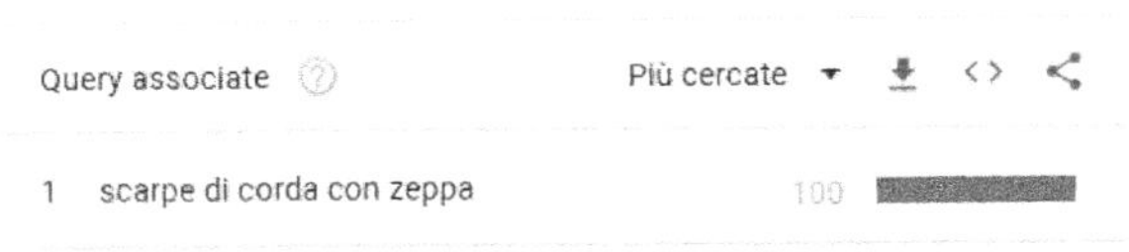

Figura 5.4. Query associate a scarpe di corda

Tuttavia, per capire **l'entità delle ricerche**, misurare la **frequenza** con cui una parola chiave viene utilizzata per cercare qualcosa (ovvero i volumi medi mensili) e individuare altre parole correlate e sinonimi utili, occorrerà effettuare una verifica con un software ad hoc, come SeoZoom e SEMrush, strumenti entrambi disponibili nella versione Freemium. Qualunque sia il tool prescelto, è fondamentale acquistare un abbonamento a pagamento, che consente di avere analisi complete e capillari.
Per illustrare il processo di ricerca e selezione, prendiamo come riferimento SeoZoom.
Inserisci la keyword principale (ovvero il tuo prodotto di punta, il tuo servizio più rappresentativo, ecc.) nel box di ricerca di SeoZoom, seleziona la voce KEYWORD tra le tre suggerite accanto e clicca su ANALIZZA.

Figura 5.5. Ricerca "Scarpe di corda"

Nel caso specifico, facendo sempre riferimento all'esempio illustrato sopra, la parola chiave principale sarà "scarpe di corda".

Una volta conclusa la ricerca, clicca sul tab RICERCHE CORRELATE: il tool restituisce una serie di risultati specifici, ordinati in base ai volumi di ricerca mensili, che ti danno un'idea di ciò che realmente viene cercato in quell'ambito semantico.

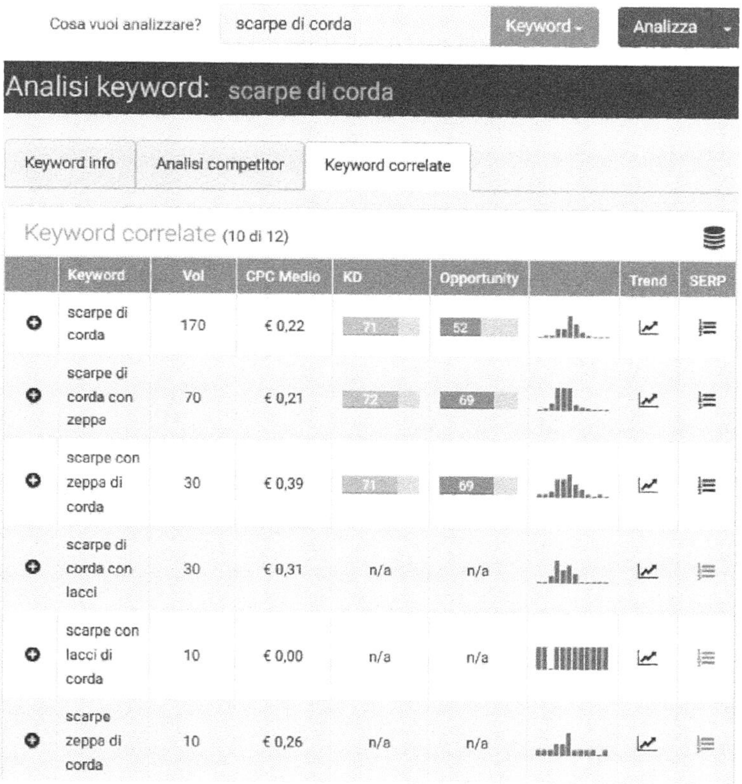

	Keyword	Vol	CPC Medio	KD	Opportunity		Trend	SERP
	scarpe di corda	170	€ 0,22	71	52			
	scarpe di corda con zeppa	70	€ 0,21	72	69			
	scarpe con zeppa di corda	30	€ 0,39	71	69			
	scarpe di corda con lacci	30	€ 0,31	n/a	n/a			
	scarpe con lacci di corda	10	€ 0,00	n/a	n/a			
	scarpe zeppa di corda	10	€ 0,26	n/a	n/a			

Figura 5.6. Listing keyword afferenti al mondo scarpe di corda

Da questi risultati puoi capire rapidamente che le ricerche degli utenti mirano soprattutto ad avere risultati per la tipologia di prodotto "scarpe di corda con zeppa"; a seguire troviamo, infatti, "scarpe con zeppa di corda" e, dopo qualche altro risultato, "scarpe zeppa di corda".

Da una prima occhiata, quindi – che naturalmente dovrà essere

dettagliata e approfondita ulteriormente – emerge la conferma anticipata già da Google Trends nell'analisi precedente: il **prodotto di punta da valorizzare** ed evidenziare nel menu di navigazione principale è proprio quello relativo alle scarpe di corda con la zeppa.
A questo punto, dovrai estrarre e salvare la lista dei risultati contenenti tutte le parole chiave correlate restituite da SeoZoom.

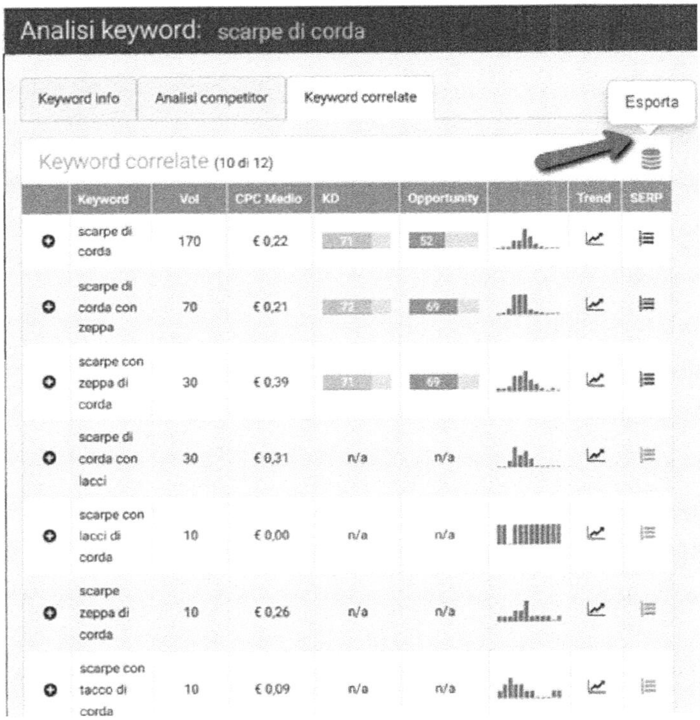

Figura 5.7. Esporta i risultati per scarpe di corda

Fatto questo, ti occorrerà espandere ulteriormente la ricerca semantica per comprendere e identificare altre eventuali keyword importanti, che abbiano una radice leggermente diversa, ma lo stesso intento di ricerca.

Per farlo, vai sulla tabella di destra KEYWORD CON LO STESSO SEARCH INTENT e clicca su VEDI TUTTE.

Keyword con stesso Search Intent

	Keyword	Vol		KD	Opportunity	Trend	SERP
	zeppe	5.400		78	32		
	espadrillas donne	1.600		63	73		
	espadrillas con zeppa	1.300		73	59		
	espadrillas zeppa	1.000		73	64		
	espadrillas donna	1.000		78	39		
	scarpe espadrillas	880		64	63		
	espadrillas alte	480		57	75		
	espadrillas flatform	390		54	76		
	espadrillas scarpe	390		76	67		
	espadrillas glitterate	320		77	49		

Vedi tutte

Figura 5.8. Vedi tutte le keyword

Il tool restituirà un nuovo elenco di parole chiave correlate (figura 5.9).

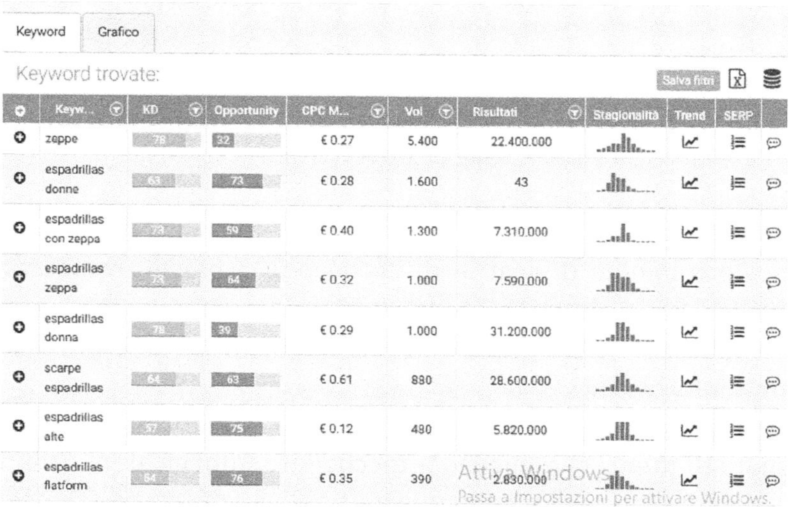

Keyword Grafico

Keyword trovate:

Salva filtri

	Keyw...	KD	Opportunity	CPC M...	Vol	Risultati	Stagionalità	Trend	SERP	
	zeppe	78	32	€ 0.27	5.400	22.400.000				
	espadrillas donne	63	73	€ 0.28	1.600	43				
	espadrillas con zeppa	73	59	€ 0.40	1.300	7.310.000				
	espadrillas zeppa	73	64	€ 0.32	1.000	7.590.000				
	espadrillas donna	78	39	€ 0.29	1.000	31.200.000				
	scarpe espadrillas	64	63	€ 0.61	880	28.600.000				
	espadrillas alte	57	75	€ 0.12	480	5.820.000				
	espadrillas flatform	64	76	€ 0.35	390	2.830.000				

Attiva Windows
Passa a Impostazioni per attivare Windows.

Figura 5.9. Stesso search intent SeoZoom

Come puoi notare, dopo la chiave principale "zeppe", appaiono una serie di keyword decisamente molto interessanti – come "espadrillas donna", "espadrillas con zeppa", "espadrillas alte", ecc. – tutte caratterizzate da alti volumi di ricerca media mensili. In questo caso, dovrai selezionare tutte le parole chiave restituite nell'elenco che siano pertinenti con il tuo prodotto (facendo click sull'apposito tasto collocato in alto a sinistra) e salvarle correttamente.

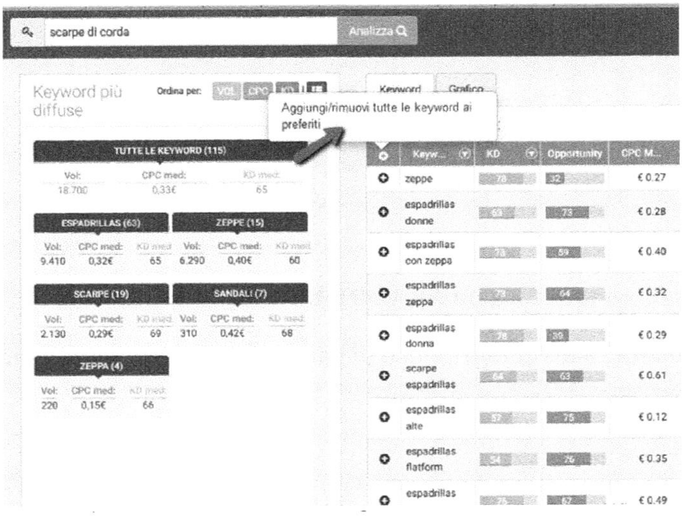

Figura 5.10. Listing stesso search intent SeoZoom

A questo punto, hai un'idea sicuramente più chiara di quelle che sono le tipologie di scarpe di corda più richieste, ma occorre approfondire e dettagliare ulteriormente questa ricerca, anche per capire se – oltre ai prodotti da acquistare – emergono altri spunti interessanti.

Ad esempio, potrebbero comparire ricerche informazionali dettagliate di utenti che mirano a raccogliere informazioni utili per poter manutenere al meglio questa tipologia di scarpe (ad esempio, tutte le ricerche post-vendita che mirano a trovare consi-

gli per pulirle, conservarle o aggiustarle qualora la corda inizi a cedere nel tempo) oppure informazioni ulteriori sui brand più cercati, associati a questa tipologia di scarpe.
Nel primo caso, potresti trovare materiale utile per costruire e implementare dei contenuti (ad esempio per una sezione dedicata alle "Guide" o per un blog annesso al sito). Nel secondo caso, potresti farti un'idea più chiara di quali siano i tuoi reali o nuovi competitor.
Il prossimo passo da compiere? Un'analisi che ti consenta di avere un'idea ancora più precisa e dettagliata delle parole chiave realmente utilizzate dagli utenti che sono alla ricerca del tuo prodotto.
Dovrai identificare le **parole *long tail*** – ovvero keyword molto dettagliate – che ruotano attorno alla tua tematica principale. Per farlo potrai utilizzare un tool che esplora e restituisce i dati di Google Suggest, un enorme database che contiene un mix tra ciò che cercano realmente gli utenti e ciò che è presente online. In questo caso, non è possibile avere i volumi di ricerca di queste keyword (se non inserendole in SeoZoom o SEMRush), ma sappi che se una keyword appare tra i risultati restituiti da Google Suggest, puoi stare certo che questa viene effettivamente digitata e utilizzata dagli utenti.
Tra i software gratuiti e molto validi che consentono di interrogare ed estrarre velocemente i dati di Google Suggest vale la pena segnalare:

- SuggestMrx, suggestmrx.com
- Answer The Public, answerthepublic.com
- UberSuggest, neilpatel.com/ubersuggest
- Keywordtool, keywordtool.io

Inoltre, c'è una funzionalità molto simile su SeoZoom; si chiama Keyword Infinity e consente anche di impostare eventuali filtri per eliminare o selezionare solo alcune tipologie di keyword.

Per comodità prendiamo come riferimento il tool italiano SuggestMrx, particolarmente intuitivo grazie anche ad una grafica pulita.
Inserisci la tua keyword principale nel box di ricerca, imposta la lingua, clicca sulla voce ALFANUM FULL (che restituisce l'elenco completo con tutti i risultati) e avvia la ricerca cliccando su SUGGEST.

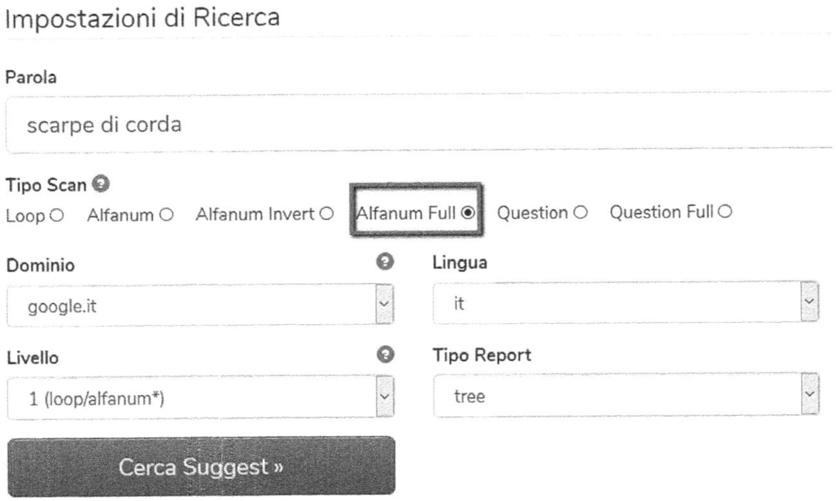

Figura 5.11. Impostazione ricerca Suggest

Google Suggest restituisce sempre keyword estremamente interessanti, che consentono di capire meglio come viene percepito e ricercato il prodotto e **comprendere anche tutto l'universo semantico** che ruota attorno alla tematica trattata.
Ad esempio, tra le parole chiave restituite dal Suggest che balzano all'occhio c'è sicuramente "scarpe di corda capresi", che identifica una nicchia ben precisa di utenti alla ricerca di scarpe artigianali e di lusso, ma anche "scarpe di corda a tela", che rappresenta una ricerca specifica di scarpe in corda dall'aspetto sportivo.

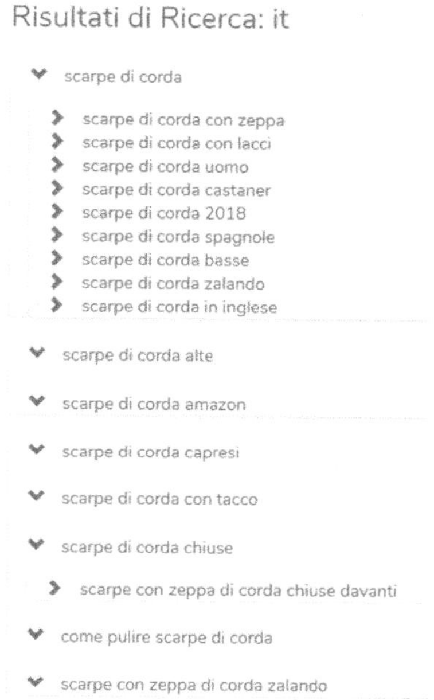

Figura 5.12. Listing restituito dal tool SuggestMrx per la parola chiave "scarpe di corda"

Tra le keyword restituite emergono – come ipotizzato sopra – anche delle query informative, "come pulire scarpe di corda" o "lavare scarpe di corda", che manifestano delle esigenze particolari da parte degli utenti che le hanno già comprate.
In questo caso, potresti pensare di creare delle guide di approfondimento sul tuo sito per fornire informazioni, consigli e raccomandazioni utili per poter conservare e pulire correttamente queste tipologie di scarpe, senza il rischio di danneggiarle. Così facendo, potrai conquistarti la fiducia degli utenti, aumentare la tua autorevolezza agli occhi dei motori di ricerca e averne benefici anche in termini di visibilità.
Ricorda sempre che riuscire a fornire all'utente ciò che cerca in pochi secondi e in modo chiaro e intuitivo è il passo vincente per poter essere visibile nelle SERP. Fornire, quindi, delle **guide**

valide o delle informazioni di approfondimento utili sul tema legato al prodotto da te venduto è un reale valore aggiunto, che sicuramente non verrà trascurato dai motori di ricerca.
Tornando alle keyword transazionali, per poter ampliare ulteriormente la tua lista di keyword e avere un'idea ancora più chiara di come viene cercato il tuo prodotto dagli utenti, puoi effettuare un'analisi con Google Suggest anche per la parola chiave "espadrillas", che era emersa nella lista di SeoZoom contenente le keyword con lo stesso search intent.

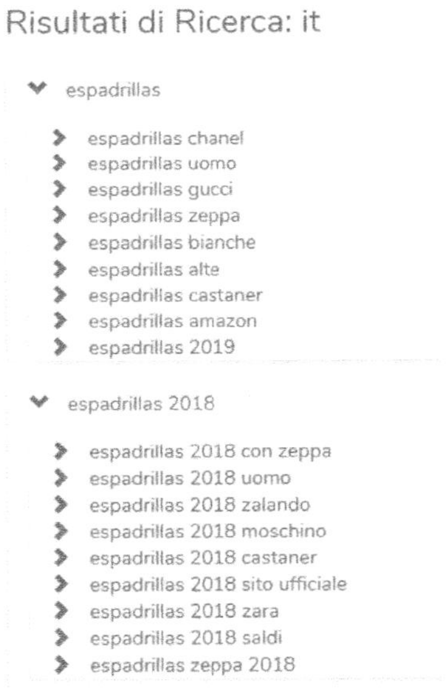

Figura 5.13. Listing restituito dal tool SuggestMrx per la parola chiave "espadrillas"

Tra le varie parole chiave restituite, emergono alcune keyword particolarmente interessanti, come "espadrillas chanel", "espadrillas gucci" ed "espadrillas moschino", ovvero la **tipologia di scarpa associata ad alcuni dei brand più celebri** della moda internazionale.

A questo punto noterai che i marchi famosi di scarpe non potranno mancare all'interno della tua lista keyword e nel tuo sito di e-commerce dedicato alle scarpe di corda.
Se per qualsiasi motivo non riuscissi ad accedere ai tool del Suggest, ricorda sempre che il Suggest è visibile anche dalla barra di ricerca di Google: inserisci la parola chiave che desideri approfondire, digita uno spazio e consulta la lista che ti viene suggerita (figura 5.14).

Figura 5.14. Suggest di Google

A questo punto, hai sicuramente un'idea più precisa del mondo semantico che ruota attorno all'argomento da te trattato, ma per avere un'idea chiara del valore delle singole parole individuate ed estratte dal Suggest, puoi decidere di verificarle con SeoZoom. In questo modo puoi stabilire un ordine di importanza in base ai volumi di ricerca medi mensili e, quindi, al potenziale traffico generato da ognuna.
Per controllare i volumi di ricerca di una lista di keyword, basta andare nella sezione STRUMENTI -> ANALIZZA LISTA DI KEYWORD,

incollare il listato di parole chiave da controllare nella sezione INSERIRE LE KEYWORD DA VERIFICARE e cliccare sul tasto ANALIZZA. In base al risultato restituito dal tool, potrai stabilire un ordine gerarchico tra tutte le parole chiave che hai identificato fino ad ora: quelle con i volumi di ricerca più alti saranno naturalmente quelle più importanti, le parole chiave con i volumi di ricerca più bassi (o ufficialmente inesistenti) avranno meno enfasi.
Ricorda che

UNA KEYWORD, SE STRETTAMENTE PERTINENTE
E VICINA AL TUO UNIVERSO SEMANTICO,
HA COMUNQUE UN GRANDE VALORE

e dovresti prenderla in considerazione anche se ufficialmente non viene mai utilizzata.

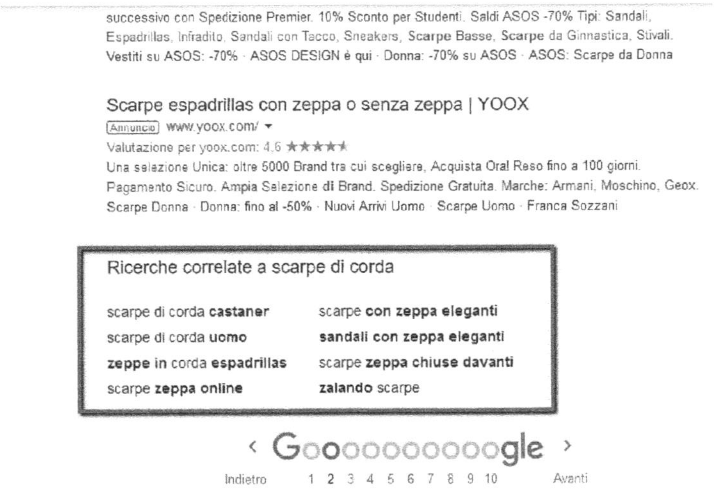

Figura 5.15. Esempio di ricerche correlate

Non sono affatto rari i casi in cui delle keyword long tail di basso valore apparente – che ufficialmente non presentavano volumi di

ricerca – hanno contribuito ad aumentare in maniera sensibile le visite giornaliere dei siti che le hanno trattate.
Per approfondire ulteriormente e avere un quadro ancora più dettagliato delle possibili parole chiave transazionali interessanti e profittevoli per il tuo business, puoi analizzare ed estrarre manualmente anche l'elenco delle **ricerche correlate**, che compare in fondo a ogni pagina delle SERP di Google.
Successivamente, cliccando su ciascuna delle parole chiave più interessanti e più in linea con il tuo prodotto/servizio, puoi analizzare anche le correlate delle correlate.
Fatto questo, puoi selezionare le parole chiave individuate per te più interessanti e inserirle nella sezione ANALIZZA LISTA KEYWORD di SeoZoom per capirne i volumi medi mensili.
A questo punto, hai l'elenco completo di tutte le parole chiave del tuo sito: ti basterà dividerle in gruppi semantici, associare ogni gruppo tematico ad un URL specifico del tuo sito (seguendo le indicazioni per la sua creazione che troverai nei paragrafi successivi) e creare i metadata più appropriati per ogni pagina, sempre seguendo le indicazioni di ottimizzazione presenti nel libro.

5.6.2. Ricerca di keyword per un magazine online

Hai un sito di notizie tematiche? Un portale di informazione generalista? Oppure un magazine femminile dedicato alle quarantenni?
Qualunque sia la tipologia di sito informativo, il primo passo da compiere è **individuare le tematiche più richieste** e cercate dagli utenti nel tuo settore specifico. Che si tratti di un verticale (sito monotematico) o di un portale orizzontale (dedicato a più tematiche diverse tra loro), dovrai necessariamente individuare quali sono le notizie o gli approfondimenti evergreen maggiormente richiesti dagli utenti.
Per capire quanto è popolare un determinato argomento e per individuare altre tematiche ricercate dai visitatori, ti consiglio di

partire sempre da Google Trends. A volte resterai deluso vedendo che per la tua tematica di punta non ci sono ricerche, né argomenti collegati, altre volte invece sarai sorpreso nello scoprire la popolarità di fenomeni che non sapevi nemmeno esistessero e altre tematiche che avevi sottovalutato. In ogni caso, ti sarà utile per iniziare il lavoro di ricerca e selezione degli argomenti da poter trattare sul tuo sito.

Se prima abbiamo simulato la ricerca di keyword per un e-commerce, dove l'intento di ricerca è transazionale, adesso sei diventato il capo redattore di un magazine dedicato alla bellezza e al benessere. Pertanto, ora dovrai intercettare gli utenti alla ricerca di informazioni, guide, consigli pratici e notizie su questa macro-tematica.

Torna su Google Trends, imposta Italia come Paese di riferimento, seleziona l'arco temporale degli ultimi dodici mesi, il settore bellezza e fitness e lascia la ricerca di default di Google.

Questa volta – a meno che tu non abbia già in mente un argomento specifico da voler trattare, di cui vuoi conoscere il grado di interesse degli utenti o la stagionalità delle ricerche – non inserire nessuna keyword e nessuna tematica nel box di ricerca in alto.

Questo controllo ti serve per capire quali sono – per la macro-categoria selezionata – ovvero bellezza e fitness – le tematiche più popolari e seguite nell'arco temporale selezionato in alto (ultimi dodici mesi).

Nel box QUERY DI RICERCA, in basso a destra, puoi selezionare ed estrarre tutte le query suggerite e capire quali altri argomenti correlati sono stati individuati da Google (figura 5.17).

Tra i risultati restituiti da Google Trends, potrai sicuramente vedere – in rilievo – la tematica "tagli capelli 2019", che, in questo momento, evidenzia un'impennata di ricerche.

A questo punto vale la pena approfondire il tema per capire quali altri argomenti correlati – e più specifici – ci siano.

Per farlo, inserisci la frase "tagli capelli 2019" nel box di ricerca in alto a sinistra (dove nell'esempio precedente relativo all'e-commerce di scarpe c'era "scarpe di corda") e digita INVIO.

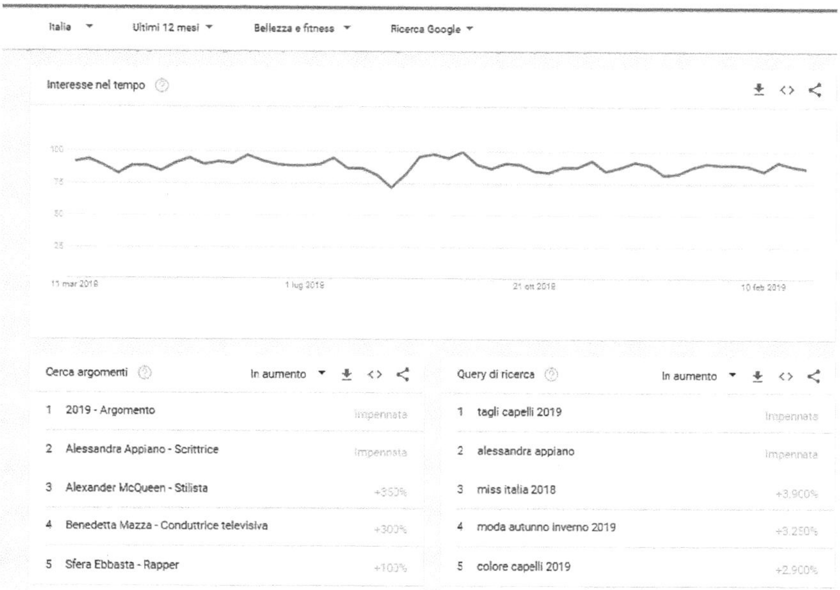

Figura 5.16. Magazine Google Explore

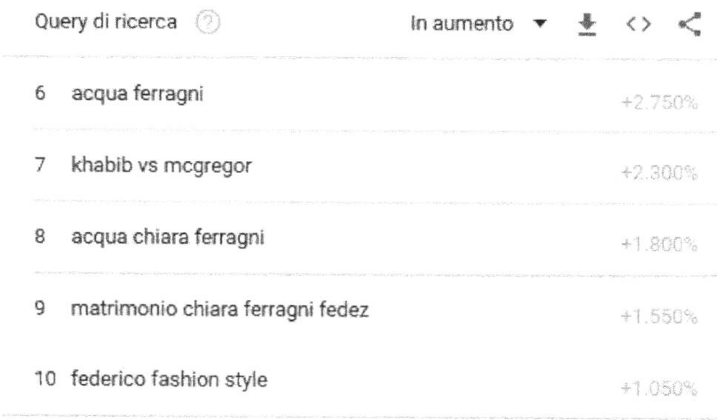

Figura 5.17. Altro esempio di tematiche correlate fornite da Google Explore

Con questa ricerca, riuscirai a capire non solo la **stagionalità della parola chiave, l'eventuale calo o l'aumento di ricerche**, ma soprattutto le **tematiche correlate**, visibili sempre in basso a destra nel box dedicato alle QUERY DI RICERCA.

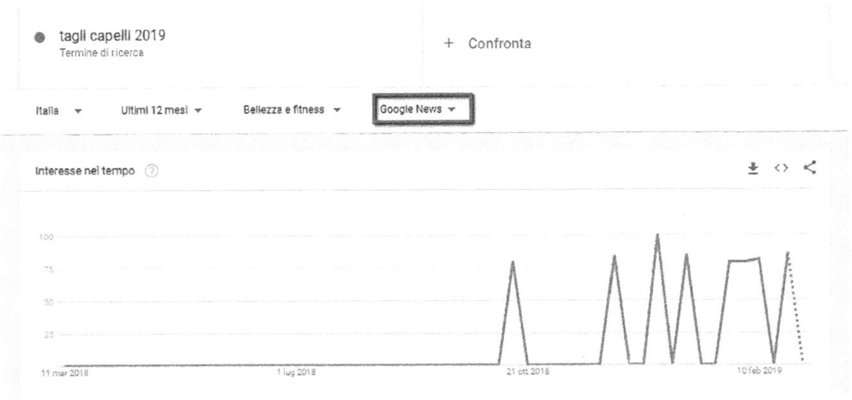

Figura 5.18. Esempio di risultato restituito per tagli capelli corti

Dai risultati emerge come la sotto-tematica più popolare sia quella dedicata ai "tagli capelli corti 2019".
A questo punto, se avevi in mente di parlare dei tagli più popolari dell'anno in corso, sicuramente hai un importante elemento in più per decidere da dove partire: dai tagli corti più in voga tra le donne.
A questo punto, trattandosi di un magazine di notizie, potresti decidere di approfondire e vedere se, impostando la ricerca su Google News, Google trends restituisce qualche altro dettaglio (figura 5.19).
Nel caso specifico, il tool non restituisce elementi di grande rilievo, ma – a seconda delle query, della stagionalità e delle tematiche scelte di volta in volta – puoi trovare informazioni davvero molto utili per la creazione e l'aggiornamento dei tuoi contenuti.
Appurato che non ci sono altre tematiche particolari correlate, puoi approfondire ulteriormente la tua analisi per capire esattamente i volumi di ricerca della parola chiave individuata e delle sue varianti. Inserisci la keyword più generica "tagli capelli corti" senza il riferimento all'anno (questo perché il tool riesce ad avere un'idea abbastanza precisa delle ricerche contenenti il riferimento all'anno indicato solo dopo che l'anno sarà concluso) e avvia l'analisi.

Query associate | In aumento

1	tagli capelli corti 2019	Impennata
2	taglio capelli 2019	Impennata
3	tagli capelli 2019 uomo	Impennata
4	tagli uomo 2019	Impennata
5	tagli capelli 2019 donne	Impennata

Visibili: 1-5 query su 25

Figura 5.19. Altro esempio per tagli capelli corti

Keyword

Keyword	Vol	Concorrenza	CPC Medio	
tagli capelli corti	49.500	0.37	€ 0.00	
tagli capelli corti 2018	40.500	0.03	€ 0.00	
tagli capelli corti 2015	14.800	0.31	€ 0.00	
tagli di capelli corti	12.100	0.44	€ 0.00	
tagli capelli corti 2016	8.100	0.33	€ 0.00	
tagli capelli corti 2018 immagini	6.600	0.02	€ 0.00	
tagli capelli corti 2018 donne foto	4.400	0	€ 0.00	
tagli capelli corti 2018 uomo	2.900	0.01	€ 0.00	
tagli corti capelli	2.400	0.27	€ 0.00	
tagli capelli corti estate 2015	2.400	0.05	€ 0.00	
tagli capelli corti 2017 donne foto	2.400	0.07	€ 0.00	
tagli capelli corti uomo	1.900	0.07	€ 0.00	
tagli capelli corti donna	1.900	0.21	€ 0.00	
tagli capelli corti ricci	1.900	0.21	€ 0.00	
tagli capelli medio corti	1.900	0.09	€ 0.00	

Figura 5.20. Volumi di ricerca per capelli corti

In questo caso, puoi renderti conto con facilità dell'entità e dei tipi di ricerche effettuate dagli utenti; nel caso specifico sono relative alle varie lunghezze e alle tipologie di capelli.
Tra i risultati spiccano, ad esempio, "tagli capelli corti ricci" e "tagli capelli medio corti" "tagli di capelli corti immagini", solo per fare alcuni esempi che ti sono estremamente utili per **pianificare, strutturare e redigere il tuo contenuto** dedicato all'argomento.
A questo punto sai quali sono i trend e le ricerche generali sull'argomento.
Per approfondire ulteriormente il tema, puoi andare a scorrere le parole chiave illustrate nel riquadro KEYWORD CON STESSO SEARCH INTENT di SeoZoom, che ti consente di approfondire l'argomento andando ad individuare altre parole chiave per lo stesso intento di ricerca.
Fatto questo, ti consiglio di effettuare un'ulteriore analisi anche con il Suggest di Google, per individuare eventuali parole chiave long tail, caratterizzate sicuramente da volumi di ricerca ufficialmente molto bassi (o addirittura prossimi allo zero) ma molto interessanti e utili per poter intercettare tutti i bisogni informativi degli utenti alla ricerca di approfondimenti sull'argomento.
Inserisci, quindi, la parola chiave "tagli capelli corti" nel box di uno dei tool che estraggono i dati del Suggest di Google e analizza i risultati che ti verranno restituiti.
Come per l'esempio precedente relativo alle scarpe di corda, anche in questo caso il Suggest di Google fornisce una serie impressionante di dettagli, spunti e informazioni fondamentali. Se vuoi farti un'idea ancora più precisa, puoi inserire tutte le keyword restituite dal Suggest all'interno del tool di SeoZoom (o un qualsiasi altro software che possa restituire i volumi di ricerca di una lista di parole chiave, o Google Ads se hai campagne attive) e vedere quali sono le parole più cercate.
Questo ti consentirà di stabilire un ordine gerarchico tra tutte le parole chiave individuate nel Suggest, capire quali sono quelle più utilizzate e partire da quelle per creare il tuo contenuto dedicato ai tagli di capelli corti.

- tagli capelli corti asimmetrici
  - tagli capelli corti asimmetrici viso tondo
  - tagli capelli corti asimmetrici 2018
  - tagli capelli corti asimmetrici 2017
  - tagli capelli corti asimmetrici rasati
  - tagli capelli corti asimmetrici ricci
  - tagli capelli corti asimmetrici foto
  - tagli capelli corti asimmetrici 2013
  - taglio capelli corti asimmetrico 2016
  - tagli capelli corti mossi asimmetrici
- tagli capelli corti anni 70
  - tagli di capelli corti anni 70
  - taglio capelli corti 2018 donne 70 anni
- tagli capelli corti a caschetto
  - tagli capelli corti a caschetto 2018
  - tagli capelli corti a caschetto 2017
  - tagli di capelli corti a caschetto
  - foto di tagli di capelli corti a caschetto
  - tagli capelli corti caschetto scalato con frangia
  - tagli capelli corti caschetto scalato

Figura 5.21. Esempio di risultato restituito da Suggest per tagli capelli corti

Keyword Analizzate

Keyw...	Vol	KD	Opportunity	CPC Medio	Concorrenza	Risultati
tagli capelli corti	49.500	68	53	€ 0,69	0,37	11.300.000
tagli capelli corti con frangia	260	58	70	€ 0,81	0,08	1.080.000
tagli capelli corti foto	210	62	73	€ 0,69	0,44	4.260.000
tagli capelli corti immagini	1.300	61	73	€ 0,67	0,35	5.900.000
tagli capelli corti mossi	590	59	69	€ 0,84	0,12	1.590.000
tagli capelli corti ricci	1.900	59	70	€ 0,72	0,21	4.810.000
tagli capelli corti scalati	390	57	75	€ 0,67	0,17	1.240.000
tagli capelli corti uomo	1.900	54	71	€ 0,87	0,07	4.710.000
tagli capelli cortissimi	390	53	76	€ 0,56	0,22	156.000
tagli di capelli corti immagini	110	63	72	€ 0,79	0,38	6.110.000

Figura 5.22. Keyword restituite per tagli capelli corti

Vista la mole di parole chiave long tail restituite per questa ricerca, puoi valutare i prossimi passi da compiere.
Puoi decidere, ad esempio, di raggruppare le keyword in grandi gruppi sotto-tematici e creare più articoli sull'argomento, affrontando di volta in volta un sotto-tema differente. Oppure, a seconda della tipologia di magazine che gestisci, di creare un unico grande contenuto, diviso in tanti capitoli sotto-tematici, e dare origine ad un contenuto "enciclopedico" strutturato in sottosezioni, seguendo lo schema del "pillar content", di cui leggerai più avanti.
Naturalmente non dimenticare di inserire immagini e gallery fotografiche ben ottimizzate, perché, come avrai visto anche dalla tipologia di parole chiave long tail restituite dal Suggest e da Seo-Zoom, gli utenti sono alla ricerca di immagini per capire come appaiono e come possono essere portati i vari tagli di capelli corti, di cui stanno cercando approfondimenti.

5.6.2.1. Criticità frequenti

In un magazine online – che sia una testata ufficiale di grande prestigio, con una storia e un forte brand alle spalle o un semplice sito editoriale nato da un gruppo di redattori – le criticità ricorrenti sono sempre le stesse.
Una delle problematiche più importanti che tutti si trovano ad affrontare prima o poi in questo settore riguarda la **cannibalizzazione dei contenuti** dovuta alla generazione di articoli molto simili tra loro nel corso degli anni.
Per capire basterà fare un esempio pratico.
Hai presente le varie edizioni di una fiera, di un evento, di una qualsiasi manifestazione che ogni anno si ripete? Pensa, ad esempio, alle varie edizioni del Salone di Ginevra, Salone del Mobile, Settimana della Moda e tutti gli altri eventi riproposti in modo simile ogni anno.
Questi argomenti – insieme a tutti quelli che ricorrono con una certa frequenza o che possono ripetersi a distanza di tempo – rap-

presentano sempre un potenziale rischio per i giornali online che li trattano.
Questo perché ogni anno viene generalmente creato un nuovo contenuto e, quindi, una nuova pagina ad hoc. Senza considerare, gli aggiornamenti sul tema che vengono pubblicati di giorno in giorno per tutta la durata dell'evento, le interviste ai personaggi che vengono fatte nel corso della manifestazione e così via. Ogni contenuto solitamente prevede la creazione di una nuova pagina dedicata.
Ciò che si ottiene è una miriade di contenuti tecnicamente differenti che parlano dello stesso argomento, i quali, di volta in volta, si sommano ogni anno a quelli creati nelle edizioni precedenti.
Tutto questo – se non viene opportunamente gestito – rischia di generare confusione e di mettere in difficoltà il motore di ricerca che, in molti casi, si trova in una situazione critica: non riesce a scegliere quale contenuto restituire a fronte di una keyword generica come, ad esempio, "Salone del Mobile di Milano".
In questi casi, occorrerà effettuare un'approfondita analisi delle keyword, sia principali che secondarie, capire le reali intenzioni degli utenti e, soprattutto, andare a vedere ciò che è già stato scritto in passato.
Esiste già una pagina dedicata all'argomento? Ne esiste più di una? Che posizionamento hanno queste pagine e per quali parole chiave sono visibili in SERP?
La cosa migliore da fare in questi casi è **creare una mappatura dei contenuti già presenti** sull'argomento e **associare ad ogni pagina le keyword** per le quali si posiziona.
Nella maggior parte dei casi, alcune di queste pagine già create in passato concorreranno per le stesse parole chiave, fenomeno che prende il nome di cannibalizzazione. In questo caso, è opportuno accorpare le pagine, dando il via ad un'operazione di "potatura" del sito, che mira a fondere i contenuti eliminando i duplicati ed effettuando contestualmente delle redirezioni dalla pagina più debole (in termini di posizionamento e link in entrata)

verso quella più forte (più visibile in SERP e con maggiori link in ingresso).
Ogni situazione è, naturalmente, diversa e rappresenta un caso a sé stante; tuttavia ci sono alcune strategie da poter seguire in casi come questi.
Ad esempio, ti potrebbe convenire effettuare un aggiornamento e un'integrazione alla pagina dell'evento dello scorso anno (o comunque dell'edizione precedente) inserendo le informazioni più attuali, i dettagli e gli approfondimenti dell'edizione in corso, invece di creare una nuova pagina ad hoc.
Se, invece, in passato sono state realizzate delle interviste o dei contenuti specifici per approfondire alcune sotto-tematiche trattate durante l'evento, è opportuno capire che tipo di taglio è stato dato a questi articoli.
Un'analisi specifica per comprendere il focus dato ad ogni singolo contenuto è fondamentale per poter disambiguare gli articoli simili. Come? **Differenziandoli il più possibile**, cambiando il focus del pezzo, mettendo in evidenza il nome dell'intervistato (del produttore, dello stilista, del prodotto o della modella di turno, ecc.).
A volte, non è necessario stravolgere il contenuto creato, ma modificarlo per cambiarne il nodo centrale e disambiguarlo agli occhi del motore di ricerca.
L'altra criticità riguarda il **conflitto tra keyword informative e transazionali**. Spesso, nelle redazioni dei giornali, si scrivono contenuti informativi (anche approfonditi e ben fatti) per query che corrispondono ad un intento transazionale. Ciò significa fornire un articolo (o una guida) che presuppone un intento di ricerca completamente differente rispetto a quello manifestato dall'utente. Soprattutto alla luce degli ultimi aggiornamenti di Google – con i quali il motore fornisce risultati sempre più aderenti all'intento di ricerca dell'utente – questa pratica diventa sempre meno efficace e soprattutto rischia di far perdere tempo, energie e risorse.

Oggi, per creare dei contenuti appetibili ai motori di ricerca e agli utenti, devi studiare attentamente il tema, controllare le keyword principali e le secondarie e analizzare con attenzione la SERP, perché solo studiando attentamente i risultati restituiti dal motore di ricerca puoi comprendere realmente – al di là di ogni valutazione preliminare – cosa sta cercando davvero il visitatore. È da qui che devi partire per scrivere dei contenuti appropriati.
Facciamo un esempio pratico per capire meglio, e da vicino, questo tipo di problematica.
Le keyword "gonne lunghe cerimonia" e "gonne lunghe di tendenza" potrebbero sembrare, ad un primo sguardo, molto simili. È questa la vera trappola in cui cadono, purtroppo frequentemente, coloro che si occupano di contenuti: nel primo caso si tratta di una ricerca transazionale (gli utenti stanno cercando una gonna da cerimonia da acquistare per un evento specifico), nel secondo stanno cercando informazioni, spunti e immagini per capire cosa va di moda.
Per avere conferma di tutto questo, basta digitare le due keyword su Google, analizzare la tipologia dei risultati restituiti per ciascuna delle due parole chiave e vederne le differenze in SERP.
Digitando "gonne lunghe cerimonia", puoi notare una SERP di tipo transazionale perché, tra i risultati restituiti, appaiono i più famosi e-commerce di abbigliamento (figura 5.23).
Digitando, invece, "gonne lunghe di tendenza", puoi notare come Google restituisca risultati di tipo informativo, ovvero articoli e approfondimenti dei più noti magazine femminili, che illustrano i modelli e i colori delle gonne lunghe in voga al momento (figura 5.24).
Considerati tutti questi aspetti, ti sarai reso conto di quanto sia importante l'analisi delle SERP per capire il reale intento di ricerca dell'utente prima di generare una nuova pagina e di creare un nuovo contenuto.

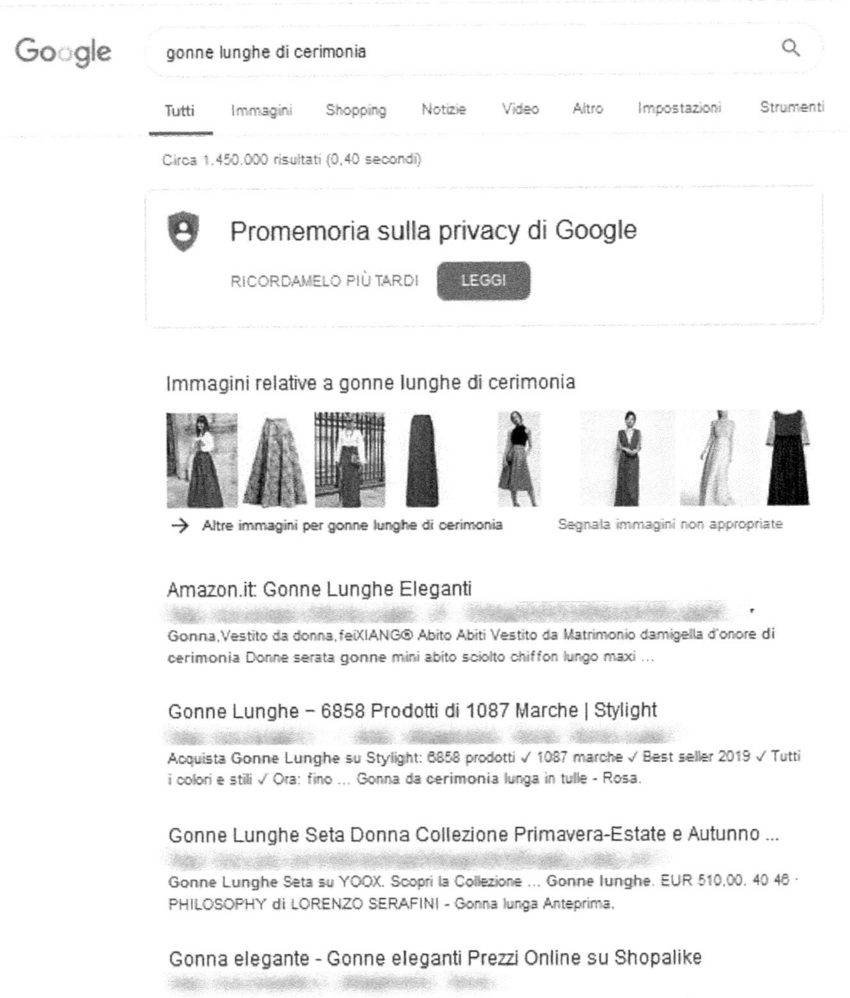

Figura 5.23. Esempio restituito per gonne lunghe cerimonia

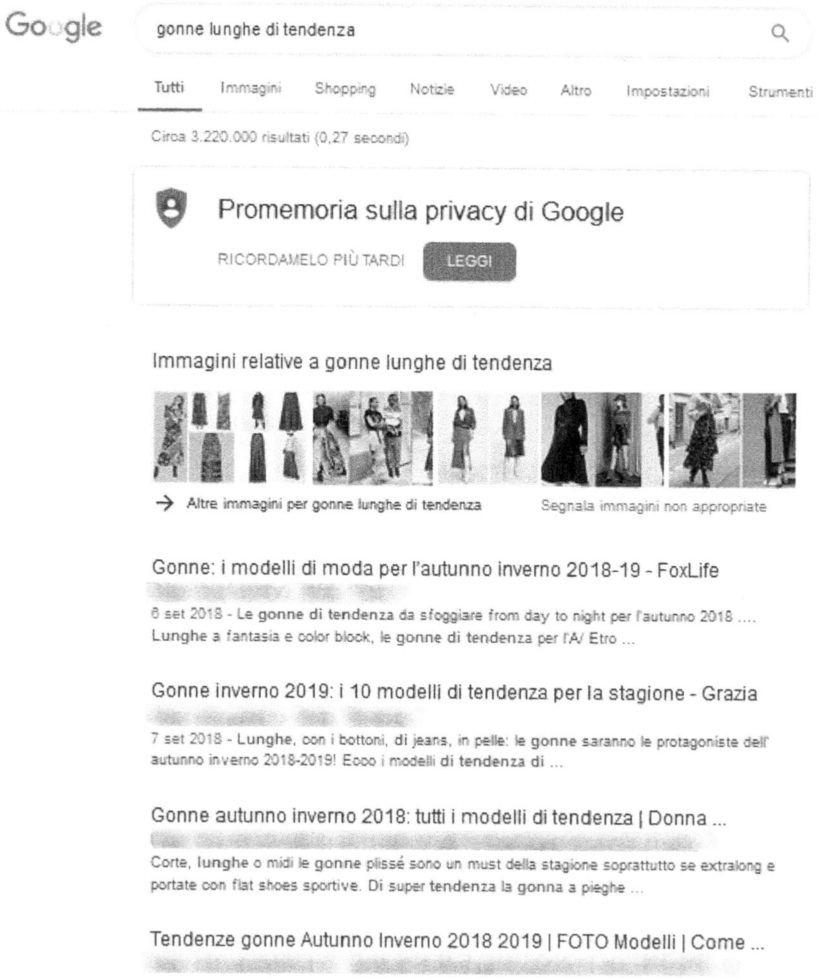

Figura 5.24. Esempio restituito per gonne lunghe di tendenza

5.7. La mappatura delle parole chiave

Ora che hai individuato, raccolto e selezionato le parole chiave più rappresentative del tuo business e più importanti per lo sviluppo online della tua azienda, resta da affrontare una delle operazioni più delicate: la mappatura.

La mappatura delle parole chiave – anche nota come keyword clustering o keyword matching – è un'operazione fondamentale per il successo del tuo sito. Questa fase, che – in termini di tempo e secondo la mia esperienza – rappresenterà circa il 20% del totale del tuo lavoro di ottimizzazione, inciderà per almeno il 50% sul successo (o il fallimento) della tua azienda online.

Se la ricerca e la selezione delle keyword è un'operazione relativamente semplice, che richiede del tempo per approfondire e un'analisi accurata per selezionarle e valutarle, la mappatura è un passaggio estremamente delicato. Sbagliare in questa fase è molto facile ed estremamente pericoloso; per questo vale la pena prendersi del tempo per affrontare il processo di suddivisione delle keyword in blocchi semantici e rivedere il lavoro a distanza di qualche ora o di qualche giorno. In questo modo, potrai metabolizzare ed eventualmente rivedere alcune scelte.

Ma vediamo nel dettaglio di cosa si tratta e come si effettua.

Una volta raccolta la lista di parole chiave maggiormente rappresentative e interessanti per il business del tuo sito, occorre raggrupparle suddividendole in **gruppi tematici autonomi e univoci** (clusterizzazione).

Segnaliamo subito che non c'è un numero di parole chiave raccomandato per un progetto, perché molto dipende dal settore, ma in linea generale è consigliabile non scendere mai sotto le 250 parole, per essere sicuro di poter rappresentare tutte le varie tematiche e sotto-tematiche trattate dal sito.

È questa la fase più delicata: prendi il listone di keyword che avrai messo in un file Excel e rileggi con calma tutte le parole chiave che hai inserito. Analizza ogni singola keyword e identifica – sulla base del significato e dell'intento di ricerca espresso da ciascuna

– la lista degli argomenti e dei sotto-argomenti (o tipologie merceologiche) che emergono.
A questo punto, in un altro foglio del file Excel, compila le colonne scrivendo in alto (e in ordine orizzontale, una di seguito all'altra) i vari argomenti e le sotto-tematiche che hai identificato, in modo da avere chiaro e a portata di mano l'elenco delle tematiche individuate. Solo per fare un esempio, immagina di avere a che fare con un e-commerce di abbigliamento: nella cella della prima colonna scriverai T-shirt, nella colonna successiva scriverai camicie, in quella seguente pantaloni, a seguire maglioni, felpe, cappotti, giacche, ecc. in base alle tematiche – o categorie e sotto-categorie merceologiche – che a mano a mano troverai nella lista.
A questo punto, non ti resta che riprendere l'elenco completo delle keyword e raggruppare e associare tra loro le parole chiave per tipologia merceologica: le magliette con le magliette, le camicie con le camicie ecc. Accanto ad ogni parola chiave elencata nel file inserisci il volume di ricerca medio mensile corrispondente, quindi – con l'apposito filtro di Excel – elenca le parole chiave in base ai volumi, in ordine decrescente. In questo modo potrai visualizzare, in alto, le parole chiave che hanno un maggior traffico potenziale e in basso quelle con traffico minore. Sommando i volumi di ricerca registrati da ciascun gruppo tematico di parole chiave (ovvero le keyword di ciascuna colonna), avrai un'idea chiara di quali sono le tematiche (o le tipologie merceologiche) che hanno un'importanza maggiore e che, quindi, hanno più valore rispetto alle altre.

H	I	J	K	L	M
BUSINESS PLAN RISTORANTE		**BUSINESS E MARKETING PLAN HOTEL**		**FORMAZIONE CORSI HOTEL MANGEMENT**	
https://www.miosito.it/business-plan-ristorante/	**Volumi**	**https://www.miosito.it/business-marketing-plan-hotel/**	**Volumi**	**https://www.miosito.it/formazione-corsi-hotel-management/**	**Volumi**
business plan ristorante	880	business plan hotel	110	formazione alberghiera	40
restaurant revenue management	0	hotel marketing plan	100	corsi di formazione alberghiera	40
restaurant revenue manager	0			corso di hotel management	30
revenue management ristorante	0			formazione hotel	20
Totale volumi	**880**	**Totale volumi**	210	**Totale volumi**	130

Figura 5.25. Esempio di mappatura di parole chiave

Più una **tematica** (o categoria) avrà **volumi di ricerca alti, più dovrà essere valorizzata** e messa in evidenza nel **menu di navigazione principale**. Solo per fare un esempio pratico, se le T-shirt vengono cercate di più rispetto a tutte le altre tipologie merceologiche, dovranno essere collocate e rappresentate nel primo tab del menu di navigazione principale del sito.
A seguire – a seconda dei volumi di ricerca registrati dalle varie tipologie di prodotti e dalla somma dei volumi delle keyword appartenenti alle singole tematiche – dovrai prevedere tutte le altre categorie.
In breve, per ricapitolare, ciò che è importante (per l'utente e anche per te) va messo in alto, in modo che il motore di ricerca (e anche il visitatore) possa vederlo non appena accede al sito. Ricorda sempre che il motore valuta una pagina con gli stessi occhi dell'utente: ciò che si trova in alto è più importante di ciò che si trova in basso.
Il **menu di navigazione principale**, quindi, **riflette perfettamente l'ordine gerarchico** tra le tematiche/categorie, che viene dettato proprio dai volumi di ricerca delle parole chiave.

5.7.1. Errori frequenti nella mappatura

Fino a qui nulla di particolarmente difficile o complesso (anche se naturalmente molto dipende dalla tipologia di prodotto), ma cosa succede quando ti trovi di fronte a keyword simili ad alto traffico potenziale?
Facciamo un altro esempio pratico, sempre rimanendo nell'ambito dell'abbigliamento: analizzando le parole chiave del tuo e-commerce, hai notato che ci sono tante ricerche per la parola "abiti da cerimonia", ma ci sono volumi altissimi anche per "abiti eleganti".
La grande tentazione, in questi casi, è di creare due pagine distinte: una per gli abiti eleganti (termine più generico) e un'altra per gli abiti da cerimonia (termine più specifico), magari attri-

buendo alla prima il valore di categoria e alla seconda il valore di sottocategoria.
Non cadere in questa trappola in cui (purtroppo) incorrono molti imprenditori, professionisti e anche colleghi di grande esperienza. **Generare pagine ridondanti** è uno degli errori più frequenti commessi da chi vorrebbe ottimizzare un sito. E se all'inizio questo non rappresenta un grande problema, con il passare del tempo – e con l'aumentare progressivo delle nuove categorie merceologiche e, quindi, delle nuove pagine – corri il rischio che l'e-commerce si trasformi in un mostro difficile da navigare, sia per l'utente che per il motore di ricerca. Nel caso specifico, la scelta di creare due pagine distinte o un'unica pagina dipende molto dal tipo di business: se ad esempio vuoi puntare in modo particolare – per ragioni diverse dalla SEO – sugli abiti da cerimonia, potrebbe essere utile creare una pagina ad hoc; in assenza di esigenze particolari di questo tipo, è consigliabile generare una sola pagina. Naturalmente, è importante fare una valutazione attenta prima di prendere una decisione.
Effettuare una mappatura frettolosa può comportare gravi danni, per questo è fondamentale crearla secondo le logiche illustrate sopra e poi prendersi del tempo per rivederla con occhi diversi e capire se sono stati commessi errori. Se ci sono pagine accorpabili, dove alcuni concetti possono essere evidenziati nei vari campi della pagina (URL, title, meta description, H1, testo e immagine) valuta la possibilità di fonderli sotto un unico URL.
Molti ritengono erroneamente che un sito vasto – e con un altissimo numero di pagine – sia sinonimo di virtù: non è così.
Ricorda sempre che la presenza di ogni pagina pubblicata sul tuo sito deve essere più che giustificata, pertanto la domanda che dovresti porti è la seguente: **posso accorpare questa pagina ad un'altra**?
Esiste una pagina simile e compatibile con questa che vorrei creare?
In questa fase del progetto, *less is more*! A pubblicare nuove

pagine sei sempre in tempo, ma se il sito cresce in modo spropositato, generando pagine ridondanti e inutili, quando arriva il momento di potare e accorpare contenuti (con relativi redirect), il lavoro si complica!
E se con un e-commerce il problema è marginale, perché è più facile definire le categorie e accorpare tipologie merceologiche simili o compatibili, con un sito che vende servizi (più difficili da delineare rispetto ai prodotti) la situazione si complica non poco.
Immagina – solo per fare un esempio – un'azienda specializzata nella riparazione di PC, che vanta uno storico e un'esperienza pluriennale in una determinata città o una particolare zona. Oppure pensa ad un portale dedicato ad un professionista specializzato nella consulenza alberghiera.
In entrambi i casi la homepage parlerà del servizio principale, illustrerà a grandi linee cosa fa l'azienda, a chi è rivolto il servizio (o l'insieme di servizi) e quali sono i vantaggi dell'affidarsi al professionista. Conterrà informazioni sulla storia dell'azienda (se ha uno storico importante) e del perché è diventato così grande e ambìto dai clienti, ma anche delle testimonianze di altri clienti, recensioni positive, ecc.
E la pagina "Chi Siamo" cosa conterrà? In molti casi le stesse identiche informazioni, ma leggermente più dettagliate e approfondite. In questi casi, il rischio di cannibalizzare la homepage è molto alto. Ma questo è solo uno dei tanti errori che i proprietari dei siti commettono al momento di creare l'architettura informativa dei contenuti.
Un altro errore molto frequente e diffuso è **sottovalutare la homepage**. Spesso la pagina principale del sito viene considerata come una mera porta di accesso alle altre pagine e niente di più. È vista come una pagina che aggrega semplicemente altri contenuti e contiene i link per poter consultare le altre pagine interne. In tutti questi casi, ci si dimentica che la homepage non è solo la porta di ingresso principale, ma anche (almeno nella maggior parte dei casi) la pagina più rappresentativa dell'azienda, quindi

la categoria più generica di prodotto o di servizio che vuoi promuovere online. Il tutto, naturalmente, dovrà essere associato al brand.
Ritornando agli esempi illustrati sopra, quindi, l'homepage dell'e-commerce dedicato all'abbigliamento dovrà contenere (nei metadata e in tutte le altre parti della pagina) tutti i riferimenti alla sua identità, ovvero le parole chiave più generiche in grado di rappresentare la categoria merceologica dei prodotti che vende. Un esempio?

Abbigliamento Online: E-Commerce di Moda | PippoStore.com
Nel caso di un sito in cui si promuove il servizio di riparazione dei PC, il title potrebbe essere:

Assistenza Computer e Riparazione a Roma | Pippo.it
Nel caso, invece, del sito dedicato alla consulenza alberghiera, il title sarà:

Hotel Management e Consulenza Alberghiera | Pippo.com
Naturalmente, questa dovrà essere l'unica pagina all'interno del sito a rappresentare e contenere questo concetto generale. Proprio come visto per l'e-commerce di moda, ognuna delle altre pagine dovrà essere dedicata ai singoli servizi offerti dall'azienda. Terminata questa operazione, non resta che rifinire il lavoro **aggiungendo ai nomi delle singole colonne gli URL** di pagina corrispondenti. Tornando sempre al nostro esempio pratico, il gruppo di keyword dedicato alla categoria delle T-shirt avrà un URL parlante in grado di rappresentare correttamente la categoria merceologica corrispondente:

`www.mosito.it/t-shirt/`

oppure

`www.mosito.it/t-shirt-magliette/`

A questo punto, hai completato la tua mappatura: hai suddiviso in gruppi semantici tutte le parole chiave individuate e hai attribuito a ciascun gruppo di keyword l'URL corrispondente. Lo scheletro del tuo sito è pronto: ora devi inserire le singole pagine all'interno del menu di navigazione, stabilendo un ordine gerarchico tra le varie sezioni e sottosezioni (quindi tra i vari gruppi di keyword) in base alla loro importanza in termini di volumi di ricerca medi mensili.
Sempre tornando al nostro esempio, se il gruppo di parole chiave corrispondente alle T-shirt/magliette evidenzia complessivamente dei volumi di ricerca maggiori rispetto al gruppo di keyword dedicate agli abiti corti, dovrà avere una posizione più evidente e prioritaria nel menu di navigazione. Se i vestiti lunghi vengono cercati di più rispetto a quelli corti, il tab di categoria dedicato ai vestiti lunghi, presente all'interno del menu di navigazione, dovrà essere collocato in una posizione prioritaria rispetto a quello dedicato ai vestiti corti.
Una volta conclusa anche questa fase, hai realizzato l'impalcatura dettagliata del tuo sito: non resta che creare le singole pagine, strutturandone correttamente il template, e valorizzarle con i metadata e i testi più appropriati. Ciascuna pagina, naturalmente, dovrà contenere tutte le keyword associate a quella specifica tematica.

Benedetto Motisi

COME EFFETTUARE LA RICERCA KEYWORD PER UN SITO EDITORIALE: POSSIBILI CRITICITÀ

Quando si parla di trovare le giuste keyword, che preferisco definire query o domande poste dall'utente tramite la barra di ricerca di Google, si rischia di fare una gran confusione cercando di posizionarsi senza successo, perché non si ha una strategia alla base.

Dalla mia esperienza, ci sono tre criticità principali che devono essere particolarmente attenzionate:

1. mantenere il focus sulle query informazionali
2. saper distinguere fra contenuti caldi e contenuti freddi
3. identificare il valore di un topic.

Fin dal mio primo libro, *Interceptor Marketing*, uscito nella sua prima edizione nel 2014, ho scritto di come i motori di ricerca rappresentino l'incontro perfetto fra la domanda posta da un utente e la soddisfazione del bisogno, in un momento di intercettamento o interceptor, appunto, che sta alla base del search marketing.
Le query informazionali, che sono oggi la gran parte di quelle digitate[23] (o pronunciate, per via della vocal search[24]) dagli utenti, sono il pane quotidiano per i portali editoriali e di chi vive di traffico sui contenuti.
La SEO è il pilastro fondamentale per questa tipologia di siti che, puntando su query del tipo "come fare" o "cosa vedere a", costruiscono il proprio tesoretto di prodotti editoriali che rappresenta il serbatoio al quale attingere costantemente traffico.
Uscire fuori dal focus delle query informazionali o non centrarlo affatto significa puntare su tutta un'altra serie di query (transazionali/di vendita o navigazionali/di brand) che rischiano di non apportare valore al fabbisogno sempre crescente di visite dei portali editoriali. Questa è la prima grande criticità.
Tuttavia, stiamo parlando solo di una possibile tipologia di contenuti, che possiamo definire freddi poiché – al di là di ragionevoli stagionalità – sono evergreen, ovvero in grado di portare sempre traffico senza avere la necessità di essere infiammati da un trend. Insomma, voglio dire che una ricerca del tipo "come fare la pasta alla carbonara" avrà sempre i suoi estimatori della cucina romana e va bene sia nel 2014 come nel 2056.
A questi prodotti editoriali senza data di scadenza, i quali vanno in ogni caso aggiornati secondo necessità ("come installare Windows XP" è un po' datato rispetto a "come installare Windows 10"), andrebbero affiancati i contenuti caldi ovvero quei trend che – seppure dalla durata di 24-48 ore – sono in grado di portare molto traffico, se il nostro portale è inserito all'interno di Google News e Google Discover.
Lo strumento adatto per monitorare l'andamento delle notizie calde è Google Trends[25], che permette di visualizzare le breaking news delle ultime 24 ore in tempo reale e resoconti quotidiani.
La semplificazione delle strutture tecnologiche e il costante calo dell'attenzione

[23] Tober M., *Keyword Categories – Good sorting is half the work of analysis*, blog.searchmetrics.com
[24] *Vocal Search: come funziona e cosa cambia nella ricerca*, digitalic.it
[25] trends.google.it/trends/?geo=IT

dovuto al "news bombing" a cui siamo sottoposti, in realtà, hanno fatto scaturire un meccanismo di scelta per il quale è difficile che giornalmente vadano davvero forte più di due-tre macrotemi.

Se la linea editoriale del proprio portale rientra in quell'ambito, allora non si può ignorare il contenuto caldo. Va assolutamente sfruttato finché non si raffredda.

Basare un intero progetto su questa tipologia di contenuti può essere dispendioso in termini di gestione e costi, perché entriamo nell'ottica in cui chi prima arriva meglio alloggia, e può essere considerata una problematica collaterale alla nostra seconda criticità.

In ultima istanza, ma non meno importante, è la capacità di saper identificare il valore di un topic, inteso letteralmente come argomento.

Ad esempio, "tatuaggi maori" è un topic, in quanto è possibile sviscerarlo in una larghissima serie di correlate di lunga coda, ma anche query affini come "tatuaggio sul braccio in stile maori" che possono concatenarsi con altri topic vicini, in questo caso "tatuaggio sul braccio".

Nell'ambito del business model dei portali editoriali, che considerano come valore principale il volume di ricerca che sono in grado di intercettare le query, per il topic questo è definito dall'insieme delle keyword di lunga coda che lo compongono.

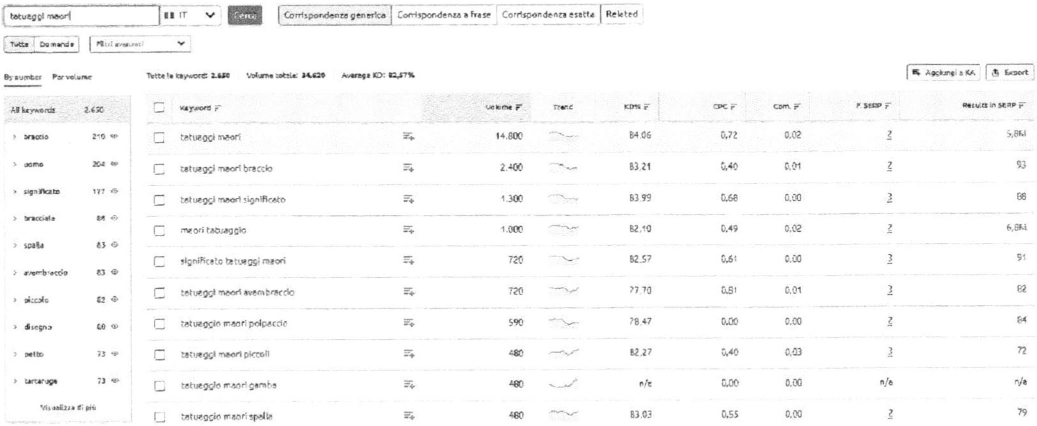

Figura 5.26. Analisi effettuata tramite SEMrush

Per spiegarmi meglio, utilizzando il Keyword Magic Tool, uno strumento della suite SEMrush, è possibile notare come la singola query "tatuaggi maori" generi 14.800 ricerche su base mensile, mentre l'intero topic dedicato, composto da 2.650 query totali, raggiunga un volume totale di 34.620 ricerche al mese.

Con questo non voglio dire che sia possibile intercettarle tutte con un singolo articolo, ma un contenuto pilastro evergreen (o freddo) degno di questo nome ha davvero tanti micro-bisogni da soddisfare in merito a un argomento.
Riuscire a identificare, intercettare e risolvere le domande poste dagli utenti in merito a un topic è la terza e ultima criticità in merito alla ricerca di keyword o query per un portale editoriale.

Gabriele Benedetti

IL CONTROVERSO RAPPORTO TRA SEO E SEA. AMICI O NEMICI?

Come questi canali possono essere gestiti per collaborare, integrarsi e raggiungere l'obiettivo finale

Un rapporto di mutuo aiuto. Questo è, a mio avviso, ciò che lega SEO e SEA in un progetto.
Ogni idea di lavoro, fin dalla sua nascita e in tutte le sue evoluzioni, vive fasi di crescita tutte da scoprire e mai scontate, anche per chi si trova a lavorare su progetti diversi ma della stessa industry.
Come in un dipinto, se il pittore si fermasse a rappresentare l'elemento centrale, tralasciando ciò che circonda il soggetto, l'immagine finale sarebbe una rappresentazione parziale, incompiuta. Pensa al famoso quadro "L'urlo" di Munch, sono sicuro che già nel ricordare il nome di quest'opera non ti viene in mente solo il soggetto che ha dato il nome al dipinto, ma anche il contesto attorno al soggetto: la palizzata al suo fianco, il cielo rosso e infiammato, ecc. Ecco, tutto ciò che circonda il soggetto della nostra attività di marketing sono i diversi modi in cui le persone si possono approcciare al nostro progetto e in un mondo sempre più "multi" (multi-touch, multi-device, multi-channel, ecc.) è **veramente ingenuo pensare di poter coprire tutte le necessità degli utenti con un solo strumento**.
È chiaro che nel momento in cui un possibile acquirente usa i termini di ricerca che rappresentano esattamente il nostro prodotto o servizio, ovvero il nome specifico di questo, nella sua testa è già ben delineato ciò che ha intenzione di acquistare e ciò che noi dobbiamo fare è "solamente" assicurarci di far atterrare l'utente nella (nostra) giusta pagina. Ci dovremmo però chiedere come ha fatto ad arrivare alla consapevolezza della sua scelta, cosa lo ha guidato e nel contesto della search, quali altre parole hanno fatto sì che il suo percorso sia arrivato al termine di ricerca finale.

Trovo molto affascinante la dichiarazione che spesso si sente a riguardo alle nuove parole scoperte da Google. Ogni giorno – dichiara – il 15% delle query effettuate nel motore è rappresentato da ricerche che non erano mai state viste precedentemente[26]. E possiamo immaginare quale possa essere l'impatto che la voice search possa e potrà avere in questo.
Se continuiamo in questa sperimentazione, in questo tentativo di prendere coscienza di quali siano le ricerche che hanno anticipato la ricerca esatta e poi la conversione, abbiamo di fronte una quantità di possibili percorsi d'acquisto davvero molto ampia (senza considerare tutte le altre attività del marketing mix alle quali l'utente è stato esposto: attività video, display, social, email ecc., che condizionano inevitabilmente il suo percorso d'acquisto). E qui, a mio avviso, è dove possiamo sfruttare al massimo l'efficacia congiunta di SEO e SEA.
Come SEO, sappiamo di dover mettere a disposizione del motore di ricerca contenuti pertinenti affinché questo possa trovarli, analizzarli, indicizzarli e, al termine dei suoi processi, restituirli a fronte di una ricerca. Quando iniziamo un progetto non sappiamo, però, quali tra questi contenuti sono quelli che ci permetteranno di intercettare i bisogni degli utenti, né in che modo il nostro pubblico parla o si interroga, sappiamo solo che non possiamo mappare subito tutte le strade possibili, perché non abbiamo né la conoscenza, né il budget, né il tempo per farlo.
Per cercare di avvicinarci a un buon risultato e rispondere a queste esigenze, si avviano quindi attività di keyword strategy, keyword intelligence, keyword research ecc., tutte sfumature afferenti alla stessa necessità di mappare le situazioni e i contesti in cui gli utenti si relazionano online, traducendo il tutto in parole chiave.
Sappiamo che intercettare ricerche di coda lunga e coda corta ci metterà in relazione a volumi minori e più precisi e a volumi maggiori ma meno efficaci. In base a questo cerchiamo di immaginarci quali siano i contenuti giusti da produrre, consci del fatto che il numero di contenuti che potremo realizzare è un numero finito.
Come muoversi, quindi, sapendo che le nostre scelte impatteranno sull'esito del progetto? Sapendo che il risultato in SERP del nostro lavoro come SEO – per quanto possiamo lavorare aderendo nel modo migliore possibile agli standard dei motori di ricerca – ci darà un responso nel giro di settimane se non mesi? Ecco il primo punto di contatto con la SEA.
Attività di keyword advertising possono nascere e morire nel giro di pochi giorni, la facilità con cui possiamo testare l'efficacia di variazioni anche minime di

[26] Nayak P., *Understanding searches better than ever before*, blog.google

parole chiave è la soluzione per poter prendere decisioni basate sui dati, anziché su intuizioni.
Certamente possiamo utilizzare strumenti in grado di fornirci stime di volumi e di costi di queste parole chiave (e quindi di interesse da parte di competitor che forse già si sono fatti i conti e ne misurano i ritorni) ma ancora di più ci sono tattiche che possiamo adottare per sfruttare il motore di ricerca stesso al fine di ottenere dati precisi a cui non saremmo mai arrivati con lo studio. Una di queste è l'uso delle campagne DSA (Dynamic Search Ads) in Google Ads.
Tutti sanno che con Google Ads possiamo mostrare degli annunci (composti da titolo/i, descrizione/i, URL visualizzato) a fronte dell'acquisto di alcune parole chiave e che questi annunci potranno essere mostrati nella parte superiore delle SERP e far atterrare gli utenti su URL di nostra scelta. Il problema di approcciare questa fase di "discovery" con gli strumenti classici è evidente: non sappiamo quali parole chiave comprare!
Ecco che le campagne DSA ci vengono in aiuto. Il loro funzionamento è sostanzialmente questo: noi offriamo al motore di ricerca il soggetto delle campagne (ad esempio un URL specifico o una selezione di pagine che contengono nel title alcune parole particolari che ci interessa esaminare). Oltre alla selezione delle pagine su cui attivare la campagna, dovremo scrivere la descrizione degli annunci, sarà poi Google a decidere per quali parole chiave far apparire i nostri annunci e di conseguenza costruirà in automatico il titolo da mostrare all'utente.

Esempio di setup di una campagna DSA in cui chiediamo a Google di portarci traffico sulle pagine che parlano di auricolari
Dal momento in cui attiviamo questo tipo di campagna, non solo possiamo scoprire le ricerche degli utenti, ma – se abbiamo correttamente configurato il tracciamento delle conversioni – possiamo anche avere una analisi qualitativa delle performance delle parole chiave che Google ha scelto per far attivare i nostri annunci.
L'analisi delle chiavi raccolte in un paio di settimane di campagna potrà arricchire i dati elaborati e integrarsi nell'analisi keyword, sapendo che questi non sono solo il frutto di intuizioni o di raccolte di dati da strumenti ad hoc, ma saranno i reali interessi dei nostri clienti provenienti da contesti d'uso veri.
Attività che non per forza dovremo svolgere in una fase di startup ma che, anzi, potremmo mantenere sempre attiva come attività di keyword research[27].
Proviamo a ragionare su quali possano essere degli elementi che la SEO affronta

[27] Per approfondire le campagne DSA: *Informazioni sugli annunci dinamici della rete di ricerca*, support.google.com

con difficoltà e nei quali la SEA può venirci a supporto. Lentezza nel vedere i risultati una volta pubblicati i contenuti online, lentezza quindi nell'analisi dei risultati ottenuti e dell'impatto ottenuto, lentezza nell'espandere l'audience che si è in grado di raggiungere con i propri contenuti, difficoltà nel comprendere quali siano i termini di ricerca più performanti.
Tutti elementi "propri" della SEA, che possono essere integrati con azioni spot o continuative e che ci possono mettere nella condizione di scegliere meglio su cosa orientare i nostri sforzi, che si tratti di sezioni del sito da migliorare o contenuti da produrre.
SEO e SEA non sono solo alleati che si completano, ma sono, in alcuni casi, elementi distintivi e indispensabili in un progetto. Il tema della protezione del brand è probabilmente il caso più evidente in cui le potenzialità di uno non sono a supporto, ma necessario complemento dell'altro. Che fare se, dopo aver lavorato anni per costruire un buon progetto, raggiunto una buona notorietà e avviato un business di successo, ti accorgessi che un competitor decide di comprare la tua keyword brand su Google Ads? Saresti disposto a scommettere sulla capacità dei tuoi possibili clienti di riconoscerti in una SERP, al punto da evitare di cliccare sull'annuncio a pagamento in prima posizione, per scegliere il tuo annuncio organico in seconda posizione? E se i dati ci dicessero che da quando è apparso questo competitor il traffico è in calo? E se la Search Console ci dicesse che il CTR delle chiavi brand è in calo? A questo punto la scelta non diventa più una questione "filosofica", ma una necessità di business. Fino a quando nell'ecosistema in cui lavoriamo sarà possibile acquistare il brand di un competitor, dovremo ricorrere alla ricerca a pagamento per riappropriarci della prima posizione. Coscienti che il nostro punteggio di qualità sarà sempre premiato rispetto a quello dei competitor, nel momento in cui acquistiamo parole chiave su Google Ads contenenti il nostro brand, costringendoli spesso ad acquistare click ad un costo non più economicamente vantaggioso e, nel migliore dei casi, obbligandoli *de facto* a smettere con questa attività.
La protezione delle chiavi brand non è l'unica applicazione in cui la SEA viene a supporto di un progetto SEO. Pensa l'effetto sul business di un tuo cliente che potrebbe avere una fluttuazione in SERP a causa di aggiornamenti dell'algoritmo. Qualora ci fosse, anche solo temporaneamente, il calo di un tuo posizionamento importante ai fini del fatturato, non sarebbe comodo poter intervenire tempestivamente per tappare la falla? O ancora, qualora ti accorgessi di ottenere buoni risultati per determinate chiavi per le quali ancora non hai un buon posizionamento, non sarebbe utile presidiarle, anche solo temporaneamente, tramite attività a pagamento?
Con questo non voglio dire che sia solo la SEO ad avvantaggiarsi della collaborazione, anzi questa è a sua volta un grandissimo supporto alla SEA. Nella maggior

parte dei progetti in cui ho avuto modo di lavorare, è stato il "team SEO" quello interpellato dai manager per le fasi di ampliamento o ammodernamento del sito, o di affiancamento ai designer nella strutturazione delle pagine. È nel DNA di un buon SEO riconoscere una buona pagina da una scadente, una buona architettura informativa da una che non lo è, una pagina in grado di convertire da una che non produce lead. Tutto questo si trasforma automaticamente in un assist, o in uno sgambetto, alle attività pay per click. Motivo per cui chi si occupa di SEA si affida al lavoro dei colleghi SEO per riuscire ad ottenere un buon punteggio di qualità nelle parole chiave che compra con Google Ads. Non a caso, il punteggio di qualità che viene assegnato ad ogni parola chiave comprata è composto da tre fattori principali, di cui uno è proprio la valutazione della pagina di atterraggio[28]. Credo che ormai la mia visione su questa alleanza sia chiara, ti invito, infine, a pensare al tuo futuro come professionista (sia che ti occupi di SEO, di SEA o di altro), avrai grandissimi vantaggi nel migliorare le tue competenze nel "campo non di tua competenza".
Qualora ti occupassi di SEA e non comprendessi il significato di inviare traffico alla pagina canonica, o che effetti ci potrebbero essere quando il tuo URL finale viene rimbalzato da una catena di redirezioni 302 o 301, o che precauzioni prendere qualora sia in vista il rifacimento di un sito, ti invito a riflettere e a considerare il mondo della SEO.
Qualora, invece, ti occupassi di SEO, non pensi sarebbe importante comprendere come si ottengono certi posizionamenti a pagamento? Pensa, ad esempio, quanto impatta nelle SERP transazionali Google Ads con le campagne Shopping! Da quando nel 2007 Google ha introdotto la Universal Search, chi era abituato a vedere i risultati di ricerca composti solo da "ten blue links" si è subito reso conto che la SEO non sarebbe mai più stata la stessa, che le tipologie di contenuti sarebbero diventate sempre più ricche e che la complessità delle SERP sarebbe diventata sempre maggiore. Oggi come allora comprendere cosa vede, cosa percepisce, cosa guida le scelte dell'utente è fondamentale.
Solo una cosa non è cambiata da allora: da qualche parte c'è un fatturato da portare a casa e chi si affida a noi non è interessato a sapere che ha chiuso il mese in positivo solo con la SEO o solo con le newsletter. Siamo noi che dobbiamo essere aggiornati e consapevoli di quali strumenti utilizzare su ogni progetto che seguiamo e quali offrono i vantaggi maggiori per ciascun cliente. Senza retoriche o preconcetti.

[28] Per approfondire il punteggio di qualità: *Informazioni sul punteggio di qualità*, support.google.com

Yael Bennaceur

COME È CAMBIATO IL CONTENT MARKETING E LA SEO

Avrai probabilmente notato, tra gli annunci di lavoro online, un aumento di offerte lavorative nel copywriting e nella redazione dei testi dedicati al web. Questa crescita è dovuta alla necessità di produrre contenuti di qualità per poter intercettare le ricerche frenetiche dell'utente su internet. Quindici anni fa, c'era poca considerazione per la qualità della produzione scritta on-site e off-site: l'obiettivo era unicamente linkare il proprio sito da fonti esterne per aumentarne la visibilità e incrementare il business.
Al centro della strategia di marketing inbound, il content marketing è, per le aziende, una vera e propria opportunità per creare valore, acquisire notorietà e ottenere traffico qualificato. Che si tratti di informare il visitatore, trasformarlo in una lead o convincerlo a diventare un nuovo cliente, il content marketing è fondamentale a tutti i livelli della strategia inbound come chiave per il successo. Tutte le aziende hanno cose da dire e risposte da fornire attraverso i contenuti online. La vera sfida è saper parlare ai tuoi prospect. In sostanza, il contenuto è un messaggio non dall'azienda al cliente, ma da essere umano a essere umano.
Quando decidi di creare e concepire una strategia di contenuto, inizia a individuare gli argomenti più pertinenti per la tua audience. Coinvolgi i tuoi collaboratori in un brainstorming di tutte le idee che emergono e strutturale attorno agli interessi del tuo pubblico: i tuoi potenziali clienti.

Content marketing e redazione di contenuti per il web
Prima di iniziare a scrivere o pianificare, devi iniziare a capire il tuo target creando diverse personas. Le personas sono i profili dei tuoi clienti. Chi sono realmente? Che fanno? Quanti anni hanno e cosa vogliono? Cosa amano leggere? Quali luoghi frequentano? Quali sono i loro hobby? Per definire le personas ti consiglio di uscire dal tuo ufficio e andare a parlare direttamente con le persone. A Parigi, si dice che basta prendere un caffè con una persona che potrebbe essere un potenziale cliente per capire meglio la tua audience. Una volta identificate le personas, potrai passare alla pianificazione.

Sui siti properties
La strategia editoriale, chiamata anche strategia dei contenuti, è al centro del content marketing. Quest'ultimo si basa, come suggerisce il nome, sulla crea-

zione e distribuzione del contenuto online. Per non iniziare a scrivere in maniera casuale e senza una linea guida, è necessario impostare una precisa strategia web editoriale.
L'obiettivo è facilitare il coinvolgimento degli utenti di internet instaurando una stretta relazione con il brand. Se vuoi targetizzare il tuo pubblico, personalizzare il tuo messaggio e interagire con i tuoi clienti attuali e futuri, devi costruire una strategia editoriale appropriata. Se lavorerai bene, vedrai aumentare il traffico verso il tuo sito e soprattutto il tasso di conversione.
Il vantaggio del content marketing è la possibilità di accompagnare il visitatore durante tutto il suo percorso di acquisto. È una strategia che punta alla creazione di una relazione emotiva con il consumatore, al fine di rendere un cliente felice e fedele.
La tua azienda ha le risorse per creare i contenuti? Perfetto! Ora devi modellare il flusso di lavoro editoriale per rendere le cose chiare a tutti.
Devi definire un progetto nel rispetto degli obiettivi da raggiungere e delle esigenze dei lettori.
Ecco le fasi da affrontare:

- effettua la ricerca keyword partendo dai temi più generici che reputi utili
- immagina diversi articoli rilevanti per ogni argomento/parole chiave
- crea una struttura e una ramificazione dei contenuti
- scrivi il contenuto o affida questo task ad un writer. Le informazioni devono essere corrette e verificate
- controlla che l'articolo sia stato scritto in ottica SEO e le keyword siano inserite nel modo giusto
- pubblica i contenuti: può sembrare semplice, ma metterli online richiede rigore, perché bisogna garantire che le informazioni siano facilmente reperibili dai visitatori e i metadati siano corretti.

L'ideale è assegnare a una persona diversa ciascuno di questi passaggi. Tuttavia, sappiamo benissimo che le possibilità di mettere in pratica questo consiglio sono molto poche. Per mancanza di tempo e risorse, di solito, è la stessa persona che assume i ruoli di autore, editore e persino webmaster.
Non dimenticare di restare coerente con le tematiche e lo stile del tuo sito, organizza i topic secondo la stagionalità, le keyword, la pertinenza, il target, il tuo obiettivo.

Creare contenuti per la link building (netlinking) e le digital PR

La link building – chiamata anche netlinking – è una tecnica fondamentale nella SEO che, semplificando, consiste nell'acquisire un numero sempre crescente di link ipertestuali, o backlink, che puntano a un sito web, al fine di migliorarne la

visibilità. Per i motori di ricerca, i link ottenuti dalle pagine di un sito esterno, che non rientra, quindi, tra le tue properties, hanno un certo valore, perché mostrano che altri siti approvano il tuo contenuto e lo citano. Questo criterio di popolarità dei siti web è uno dei pilastri della SEO, pertanto tutti coloro che desiderano scalare la SERP di Google (ma anche Bing, Yahoo, ecc.) hanno interesse a lanciare campagne di link building.
Queste campagne presentano diversi vantaggi, non solo per il posizionamento del sito, ma anche per:

- migliorare la qualità e la quantità di traffico offrendo agli utenti ulteriori opportunità di arrivare sul sito e conoscere il suo contenuto
- sviluppare la popolarità del sito web per migliorare la visibilità. Questo è l'obiettivo principale
- consentire ai crawler di scoprire più siti e nuove pagine.

Il link builder è una figura della SEO off-site, che si mette in contatto con vari siti e blog di settore ai quali propone un contenuto di qualità, con un link verso il sito del suo cliente (il tuo sito). A volte il link builder è anche il writer dei contenuti. Come per la redazione dei testi destinati al tuo sito, è essenziale produrre articoli di qualità anche per la link building, sostanzialmente per due motivi: proporre prodotti di alto livello al sito partner e suscitare interesse nel lettore.

La redazione web: metodo per creare un contenuto di alta qualità
Per avere successo nella produzione di contenuti, non c'è altra scelta che creare ottimi testi. Scrivere post molto buoni solo di tanto in tanto non è sufficiente. Ciò che serve per ottenere risultati è pubblicare contenuti utili e in modo regolare, secondo un vero e proprio piano editoriale. Se seguirai queste istruzioni, i tuoi potenziali clienti non vedranno l'ora che venga pubblicato il tuo prossimo articolo.

Primo principio per scrivere bene per il web: qualità piuttosto che quantità
I grandi marketer americani del web applicano ormai da anni questo principio: scrivere un articolo perfetto una volta a settimana, oppure ogni quindici giorni, è una strategia che premia sul lungo termine, nettamente migliore rispetto alla scrittura di contenuti mediocri su base giornaliera. Tienilo sempre a mente.
Ti consiglio, dunque, di concentrare i tuoi sforzi sullo scrivere bene, piuttosto che sullo scrivere quotidianamente. Concentrati nella qualità della scrittura dell'articolo che, se ben fatto, attirerà l'attenzione, sarà condiviso e commentato.

Metodo per scrivere bene per il web
Per un articolo di alta qualità di circa 2000 parole, ecco come si organizza un vero writer:

- **primo step:** ricerca delle chiavi SEO + costruzione della struttura dettagliata del testo (2 ore)
- **secondo step:** redazione del contenuto (4-5 ore)
- **terzo step:** correzioni, editing, linking interno ed esterno (2-3 ore)
- **quarto step:** scelta delle foto o dei visual, ultime correzioni (30-45 minuti)
- **quinto step:** pubblicazione e promozione (20 minuti).

Orientativamente sono circa 10 ore di lavoro.

Ideare i contenuti web

Non è sempre facile trovare idee per i post. Mentre ad alcune persone piace attendere che si verifichi qualche evento particolare da poter trattare nel prossimo articolo, altri preferiscono programmare tutto nel minimo dettaglio e con largo anticipo.

Un modo per organizzarti meglio – e superare più facilmente la mancanza di ispirazione – è staccarti un attimo dal tuo blog.

Per lavorare meglio e trovare facilmente ispirazione per nuovi articoli, ti consiglio di fare una vera sessione di brainstorming. Ti consentirà di immergerti in una dinamica creativa, che generalmente porta a una serie di strade da esplorare!

Inserisci un problema su Google

Google è una fonte inesauribile di idee per post di blog, si tratta solo di saperle trovare! Un metodo interessante è usare l'asterisco (*) per scoprire tutte le varianti di una query. Ti consente di trasformare qualsiasi parola in una query e scoprire tutto ciò che gli utenti cercano in rete su una determinata tematica.

Ad esempio, posso scrivere:

"Come fare per * il mio blog".

"Come * la lavatrice"

Le virgolette permetteranno a Google di cercare la frase esatta appena inserita: inserendo l'asterisco si chiederà al motore di ricerca di sostituire il simbolo con qualsiasi parola venga utilizzata dall'utente per questo tipo di ricerche.

Il metodo più semplice è inserire un problema su Google... perché se c'è un problema, c'è una soluzione e trovare questa soluzione può darti un'idea per un nuovo articolo. Così facendo, scriverai per risolvere un problema (con una guida o un tutorial) per i tuoi attuali e futuri clienti/lettori!

Elenca le domande alle quali vorresti rispondere

Immagina di essere stato invitato ad una trasmissione televisiva riguardo al tuo business o alla tua attività. Su quali argomenti vorresti davvero essere interrogato?

Scrivere sul suo sito non significa solo cercare l'argomento che entusiasmerà i suoi lettori, ma anche affermare la tua visione e l'identità del tuo brand. Alcuni articoli potrebbero non avere alcun impatto sulla SEO, ma possono svolgere un altro ruolo, quello di branding.

Declina un argomento popolare sotto un punto di vista più originale
Leggerai spesso che per guadagnare traffico sul tuo sito è meglio trovare una "nicchia" piuttosto che affrontare un argomento molto generale.
A volte leggo che la nicchia di un sito può essere, ad esempio, la "cucina". Questa non è una nicchia, è una tematica. La nicchia è – solo per fare un esempio pratico – un sito di cucina che propone ricette per bambini o un sito di ricette pugliesi o addirittura salentine.
Puoi, dunque, partire da un argomento ampio e popolare e cercare di renderlo più dettagliato, rivolto ad un pubblico o un contesto specifico.

Gioca con Google Suggest
Quando inserisci una parola o una frase su Google, il motore di ricerca ti suggerisce immediatamente altre possibili parole correlate; sappi che questi suggerimenti sono il frutto di ricerche già avvenute da altri utenti e contemporaneamente di ciò che è scritto nei contenuti pubblicati sui vari siti.
Ciò ti consente di ottenere facilmente nuove idee per la creazione di post. Facendo questo gioco ogni tanto, è possibile identificare rapidamente molti argomenti da poter approfondire in seguito.

6. Come implementare un contenuto SEO dalla A alla Z

Ora che hai creato la struttura e le fondamenta del tuo sito, hai bisogno di valorizzarne le pagine principali. Vediamo, allora, come strutturare e implementare correttamente un contenuto e quali sono gli elementi chiave da prevedere.
Qualunque sia la tipologia di contenuto che vuoi scrivere – la compilazione di una scheda prodotto per un e-commerce, di una categoria, un articolo di approfondimento su una determinata tipologia di prodotti, una guida turistica o un articolo di giornale – tieni sempre presente che un testo scritto per i motori di ricerca deve essere, prima di tutto, un testo scritto e confezionato ad arte per gli utenti.
Le ragioni per le quali devi adottare questa *forma mentis* sono sostanzialmente due:

- ciò che è apprezzato dagli utenti è apprezzato anche dal motore

- **sono gli utenti che sceglieranno di leggere il contenuto** fino alla fine o acquistare il prodotto di cui stanno leggendo la descrizione.

Ricorda sempre che l'obiettivo ufficiale del motore di ricerca è rendere il web un posto migliore per l'utente; ciò significa che se il visitatore vuole informazioni veloci da scaricare, facili da consultare, attendibili ed esaustive, Google tenderà a premiare e far emergere in SERP i siti che offrono pagine con queste caratteristiche.
Questo vuol dire che un testo redatto in modo accurato ed esaustivo, da persone competenti in materia, in grado quindi di soddisfare gli utenti – con qualche accortezza – diventa anche un testo valido per i motori di ricerca.

6.1. Cos'è un testo SEO friendly?

Un testo scritto per i motori di ricerca (oltre che per l'utente) punta a conquistare del traffico dalle SERP (ovvero dalle ricerche organiche), quindi dovrà avere alcuni particolari requisiti, senza i quali rischia di finire lontano dalla prima pagina dei risultati di Google e dai click degli utenti.
Facendo un paragone con la tradizionale stampa cartacea, possiamo dire che un testo online parte svantaggiato rispetto a un articolo di un quotidiano cartaceo, perché quest'ultimo deve attirare solo l'attenzione del lettore. **Un testo online**, al contrario, **deve prima attirare l'attenzione** (e la credibilità) **del motore di ricerca** e, in seguito, quella dell'utente per coinvolgerlo, conquistarlo e spingerlo a non abbandonare la pagina.

6.2. Le attività da affrontare per costruire un contenuto SEO

Alla base di un contenuto appetibile per i motori di ricerca ci sono una serie di attività fondamentali, senza le quali si rischia di andare fuori strada, oppure sprecare inutilmente tempo ed energie.

Come visto nei capitoli precedenti, una delle attività da compiere prima di iniziare a scrivere risiede in una accurata e approfondita ricerca delle keyword principali e secondarie più frequentemente utilizzate per identificare un determinato argomento. Questo ti serve per capire come cercano i tuoi utenti, quanto conoscono il tuo prodotto o l'argomento di cui vuoi scrivere; in breve, questo lavoro ti serve per comprendere – più in generale – come viene cercata e percepita dagli utenti l'area semantica di tuo interesse.

6.3. Come strutturare un testo SEO?

La domanda che si pongono in tanti – giornalisti, redattori, copywriter e blogger – è più o meno sempre la stessa: come strutturare un testo che sia appetibile per i motori di ricerca e che, allo stesso tempo, piaccia anche all'utente? La risposta non è semplice e, per arrivare ad una conclusione, è opportuno fare una serie di considerazioni.
Innanzi tutto, devi sapere che la scrittura sul web è caratterizzata da un vero e proprio **paradosso**, di cui si parla da anni: da un lato *testi corti per l'utente*, dall'altro *testi lunghi per il motore*.

6.3.1. Il punto di vista del lettore

Prima di iniziare a scrivere sul web e per il web, è bene ricordare che **la maggior parte degli utenti non legge i testi che trova su Internet**, ma li scorre velocemente per carpirne il contenuto in pochi secondi o per individuare quale parte del testo è per lui più interessante delle altre.
Come scrive Luisa Carrada nel suo libro *Mestiere di Scrivere*[29] (una vera Bibbia per coloro che creano dei testi per professione) la lettura sul web può essere spiegata con la similitudine dello

[29] Qui il sito di riferimento: mestierediscrivere.com

schedario: il lettore online scorre il testo dall'altro verso il basso, come fossero le etichette di uno schedario, per individuare quali delle voci che sta passando in rassegna sono per lui realmente interessanti. Alla fine, si ferma a consultare il singolo fascicolo solo quando avrà individuato una voce di suo interesse.
Le etichette dello schedario sono i titoli e i titoletti all'interno dell'articolo, in corrispondenza dei paragrafi, il singolo fascicolo è la porzione di articolo sul quale il lettore decide di fermarsi a leggere.
In sostanza, come farai anche tu quando apri un articolo di un giornale online o di un portale informativo, il lettore-utente scorre velocemente tra i paragrafi alla ricerca di qualcosa che attiri la sua attenzione o che risponda efficacemente alla domanda. Non si legge su internet: si scansiona.
Il motivo? Sebbene ci stiamo lentamente abituando a leggere tutto su uno schermo retroilluminato (che sia PC, tablet o smartphone), la lettura su un monitor risulta nettamente più lenta e anche molto più faticosa rispetto alla tradizionale lettura su pagina. Questo comporta anche una maggiore difficoltà nella memorizzazione di ciò che si legge su uno schermo.
In sintesi, poiché per centinaia di anni siamo stati abituati a leggere parole di colore nero su pagine bianche cartacee, oggi è ancora difficile abituarsi a leggere su uno schermo, anche se sono stati fatti molti passi in avanti, grazie alla creazione di supporti sempre più evoluti e facili da consultare.
Probabilmente le cose cambieranno con le nuove generazioni, abituate a studiare su tablet e lavagne digitali già dai primi anni di età. In attesa di questo cambiamento, però, dovresti ricordarti sempre che chi legge su uno schermo riesce – in media – a **visualizzare correttamente un massimo di 20 righe di testo** per volta se utilizza lo schermo del PC; se invece usa un tablet, o addirittura uno smartphone, il numero di righe è nettamente inferiore.
Non a caso, in questi ambiti si parla di *chunk of information*, ovvero

piccole **porzioni di informazione che il lettore scorre velocemente** di volta in volta alla ricerca di ciò che è più interessante.

6.3.2. Il punto di vista del motore di ricerca

Se il lettore tende a preferire piccole porzioni di informazione, al contrario il motore di ricerca tende a premiare – e quindi a restituire in posizioni visibili nelle SERP – i contenuti più ricchi, aggiornati, esaustivi e approfonditi. A patto, naturalmente, che il contenuto lungo e dettagliato sia realmente necessario per poter rispondere in maniera esaustiva alle query specifiche dell'utente e a fornire una risposta completa a ciò che cerca. Ovviamente, non tutti gli argomenti e non tutte le query richiedono la creazione di contenuti lunghi e complessi. Se la query prevede una risposta breve, come una data, un nome o un numero, è inutile fornire all'utente un testo lungo e dettagliato. Lo costringerebbe a cercare la risposta e perdersi nel tuo contenuto.

Al contrario, se la query – o il gruppo di query – presuppone una risposta articolata, è opportuno fornire approfondimenti e spiegazioni, eventualmente aggiungendo degli esempi per rendere più chiara la materia.

Naturalmente ogni argomento rappresenta un caso a se stante e merita un'analisi ad hoc ma, in linea generale, è possibile affermare che, per rendere un articolo interessante e appetibile per il motore di ricerca, in tutti i casi in cui l'argomento lo richieda, è opportuno strutturare degli articoli dettagliati ed esaustivi.

6.3.3. La soluzione per questo paradosso

Un valido compromesso – che può essere sfruttato in molti ambiti differenti – consiste nel creare un testo lungo e approfondito sul tema che vuoi trattare e poi adottare una serie di accorgimenti fondamentali per rendere il contenuto appetibile, scansionabile e leggibile facilmente sia per i motori di ricerca che per gli utenti.

Qui di seguito un elenco sintetico dei passaggi fondamentali da affrontare, che saranno poi illustrati nel dettaglio nei paragrafi successivi:

- seguire la struttura a "piramide invertita"
- tenere conto della struttura a F (F-Shaped)
- formattare correttamente tutto il testo
- implementare i metadata e i tag fondamentali.

6.3.4. La struttura a piramide invertita

La struttura della piramide invertita ideata e diffusa da Jakob Nielsen, uno dei maestri mondiali dell'usabilità, prevede di inserire all'inizio – in particolare nel titolo ed eventuale sottotitolo – le informazioni essenziali, ovvero le fondamenta dell'articolo, che servono a dare un'idea generale dell'argomento trattato nel testo.

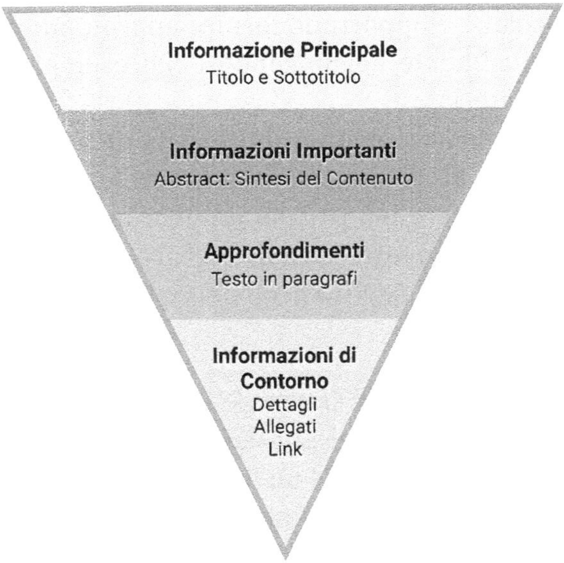

Figura 6.1. La piramide invertita

Proseguendo la lettura, si aggiungono ulteriori informazioni, una **breve descrizione** o un abstract riassuntivo; a seguire – andando sempre di più nel dettaglio fino ad arrivare alla punta della piramide rovesciata – si aggiungono i blocchi di testo divisi in **paragrafi sotto-tematici**, in cui viene sviluppato il testo dell'articolo vero e proprio, e a seguire, in coda, i **dettagli e i link interni** a risorse di approfondimento e ad articoli correlati.

6.3.5. La struttura a F (F-Shaped)

La struttura a F è quella tracciata generalmente dal **movimento degli occhi** degli utenti che leggono – o meglio scorrono – un contenuto testuale. In effetti, diversi studi di *eyetracking* (grazie ad apparecchi specifici che una volta applicati sugli occhi degli utenti consentono di tracciarne il movimento e capire cosa attrae la loro attenzione) hanno dimostrato che – di fronte ad un articolo di giornale privo di elementi particolari – l'occhio dell'utente, nello scorrere l'articolo, disegna una sorta di F. Il primo sguardo, infatti, si focalizza sul titolo e sulla prima riga del testo sottostante (ovvero il sottotitolo o l'inizio della descrizione), poi si posa sull'inizio della riga sottostante (prima frase dell'articolo vero e proprio) ma, in questo caso, non arriva fino in fondo, si ferma prima e va di nuovo a capo alla riga successiva. Questa volta, però, l'occhio non scorre orizzontalmente, come fatto nelle prime due sessioni, ma verticalmente, lungo tutta la struttura dell'articolo. È questa la fase di scansione vera e propria – quella dello schedario – dove l'occhio va alla ricerca di qualcosa di interessante su cui soffermarsi.
Ciò significa fondamentalmente che **le prime righe di un testo** ricevono maggiore attenzione rispetto a quelle che seguono e che **le prime parole posizionate a sinistra** dell'articolo vengono viste con maggiore attenzione rispetto a quelle che appaiono successivamente.
La soluzione per evitare che il tuo lettore si focalizzi solo su alcuni elementi della pagina e segua anche lui la struttura a F? Struttura e formatta correttamente il testo!

6.3.6. Formattare e strutturare correttamente il testo

Come suggerisce lo stesso Nielsen, devi fare in modo che l'utente sia agevolato nella lettura e possa consultare senza sforzo il tuo contenuto.

Per farlo, occorre assegnare la priorità alle singole parti del testo (in modo gerarchico, seguendo appunto la piramide invertita) e formattarlo in modo corretto, affinché gli utenti siano guidati e incoraggiati a proseguire la lettura.

Una delle tecniche più importanti consiste non solo nell'inserire i **concetti chiave e più interessanti in alto** – in particolare nel titolo, sottotitolo e nell'abstract – ma anche nel valorizzarli in modo che **appaiano immediatamente più grandi** ed evidenti rispetto al resto del testo che segue. Via libera, quindi, a font di dimensioni più grandi, che consentano di catturare l'attenzione e far capire immediatamente all'utente il focus del contenuto.

Altra tecnica da non trascurare è quella che prevede – considerando la tendenza dell'utente a seguire la struttura a F – di **inserire le parole e i concetti chiave nella parte alta a sinistra**, dove normalmente si focalizza l'occhio dell'utente: in questo modo hai l'opportunità di intercettare il lettore, catturare la sua attenzione e convincerlo a proseguire la lettura.

Assegna un titoletto ad ogni blocco di testo tematico, cosicché l'utente possa capire subito qual è l'argomento specifico trattato in quella porzione di pagina.

Un altro aspetto riguarda la leggibilità: crea dei paragrafi corti, facilmente scansionabili e leggibili, che **contengano meno di dieci righe** e fai in modo che tra uno e l'altro ci sia dello spazio bianco per far riposare l'occhio.

Inoltre, fai uso equilibrato e corretto dei **grassetti** per le parole chiave fondamentali e le frasi importanti: considera sempre che il lettore deve poter capire il succo dell'articolo anche scorrendo soltanto i grassetti presenti nel testo.

A tal proposito, vale la pena ricordare che fino a qualche anno fa circolava una singolare leggenda metropolitana secondo la quale evidenziare i concetti principali e le parole chiave con grassetti potesse aiutare nel posizionamento. Sappiamo con certezza che non c'è nessuna correlazione diretta tra l'uso del bold e il ranking; tuttavia formattare correttamente le pagine e renderle facilmente leggibili aiuta enormemente il lavoro dell'utente e rende la sua esperienza sicuramente più piacevole. Questo – con tutta probabilità – spingerà il lettore a trattenersi più a lungo sulle pagine e interagire maggiormente con i contenuti del sito, aumentando così il suo tempo di permanenza.

Utilizza i **punti elenco con i numeri** quando hai una lista di elementi da illustrare o una serie di passaggi in sequenza, e **distribuisci correttamente le immagini** all'interno della pagina in modo che l'elemento fotografico possa tenere viva l'attenzione dell'utente.

Infine, **valorizza con un colore diverso i link testuali** per differenziarli nettamente dal resto del testo in pagina ed **elimina i contenuti che non sono necessari**: evita ridondanza!

Ricapitolando:

- inserisci le informazioni importanti in alto a sinistra
- dividi il contenuto in blocchi sotto-tematici
- assegna un titoletto per ogni blocco sotto-tematico
- valorizza titoli e sottotitoli con font più grandi
- crea paragrafi non più lunghi di dieci righe
- lascia dello spazio bianco intorno a ogni paragrafo
- usa i grassetti (bold) per keyword e concetti importanti
- utilizza i punti elenco numerati
- differenzia i link con un colore diverso (blu)
- distribuisci bene le immagini nel testo.

6.4. Gli elementi da ottimizzare in pagina: tag e non solo

Sebbene la SEO abbia subito nel tempo una grande evoluzione, ci sono degli elementi che continuano ad essere fondamentali agli occhi del motore di ricerca, come i tag HTML o metadata. Tuttavia, tra i fattori importanti che consentono al motore di ricerca di comprendere l'argomento di cui si parla e di interpretare le informazioni presenti all'interno della pagina, c'è anche l'URL, ovvero l'indirizzo della risorsa stessa, che – per comodità e coerenza – includiamo nel capitolo dei metadata.
Nello specifico, gli elementi da ottimizzare che concorrono alla creazione di una pagina ben strutturata per la SEO sono i seguenti:

- URL
- title
- description
- H1
- altri heading: H2, H3, H4, H5 e H6
- testo
- immagini.

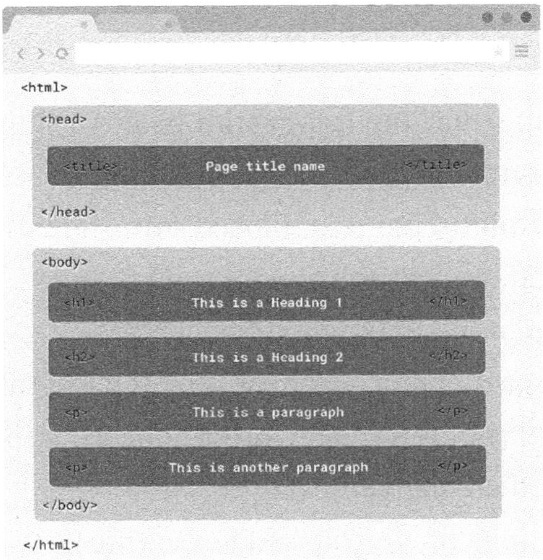

Figura 6.2. Schema degli elementi in una pagina HTML

6.4.1. URL della pagina

Spesso sottovalutato, l'URL della pagina è un elemento estremamente importante. Si tratta dell'indirizzo cui è raggiungibile un contenuto (ma anche una qualsiasi risorsa, come immagini, JavaScript e CSS) e svolge un ruolo fondamentale, perché – grazie alle parole in esso contenute – consente di far capire l'argomento affrontato nella pagina e, allo stesso tempo, di riassumere il concetto chiave espresso all'interno.
L'URL di una pagina dovrebbe sempre:

- evitare variabili e parametri
- prevedere elementi nidificati in grado di creare una struttura a cartelle e sottocartelle
- usare un trattino ("-") per separare le parole
- evitare sequenze di valori numerici e altri caratteri non parlanti, o almeno affiancarli a parole di senso compiuto
- contenere la parola chiave principale, possibilmente senza articoli, preposizioni e congiunzioni
- evitare ripetizioni e ridondanze
- avere una lunghezza inferiore agli 85 caratteri (incluso naturalmente il nome del sito e l'eventuale path di categoria/sottocategoria).

Riprendiamo l'esempio dell'e-commerce dedicato alle scarpe di corda. Considerata la tipologia di ricerche effettuate dagli utenti sull'argomento e i relativi volumi di ricerca, è auspicabile creare una categoria dedicata alle "scarpe di corda con zeppe" e magari – considerando le ricerche long tail – anche una sottocategoria più specifica "scarpe di corda con zeppe chiuse davanti", per intercettare le ricerche di nicchia.
Quale sarà la struttura degli URL e cosa andrà scritto all'interno di essi?
Mettiamo che il tuo e-commerce si chiami www.scarpedicorda.it,

dove il nome di dominio corrisponde esattamente alla tipologia di prodotto da te venduto.
Per costruire l'URL della categoria "scarpe di corda con zeppe" basterà aggiungere semplicemente "zeppe", secondo questo esempio:

```
www.scarpedicorda.it/zeppe/
```

E per la sottocategoria dedicata alla caratteristica "chiuse davanti"?

```
www.scarpedicorda.it/zeppe/chiuse/
```

In questo modo, hai creato un URL di senso compiuto, contenente le parole chiave fondamentali per far capire al motore di ricerca e all'utente l'argomento trattato nella pagina. Così facendo hai generato un URL breve (e non chilometrico come quelli che spesso si vedono sul web) e facilmente leggibile, che non verrà tagliato in SERP; hai evitato di inserire parole inutili, come la ripetizione della parola scarpa e zeppa nella categoria e sottocategoria.
E per quanto riguarda la pagina prodotto?
Come anticipato nei capitoli precedenti, per le pagine di prodotto è opportuno generare un URL privo della struttura relativa alla cartella di categoria e sottocategoria, come nell'esempio qui di seguito:

```
www.scarpedicorda.it/scarpa-jenny-modellox.html
```

Se, per motivi gestionali, hai proprio necessità di inserire un codice numerico in corrispondenza dell'URL di prodotto, fai in modo che sia inserito in coda:

```
www.scarpedicorda.it/scarpa-jenny-modellox-23450.html
```

6.4.2. Tag HTML

I tag HTML sono **porzioni di codice invisibili agli utenti** (a meno che tu non vada ad analizzare il codice sorgente della pagina) che forniscono dati e informazioni preziose sulla tua pagina. In sostanza, questi tag aiutano i motori di ricerca a capire di cosa tratta il contenuto, quali sono le informazioni fondamentali e i concetti chiave. Ma c'è di più, perché questi tag aiutano a mettere in risalto le parti più importanti del tuo contenuto e a farle emergere nelle SERP restituite dal motore di ricerca

I tag HTML – sebbene abbiano subito tantissime modifiche nel corso degli anni – continuano essere una parte cruciale dell'ottimizzazione on-site e ancora oggi sono assolutamente vitali per la SEO.

6.4.2.1. Tag title

Il tag title – o title tag – è uno degli elementi più importanti della pagina HTML, perché consente al motore di ricerca di capire **l'argomento fondamentale** trattato nella pagina. È il titolo che compare in alto come primo elemento della pagina, sopra la barra dell'indirizzo, viene inserito nell'head e valorizzato secondo questa sintassi:

```
<title>Il tuo titolo del tuo contenuto</title>
```

Quando il motore di ricerca restituisce la sua SERP mostrando gli snippet, il title tag è il primo elemento che compare nello snippet: si trova subito sopra all'URL.

Questo tag viene consultato dai motori di ricerca per individuare con chiarezza il tema trattato all'interno di una determinata pagina e usato per valorizzarla correttamente nella lista dei risultati delle SERP.

Se in passato il tag title veniva utilizzato come vero e proprio contenitore di parole chiave esatte e ridondanti, oggi è molto simile

ad un vero e proprio titolo, utile sia al motore di ricerca che all'utente per capire l'argomento trattato.
Il title tag è una porzione estremamente importante della pagina anche per un'altra ragione: una volta restituito in SERP aiuta l'utente a decidere se cliccare o meno su quel risultato.
Ma non è tutto, perché quando la pagina è condivisa sui social network, è il tuo title tag che viene visualizzato e condiviso.
Ci sono però anche degli imprevisti. Google potrebbe decidere di non restituire in SERP il tag title che hai inserito e sostituire la stringa di testo che hai implementato con un tag title differente. A volte mostra il titolo valorizzato in H1, altre volte addirittura l'H2. Questo succede, ad esempio, quando la query digitata dall'utente coincide maggiormente con la keyword (o con il concetto) espressa nell'H1 o nell'H2 piuttosto che con quella inserita nel tag title.
Inoltre, poiché Facebook e Twitter hanno i loro tag title specifici, sempre all'interno della sezione <head>, se usi i titoli alternativi per questi due social network, Google potrebbe decidere di usarli al posto del tag title che hai inserito.
Naturalmente non puoi prevedere se, quando e come verrà riscritto il title, pertanto al momento di implementarlo dovresti utilizzare sempre la parola chiave principale e inserire anche delle correlate, insieme a ulteriori dettagli utili. In questo modo darai il maggior numero di informazioni disponibili e avrai modo di far capire al meglio l'argomento trattato nella pagina.

6.4.2.1.1. Come ottimizzare al meglio il tag title

La prima raccomandazione è di fare il tag title sempre più corto di 60 caratteri, altrimenti potrebbe essere tagliato in SERP e alcune delle tue parole importanti potrebbero essere omesse. Inoltre, tieni presente che non tutti i caratteri hanno lo stesso valore, perché non tutti occupano lo stesso spazio in termini di pixel. Ad esempio, la lettera W occupa più spazio rispetto alla lettera I o ad alcune lettere minuscole.

Inserisci all'inizio le parole più importanti e lascia alla fine il nome del brand (solitamente separato dal simbolo pipe |) o gli ulteriori dettagli che andrai ad aggiungere. Se il tuo titolo è lungo, puoi seguire alcune accortezze: ad esempio, evitare le lettere maiuscole, utilizzare il simbolo & invece di "e", la barra / invece di "o" per unire le parole e recuperare alcuni caratteri.
In ogni caso, ricordati che, se il titolo dovesse essere troppo lungo, nella peggiore delle ipotesi verrà tagliato e al posto della parte eliminata verranno mostrati dei punti di sospensione. In casi estremi, quindi, non c'è nessun rischio di penalizzazione, tuttavia è opportuno – soprattutto per le pagine più importanti del tuo sito – scrivere dei title tag idonei, che non superino i 60 caratteri.
Un aspetto importante di cui dovresti ricordarti sempre è il rispetto per l'utente e il motore di ricerca: tieni presente tutte le raccomandazioni che hai letto fino ad ora e scrivi i tuoi tag title con **naturalezza**. Se non vuoi che Google riscriva i tuoi titoli o addirittura ti declassi per aver causato un'esperienza utente di scarsa qualità, evita ripetizioni eccessive di parole chiave, inserisci pure le tue keyword ma rendi scorrevoli e leggibili i tuoi testi.
Ottimizza i tag title per le keyword importanti, ma fallo in modo intelligente: inserisci **una o due parole chiave correlate** per creare un titolo descrittivo, univoco e accattivante per i tuoi utenti.
Il tag title, infatti, serve sì ad attirare utenti e, quindi, a generare traffico, ma anche a fare una promessa di ciò che poi farai trovare all'interno della pagina. E le promesse vanno sempre mantenute.
Usa le tue parole chiave più importanti all'inizio del title: così facendo, gli utenti, guardando velocemente tutti i risultati elencati nella SERP restituita da Google, noteranno prima le tue informazioni e le tue keyword in evidenza.
Inoltre, **evita assolutamente titoli duplicati**: non inserire lo stesso concetto su più pagine e accertati a monte che ogni pagina del sito abbia un suo valore e una sua autonomia, che sia unica e originale. In caso contrario, Google potrebbe penalizzarti.
Non è raro vedere sviste ed errori grossolani – commessi anche

da professionisti che fanno SEO da anni – dove uno stesso concetto viene ripetuto, in modo diverso, su più pagine dello stesso sito. Questo è il modo migliore per complicarti la vita da solo: così facendo metterai in difficoltà il motore di ricerca, che – di fronte a due o più pagine simili – non saprà quale restituire in SERP. In casi come questi, nella migliore delle ipotesi il motore restituirà entrambi i risultati (ma questa è una situazione che solitamente dura poco) e nella peggiore nessuno dei due.
Se ti è capitato di creare due pagine simili, che tendono a concorrere per lo stesso argomento, tieni solo quella che si posiziona meglio, che porta più traffico e riceve più domini linkanti dall'esterno, integrala con il contenuto presente nell'altra, togli le parti ridondanti e fai un redirect dalla pagina con meno valore verso quella di maggiore valore.

6.4.2.1.2. E il brand dove lo metto?

Il brand è naturalmente un aspetto da non tralasciare, soprattutto in prospettiva e sul lungo periodo. Indipendentemente dalla notorietà del tuo brand, è opportuno inserirlo comunque all'interno dei title di tutte le pagine del sito. Non all'inizio – come spesso viene fatto – ma alla fine della stringa testuale, in coda a tutte le altre informazioni importanti.
Questo perché, se il tuo brand è già noto, riconoscibile e percepito come affidabile, inserendolo nel title hai già una marcia in più e maggiori opportunità di far cliccare l'utente sui tuoi risultati. Se, al contrario, non è ancora noto, questa è un'ottima opportunità per iniziare a farlo conoscere. Se il tuo sito salirà in SERP, aumentando la sua visibilità, automaticamente crescerà anche la notorietà del tuo marchio.
Un esempio pratico di title è il seguente:

```
<title>Scarpe di Corda con Zeppe: Scopri le Offerte | TuoBrand</title>
```

6.4.2.2. Tag meta description

Il meta tag description è un altro importante tag HTML, che permette di capire in modo più approfondito il tema trattato dal contenuto della pagina. È un breve paragrafo testuale che viene inserito all'interno della sezione <head> della pagina. Nello snippet della SERP è la porzione di testo di un paio di righe che appare dopo il title e l'URL della risorsa.
In HTML la meta description ha questa sintassi:

```
<meta name= "description" content="Due righe di description per far
capire all'utente l'argomento della pagina e invitarlo al click".>
```

Il valore della meta description, per alcuni aspetti, è molto simile a quello del titolo: è un elemento estremamente importante perché aiuta i motori di ricerca a **identificare il tema trattato** all'interno della pagina e consente agli utenti di capire se il contenuto di quella pagina corrisponde o meno alla query da loro digitata.
Sebbene la meta description non sia un fattore di ranking, questa svolge comunque un ruolo importante perché è in grado – se ben implementata – di aiutare l'utente a capire meglio l'argomento trattato, a incoraggiarlo a fare click sul tuo risultato, a ridurre la frequenza di rimbalzo e ad aumentare il tasso di conversione.
Come visto anche per il title, la meta description appare sia nello snippet delle SERP, come ultimo elemento, sia sui social network, dove appare quando gli utenti condividono il tuo URL sui loro profili.
Anche qui possono accadere degli imprevisti, proprio come illustrato per il title. La meta description restituita e visualizzata in SERP potrebbe non essere quella che hai implementato all'interno della sezione <head>.
Anche in questo caso, non è detto che tu abbia sbagliato a implementarla, semplicemente – secondo il motore di ricerca – **c'è una stringa di testo** all'interno della tua pagina **che risponde meglio alla query** digitata dall'utente. Occorre sapere, infatti, che di base

Google utilizza e restituisce nelle SERP la meta description specificata nella sezione <head>, ma quando c'è necessità di fornire maggiori informazioni o ulteriori dettagli che rispondano meglio alla keyword digitata dall'utente, può decidere di prendere anche alcune porzioni di contenuto presente nella pagina e restituirlo in SERP al posto della meta description.
Come per il title, non c'è una regola per evitare questo, tuttavia – per ridurre il rischio che la meta description venga sostituita da Google – è opportuno scrivere **un testo che sia realmente allineato al contenuto** della tua pagina, effettivamente esplicativo e **che non superi i 155 caratteri**.
Anche la lunghezza raccomandata per la meta description è variata nel tempo e continua a farlo. Fino a qualche anno fa, la lunghezza massima raccomandata era di 160 caratteri, poi è stata ridotta a 155, poi è arrivata fino a 300 caratteri, comportando – come conseguenza diretta – un allungamento di tutta la pagina della SERP. Oggi il limite raccomandato è tornato a 155 caratteri: se la meta description supera questa lunghezza, verrà tagliata con dei puntini di sospensione. Nel dubbio, quindi, è raccomandabile farla leggermente più corta e non superare i 150/155 caratteri.
Per capire come appariranno il tuo title e la tua meta description in SERP, puoi ricorrere al seguente tool gratuito:

`seomofo.com/snippet-optimizer.html`

Inserisci negli appositi spazi i metadata che desideri implementare nella tua pagina e il software ti restituirà immediatamente un'anteprima: in questo modo potrai capire se verrà tagliato qualcosa o se, invece, sarà mostrato integralmente.
In alternativa, se utilizzi Screaming Frog, puoi fare lo stesso esperimento: inserisci il tuo URL di pagina nell'apposito box in alto e – una volta scansionato – clicca sul tasto della sezione SERP SNIPPET, che trovi nella schermata in basso, quindi modifica i tuoi metadata per vedere come verrebbero mostrati in SERP.

6.4.2.2.1. Raccomandazioni utili

La meta description è il biglietto da visita identificativo della tua pagina web, ma, allo stesso tempo, contiene anche un messaggio promozionale che deve spingere l'utente a cliccare sulla tua pagina. Proprio in virtù di questa doppia veste, devi inserire nella meta description **informazioni brevi**, **semplici** e **dirette**, che contengano la parola chiave più importante e rappresentativa della tua pagina, evitando dettagli inutili o addirittura ripetizioni.
Ricorda sempre che se la **parola chiave** digitata nel box del motore di ricerca dall'utente è presente all'interno della tua meta description, apparirà in **grassetto** e avrà, quindi, maggiori probabilità di attirare l'attenzione e l'interesse dell'utente, tanto da portarlo a cliccare.
Altro aspetto importante – spesso sottovalutato – riguarda la **punteggiatura**. Cerca di non inserire mai delle virgole all'interno della meta description e inserisci un solo punto alla fine della frase. Questo perché nel momento in cui Google vede una virgola (o delle doppie virgolette) all'interno di questa porzione di testo, potrebbe decidere di tagliare via – e quindi di non mostrare in SERP – tutto ciò che segue la virgola.
Se dimentichi di inserire il punto alla fine della stringa di testo, il motore di ricerca potrebbe decidere, al contrario, di attaccare alla description un altro pezzo di testo preso sempre dalla tua pagina. In sostanza, il punto indica a Google che la description è terminata; in assenza di questo si prende la libertà di continuarla lui aggiungendo a piacere una porzione di testo.
Un esempio pratico di meta description è il seguente:

```
<meta name=”description” content=”Acquista ora le tue scarpe di corda con le zeppe approfittando dei prezzi vantaggiosi: vieni a scoprire tutti i modelli e le offerte della settimana!“ >
```

Se hai già inserito tutte le informazioni che ritieni più importanti e hai ancora spazio nella description, puoi prendere spunto dalle pagine posizionate meglio in SERP per la query di tuo interesse e individuare un eventuale filo conduttore, un'informazione ricorrente messa in evidenza, un ulteriore dettaglio che potresti valorizzare al quale non avevi pensato, ecc. In breve: usa a tuo vantaggio tutto lo spazio a disposizione e pensa alla meta description come a un messaggio pubblicitario da sfruttare al massimo.

6.4.2.3. Heading principale o H1: il titolo dell'articolo

Una volta strutturati e implementati correttamente il title e la meta description, devi provvedere alla creazione dell'H1, che corrisponde al titolo principale ed editoriale della pagina.
Il tag di intestazione H1 è, infatti, il titolo vero e proprio del contenuto, quello che leggiamo, ad esempio, quando apriamo un articolo di giornale online, una pagina di categoria o una scheda prodotto. Indipendentemente dalla tipologia di sito che stai sviluppando e dalla tipologia di pagina, l'H1 è sempre l'intestazione principale e, per questo, andrà implementato e valorizzato in modo corretto rendendolo **graficamente più grande** ed evidente rispetto agli altri testi.
L'H1 dovrà necessariamente:

- contenere la keyword principale (o una correlata)
- essere chiaro e accattivante.

Come anticipato nel capitolo dedicato al tag title, se l'H1 inserito nel testo aderisce più del title alla query digitata dall'utente, il motore di ricerca restituirà l'H1 al posto del title tra risultati forniti in SERP. Anche per questa ragione, è opportuno differenziare sempre il contenuto del title da quello dell'H1 inserendo delle correlate, dei sinonimi e ulteriori dettagli.
Come già visto per il title e la description, anche nell'H1 è opportuno inserire le parole chiave più importanti e rappresentative della pagina, ma anche dei sinonimi. A tal proposito, ricorda

sempre che gli H1 sono intestazioni visibili all'utente: sfrutta questi tag per spiegare al meglio l'argomento trattato, per stimolare la curiosità del visitatore e incoraggiarlo a restare.
Il tag corretto per valorizzare l'H1 all'interno del body della pagina HTML è il seguente:

```
<h1>Titolo dell'articolo</h1>
```

Un esempio di H1 correttamente implementato – sempre riprendendo l'esempio delle scarpe di corda – è il seguente:

```
<h1>Scarpe di corda: scopri tutti i modelli e scegli il tuo</h1>
```

Nel caso specifico, **l'H1 è molto simile al title**, ma – non essendoci limiti di spazio se non quelli dettati dal layout di pagina – **è possibile aggiungere ulteriori dettagli e specifiche**.
Ricorda sempre che – se fino a qualche anno fa era raccomandato utilizzare un solo H1 per pagina – con l'introduzione dell'HTML5 questa prassi è stata di fatto sdoganata e oggi è possibile utilizzare più di un H1 all'interno della stessa pagina.

6.4.2.4. Gli altri heading tag: le intestazioni H2-H6

Oltre all'H1, esistono anche altre intestazioni minori, che vanno dall'H2 all'H6 e servono per identificare – in ordine gerarchico e decrescente – gli altri blocchi di testo che seguono. La sequenza degli heading, infatti, mostra il livello di importanza di ogni sezione presente all'interno della pagina.
Usati per strutturare il contenuto, identificare i punti salienti e gli argomenti chiave sviluppati all'interno del testo, questi heading tag minori sono estremamente importanti, perché aiutano i motori di ricerca a interpretare al meglio i tuoi contenuti. Inoltre, **dividere il testo in blocchi autonomi e separati**, introdotti dagli heading, aiuta anche l'utente a leggere meglio la pagina e a comprendere più rapidamente i concetti chiave.
Ma non è tutto, perché queste intestazioni – spesso sottovalutate

– diventano estremamente importanti anche nel momento in cui decidi di creare un indice interno ad un articolo, dando vita ad un indice interattivo (table of content).
In questo caso, le voci elencate all'interno dell'indice dei contenuti presenti nella tua pagina saranno valorizzate con delle ancore interne che punteranno direttamente ai corrispondenti heading, generalmente degli H2 (o H3) presenti in pagina.
In questo modo, il motore di ricerca potrebbe decidere di restituire direttamente nello snippet delle SERP le ancore interne che conducono ai singoli heading presenti all'interno del testo.
Questo tipo di valorizzazione – utile sia per il motore che per l'utente – può essere utilizzato per guide complesse, ma anche manuali, elenchi, tutorial, ecc.
Così facendo avrai l'opportunità di aumentare:

- la visibilità di tutto il contenuto
- l'ingombro visivo del risultato all'interno delle SERP
- il CTR (click through rate) o tasso di conversione.

6.4.2.5. Ottimizzazione delle immagini

La presenza di immagini all'interno delle pagine di un qualsiasi sito web è fondamentale, perché queste migliorano nettamente l'esperienza di navigazione degli utenti, rendono il testo descrittivo maggiormente accattivante e coinvolgente, spingono i lettori a proseguire la lettura e contribuiscono ad aumentare le conversioni, soprattutto se si tratta di un e-commerce.
Sebbene Google sia sempre più abile nell'interpretazione del contenuto delle immagini, è importante ottimizzarle sempre con attenzione per poterle **rendere "parlanti"** e correttamente **interpretabili**. È, infatti, possibile ottimizzare il codice HTML delle immagini per ottenere maggiore visibilità all'interno dei motori di ricerca specifici (Google immagini) e valorizzare ulteriormente il contenuto della pagina.

Il tag <img> è l'elemento del codice HTML che consente di valorizzare e rendere parlanti le immagini all'interno di una qualsiasi pagina.
Gli elementi più importanti di un file immagine sono:

- il **nome del file** (fine name), che deve essere inerente all'argomento trattato nella pagina e, possibilmente, in linea con le altre informazioni inserite nei metadata
- **l'attributo ALT**, che fornisce un testo alternativo all'immagine per rendere accessibili e parlanti i contenuti delle immagini
- il **testo descrittivo** che accompagna il file, ad esempio una didascalia, in grado di fornire ulteriori elementi e dettagli.

Per rendere un'immagine correttamente interpretabile, occorre:

- nominare il file immagine con la **parola chiave/key phrase** principale (priva di articoli, preposizioni, congiunzioni, ecc.)
- **implementare il tag ALT con la keyword**-concetto chiave
- **implementare il title dell'immagine** inserendo un titolo riassuntivo
- **aggiungere** possibilmente **una breve didascalia** per integrare le informazioni già fornite.

6.4.2.5.1. Nomi delle immagini

I nomi delle immagini presenti in tutte le pagine di un sito dovrebbero essere parlanti ed esplicativi del contenuto dell'immagine stessa, utilizzando – possibilmente – una delle parole chiave principali legate al contenuto: ad esempio il nome della pagina di categoria in cui si trova l'immagine, il nome del prodotto in vendita se si tratta di una scheda prodotto, il nome del personaggio, se si tratta di un'intervista, la parola chiave che riassume l'argomento se si tratta di un articolo giornalistico, ecc.

6.4.2.5.2. Attributo ALT

L'attributo alt text che caratterizza le immagini sta per *alternative text* ed è un tag estremamente importante, perché consente di **valorizzare l'immagine e fornirne una breve descrizione**.
Questo tag, infatti, rende le tue immagini interpretabili dai bot, che così potranno restituirle direttamente nei risultati del motore di ricerca verticale (Google Images), ma anche dai software per l'accessibilità, che interpretano proprio il tag alt delle immagini per raccontarne il contenuto all'utente non vedente.
Le immagini davvero utili sono quelle relative ai prodotti, pagine di categoria e sottocategoria, contenuti informativi, ma anche infografiche, grafici e diagrammi. Naturalmente, come già visto per tutti gli altri tag illustrati sopra, anche in questi dovresti usare le parole chiave della pagina in cui sono inserite.
In sintesi, crea una descrizione riassuntiva spiegando il contenuto dell'immagine e non superare i 120 caratteri di lunghezza, altrimenti i software di lettura si interromperanno.
Il tag alt è valorizzato con questa sintassi:

```
<img src="url-immagine" alt="Descrizione riassuntiva breve sul contenuto dell'immagine">
```

Questo un esempio di valorizzazione del tag alt di un'immagine presente in una pagina di categoria:

```
<img src="/images/scarpe-zeppe-vendita.jpg" alt="Catalogo di tutte le scarpe di corda con zeppe completi di prezzi">
```

Come puoi vedere, è stato inserito, in modo strategico, un testo riassuntivo del contenuto della pagina, che potrebbe essere anche leggermente diverso rispetto al contenuto mostrato dall'immagine vera e propria.
Facciamo un esempio e immaginiamo che la pagina di categoria dedicata alle scarpe di corda con zeppe contenga un'immagine in cui si vedano solo tante scarpe in corda.

L'alt tag più immediato potrebbe essere:

```
<img src="/images/scarpe-corda.jpg" alt="scarpe di corda">
```

Tuttavia, questa informazione così generica porterebbe un valore aggiunto davvero ridotto, sia per l'utente che per il motore di ricerca.
E allora? Sfrutta **il tag alt per ottimizzare a pieno l'immagine**, rendendola parlante ed esplicativa del contenuto generale che stai affrontando!

6.4.2.5.3. Title dell'immagine

Il title dell'immagine è un altro elemento a diposizione dei webmaster, che consente di aggiungere ulteriori informazioni sulla foto inserita nella pagina. Per valorizzare questo elemento, puoi riprendere il title che hai inserito nei metadata della pagina oppure crearne un altro ad hoc, accertandoti che ci sia una delle parole chiave più importanti e maggiormente rappresentative del contenuto che stai ottimizzando.

6.4.2.5.4. Didascalia dell'immagine

Spesso sottovalutata, la didascalia svolge un ruolo importante, soprattutto quando all'interno di una pagina esistono più immagini a corredo del testo.
Aggiungere una breve didascalia sotto o accanto a ciascuna delle immagini presenti aiuta a rafforzare i concetti espressi dagli altri testi, ad arricchire la pagina e ad aumentarne il valore semantico. Inoltre, i sottotitoli aiutano a rendere i tuoi contenuti più accattivanti e più facili da capire per i lettori. Secondo alcune ricerche (KissMetrics), la presenza di didascalie sotto le immagini aumenta del 300% l'attenzione e la permanenza dell'utente sulla pagina rispetto alla stessa immagine senza testo[30].

[30] *The Shocking Truth About How Web Graphics Affect Conversions*, neilpatel.com

6.5. Rich snippet

I rich snippet – come abbiamo già visto – sono delle informazioni aggiuntive e di approfondimento che compaiono nelle SERP di Google, per arricchire di dettagli utili i risultati restituiti all'utente. Hai presente le stelline o i prezzi che compaiono in corrispondenza di una scheda prodotto visibile in SERP? I tempi di cottura e le immaginette che visualizzi tra i risultati quando cerchi una ricetta? Le date dei concerti quando fai una ricerca sul tuo cantante preferito?

Tutte queste informazioni sono il risultato dell'implementazione dei microdati di Schema.org, uno standard supportato da tutti i motori di ricerca, che aiuta a identificare meglio il contenuto della pagina.

Una volta restituiti in SERP, i rich snippet **aumentano nettamente il tasso di conversione**, perché attraggono l'utente molto di più rispetto a una pagina che ne è priva.

6.5.1. A cosa servono

L'utilizzo dei rich snippet consente ai motori di ricerca di individuare gli elementi fondamentali che caratterizzano il testo (entità) associando loro la giusta importanza. Questo permette a Google (e a tutti gli altri bot) di restituire in SERP dei risultati sempre più pertinenti e aderenti alle query di ricerca digitate dagli utenti. Inoltre, grazie alle ulteriori informazioni e ai dettagli inseriti, l'utente ha l'opportunità di capire più facilmente se il risultato restituito può essere o meno di suo interesse. I rich snippet, poi, aumentano le conversioni e diminuiscono la frequenza di rimbalzo, perché attirano maggiormente l'utente.

Occorre ricordare che i microdati saranno sempre più importanti con la diffusione dell'Internet of Things e l'utilizzo crescente dei dispositivi come Google Home, Alexa e altre applicazioni simili che utilizzano i dati strutturati per individuare servizi e prodotti in linea con le esigenze degli utenti. Immagina, ad esempio, un utente che – tramite il suo dispositivo – desideri trovare un parrucchiere aperto la settimana di Ferragosto. Con i dati strutturati correttamente implementati, l'assistente di Google (o Google Maps) potrà agevolmente fornire i contatti dei parrucchieri effettivamente aperti e disponibili in quel periodo. Questo naturalmente a patto che la pagina del parrucchiere abbia compilato correttamente i suoi dati di apertura e chiusura.

6.5.2. Per quali tipologie di pagine?

I rich snippet possono essere utilizzati in diverse tipologie di contenuto, come recensioni di prodotti o servizi, prezzi e offerte, condizioni della merce venduta e disponibilità, ma anche informazioni su tempi di preparazione, cottura e apporto nutritivo dei piatti nei siti di ricette, date dei concerti e degli eventi, contenuti video e contatti di persone e aziende. Questi solo per citare gli ambiti più comuni.

È consigliabile inserire queste informazioni aggiuntive (markup) all'interno delle tue pagine per due motivi fondamentali:

- aiutano il motore a capire meglio i tuoi contenuti
- attirano maggiormente l'attenzione dell'utente e aumentano il CTR.

6.6. I tag open graph (OG)

I tag open graph (OG) – spesso sottovalutati nel mondo della SEO – sono dei metatag aggiuntivi, che forniscono ulteriori informazioni utili per la condivisione della pagina sui social network.

Anche queste informazioni vanno inserite nella sezione <head> della pagina HTML. Introdotti per la prima volta da Facebook, nel 2010, questi tag sono oggi riconosciuti e correttamente interpretati anche da altre importanti piattaforme social.

Un esempio di sintassi HTML (relativa al title) per gli open graph è il seguente:

```
<meta name ="og: title" property="og: title" content ="Titolo principale Open Graph">
```

6.6.1. Open graph e SEO

Se la domanda è se questi tag possano influenzare la SEO, aumentando il posizionamento della risorsa all'interno delle SERP di Google, la risposta è un no secco. Se, invece, la domanda è relativa all'**utilità indiretta** di questi tag e alle **possibilità di conversione** offerte da queste informazioni aggiuntive (che è poi l'obiettivo finale di tutte le attività di web marketing, inclusa la SEO e le attività sui social) la risposta è sì.
I tag OG ti consentono di controllare come vengono rappresentate le informazioni della tua pagina quando sono condivise attraverso i vari canali social ed eventualmente di migliorarle in corso d'opera, qualora non siano soddisfacenti. Questi tag rappresentano una vera e propria opportunità per **aumentare la visibilità** della tua pagina sulle varie piattaforme di condivisione e, di conseguenza, incrementare il tasso di conversione dei tuoi contenuti. In sostanza, si tratta di un beneficio che direttamente non ha nulla a che fare con la SEO, ma – dovendo implementare anche gli altri metadata per il motore di ricerca – perché non aggiungere questi tag utili sui social network?
Nei paragrafi successivi i tag open graph più importanti e popolari da ottimizzare.

6.6.1.1. Title OG

Il title OG è semplicemente il title HTML della pagina. Per comodità, puoi utilizzare lo stesso title comunicato a Google, se pensi che possa adattarsi anche al pubblico dei social network. Ricordati che anche in questo caso ci sono dei vincoli: questo title deve avere una lunghezza compresa tra i **60 e i 90 caratteri**. Se dovesse risultare più lungo, potrebbe essere tagliato. Per comodità, attieniti al tag title della pagina che – come illustrato sopra – non deve superare i 55-60 caratteri.

6.6.1.2. OG type

Grazie al tag OG type, puoi descrivere che tipo di entità stai per condividere: un sito web, un post, un video, un'azienda, ecc. Questo tag è considerato importante soprattutto quando la tua pagina contiene il pulsante MI PIACE. Nella maggior parte dei casi, l'entità condivisa sui social è "sito web"; in tal caso, non sarà necessario specificare l'OG type nel codice della pagina, perché verrà letto e interpretato in automatico.

6.6.1.3. Description OG

Il description OG è molto simile alla meta description destinata al motore di ricerca ed è una porzione di testo che appare come riassunto della pagina nel momento in cui questa viene condivisa sui social. In questo caso, non è fondamentale inserire la parola chiave principale, ma sfruttare i 200 caratteri a disposizione per creare una descrizione che riassuma, valorizzi, stimoli la curiosità e coinvolga l'utente invitandolo a cliccare.

6.6.1.4. Immagine OG

L'immagine è sempre un elemento di forte attrazione: che si trovi in una pagina web o su una risorsa condivisa tramite i social network, il valore di una foto è sempre altissimo, perché attira l'attenzione e coinvolge. Non a caso, un'immagine attira molto di più rispetto a un testo e rende la risorsa condivisa nettamente più attraente.

Naturalmente, l'immagine non deve solo catturare l'attenzione

dell'utente, ma deve essere in linea con il resto della comunicazione. Un metodo sempre vincente consiste nell'inserire del testo all'interno dell'immagine OG per enfatizzare il concetto chiave del tuo contenuto o valorizzare una call to action.
Una volta implementato tutto correttamente, fai un controllo con l'apposito strumento Open Graph Object Debugger, un tool davvero prezioso che consente di testare i contenuti e accertarti che appaiano effettivamente come li avevi immaginati.

6.7. Costruire il testo vero e proprio

A questo punto hai visto come implementare e inserire – a livello di codice – tutti i tag e gli elementi fondamentali per poter rendere la tua pagina parlante agli occhi del motore di ricerca. Ora non resta che strutturare, scrivere e valorizzare al meglio il tuo contenuto, sia per il bot che per l'utente.
Una volta scelto e redatto il titolo principale dell'articolo e i titoli minori dell'articolo (heading h2-h6) occorre strutturare il testo, che sarà caratterizzato da un'introduzione generale per illustrare l'argomento e da una serie di paragrafi, ognuno dei quali dedicati ad un sotto-argomento specifico.
Come visto precedentemente, a seconda del tipo di articolo, potrai prevedere di inserire anche un indice dei contenuti all'interno della pagina, dando vita al cosiddetto articolo pillar – o articolo guida – caratterizzato appunto da un elenco di voci elencate in un menu, ognuna delle quali rappresenta un sotto-argomento specifico. In questo modo – oltre a rendere più leggibile l'intero contenuto – dai al motore di ricerca e all'utente l'opportunità di navigare tra i singoli blocchi di testo attraverso le ancore interne.
Cosa deve contenere l'introduzione dell'articolo?
Come visto con lo schema della piramide invertita di Jakob Nielsen, nell'introduzione del contenuto dovrà essere inserita necessariamente anche la **parola chiave principale** e i **concetti fondamentali dell'articolo**.

Nelle righe successive, potrai naturalmente utilizzare dei sinonimi della parola chiave scelta, in modo da non creare ripetizioni ridondanti e testi artificiosi, poco leggibili e poco accattivanti.
Nei paragrafi successivi, tratterai in maniera più specifica e dettagliata l'argomento principale e affronterai i vari sotto-argomenti: in questi blocchi di testo ripeterai naturalmente la parola chiave, utilizzando anche dei sinonimi e dei termini correlati.
Ciascun paragrafo presente nell'articolo:

- dovrà trattare una delle sotto-tematiche individuate
- dovrà essere preceduto da un heading (H2, H3, H4, ecc.).

I sottotitoli dei paragrafi che seguono l'introduzione dovrebbero essere valorizzati con l'heading H2, se hanno tutti la stessa importanza; se invece vengono inseriti in ordine gerarchico, possono essere valorizzati con gli altri heading: H2, H3, H4, H5 e H6 (anche se occorre tener presente che negli ultimi tempi l'H5 e l'H6 hanno perso parte del loro valore e sono oggi associabili al semplice grassetto).
Come anticipato sopra, gli heading forniscono al motore di ricerca informazioni utili per capire l'ordine di importanza in cui vengono inserite le informazioni all'interno del testo.

6.7.1. Struttura ideale di un testo SEO

Per rendere più semplice e facilmente memorizzabile la struttura ideale di un testo in ottica SEO, è importante ricordarsi alcuni requisiti e concetti fondamentali, che potrai vedere riassunti qui di seguito.
Il **TITLE HTML** deve essere implementato inserendo la parola chiave principale, possibilmente all'inizio della frase.
La **description deve contenere la keyword principale** e altri dettagli che incuriosiscano l'utente, oltre, naturalmente, ad una **CALL TO ACTION** che inviti a visitare la pagina.

L'H1 deve **contenere la parola chiave principale** ed eventuali altre correlate, possibilmente aggiungendo maggiori dettagli per invogliare la lettura.

Il **primo paragrafo dell'articolo è quello introduttivo**, che dovrà contenere la keyword principale (il tema o il concetto chiave) da inserire proprio nelle prime righe di testo. Questo paragrafo deve avere un cappello iniziale esplicativo e riassuntivo, contenente gli elementi salienti che poi verranno illustrati nel dettaglio nei paragrafi successivi.

Il TOC – che sta per table of contents – è di fatto un **indice degli argomenti** che verranno trattati all'interno dell'articolo. Ciascuna delle voci elencate nell'indice corrisponde ad un heading (ad esempio un h2) e verrà valorizzata con un'ancora interna (un link interno): cliccando sul titolo inserito nell'indice, l'utente potrà saltare direttamente al paragrafo corrispondente presente nel testo. Questa soluzione consente, da un lato, di consultare facilmente e a colpo d'occhio tutti gli argomenti trattati nella pagina e, dall'altro, di leggere con facilità e velocità solo quello che eventualmente interessa.

Un'opportunità per evitare che l'utente si annoi di fronte a un articolo troppo lungo, del quale – in realtà – aveva bisogno solo di leggere uno dei paragrafi.

L'H2 è un altro titolo editoriale, ma di minor importanza rispetto all'H1. All'interno di questa stringa di testo dovrà essere presente una parola chiave secondaria, in grado di **identificare uno dei sotto-argomenti** individuati durante la ricerca keyword.

Questo paragrafo entra nel dettaglio della prima sotto-tematica rappresentata dalla prima keyword secondaria (o correlata) e la tratta in modo esaustivo e completo.

L'H3 è un altro titolo editoriale, ma di minor importanza rispetto all'H2. Questo paragrafo entra nel dettaglio della **seconda sotto-tematica** rappresentata dalla seconda keyword secondaria (o correlata) e la sviluppa in modo esaustivo e completo.

L'H4 è un altro titolo editoriale, ma di importanza ancora minore rispetto all'H3.

6.7.1.1. Un esempio pratico di questo schema

Per capire meglio come utilizzare appieno ed efficacemente questo schema e sviluppare correttamente un articolo (un post del blog, un pezzo giornalistico, una guida, un tutorial, ecc.) ecco un esempio pratico da poter prendere come riferimento.
Riprendiamo il nostro e-commerce di scarpe di corda e simuliamo la creazione di un contenuto dedicato agli utenti che cercano consigli, tecniche e aiuti pratici per poter pulire correttamente le scarpe di corda senza rovinarle.
Dalla ricerca keyword effettuata per individuare parole chiave di tipo informazionale, emergono alcuni spunti interessanti:

- come lavare le scarpe di corda
- come pulire le scarpe di corda
- come togliere odori dalle scarpe di corda
- espadrillas pioggia.

Il title HTML dell'articolo potrebbe essere:

Come lavare e pulire le scarpe di corda: consigli

La description potrebbe apparire così:
Scopri subito la guida pratica di ScarpediCorda.it per lavare e pulire le scarpe di corda senza rovinarle: ecco i trucchi pratici!

L'H1 potrebbe essere strutturato in questo modo:
Lavare e pulire le scarpe di corda senza rovinarle? Ecco i trucchi che funzionano davvero!

Esempio di incipit del primo paragrafo introduttivo:
Ami alla follia le scarpe di corda, ma da quando si sono sporcate non sai come pulirle e ti rifiuti di indossarle? In questo breve vade-

mecum potrai trovare alcuni consigli pratici da seguire per lavare e pulire le tue scarpe di corda senza rovinarle. Nella guida troverai anche tecniche utili per eliminare i cattivi odori ed eliminare correttamente le macchie di pioggia dalla superficie.

Indice degli argomenti (TOC):

<h2>Come pulire le scarpe di corda</h2>
In questo paragrafo potrai inserire il riferimento ai prodotti naturali e non per poter pulire correttamente le scarpe di corda, potrai illustrare quali sono i metodi più efficaci (ad esempio con una spugna imbevuta) e quelli assolutamente da evitare (ad esempio con prodotti non idonei alla corda e alla stoffa); potrai consigliare eventuali spray protettivi per prevenire lo sporco, ecc.

<h3>Lavare correttamente le scarpe di corda: trucchi semplici</h3>
In questo paragrafo - oltre a inserire tutti i prodotti naturali e non per poter lavare questo tipo particolare di scarpe - hai l'opportunità di illustrare le tecniche raccomandate e quelle assolutamente da evitare (ad esempio il lavaggio in lavatrice) e inserire una serie di raccomandazioni utili per conservare le scarpe in modo corretto.

<h4>Togliere i cattivi odori dalle scarpe di corda</h4>
Questo terzo paragrafo è dedicato - come si comprende facilmente dal titolo - a tutti quei rimedi che permettono di mandare via i cattivi odori dalle scarpe di corda. Puoi creare una panoramica dei rimedi naturali della nonna, come borotalco, bicarbonato di sodio o tea tree oil, accanto ad una panoramica dei prodotti più venduti ed efficaci presenti in commercio. Potrai concludere il paragrafo

indicando i rimedi semplici per aiutare gli utenti a prevenire i cattivi odori, come, ad esempio, conservare le scarpe in un luogo asciutto e areato in compagnia di qualche rametto di lavanda.
A questo punto, avrai capito lo schema da seguire: potrai facilmente comporre l'ultimo paragrafo ed eventualmente aggiungere ulteriori sotto-tematiche correlate.
Esempio di immagine ottimizzata per questo articolo:

- nome del file: *come-pulire-scarpe-corda.jpg*
- tag alt: *Come pulire e lavare le scarpe di corda*
- title immagine: *Pulire e lavare le scarpe di corda consigli pratici*
- didascalia: *Ecco alcuni trucchi e segreti semplici ma efficaci per pulire e lavare le tue espadrillas senza danneggiarle.*

6.8. Il linking interno tra gli articoli

Come abbiamo visto nel secondo capitolo, i link interni sono strumenti essenziali per il web e, di conseguenza, per qualsiasi sito. Nello specifico, guidano la navigazione tra le pagine, consentono l'accesso ai contenuti, permettono ai motori di ricerca di comprendere la gerarchia e l'architettura informativa del sito e aiutano a trasmettere il valore da una pagina all'altra.
Per tutte queste ragioni, è essenziale pianificare correttamente la strategia di linking interno e metterla in atto in modo appropriato.

6.8.1. Linee guida generali sul linking interno

A differenza della link building (attività finalizzata all'acquisizione di domini linkanti il sito dall'esterno, che impone alcune regole per non incorrere in penalizzazioni), il linking interno consente maggiori libertà da poter sfruttare a tuo vantaggio. Tuttavia, anche in questo ambito occorre seguire alcune accortezze per non vanificare la strategia e i vantaggi offerti da questa attività.

Uno di queste riguarda il **numero di link presenti** all'interno di una stessa pagina. Occorre sottolineare che non c'è nessuna penalizzazione (o almeno non c'è più) per coloro che decidono di inserire centinaia e centinaia di link all'interno di una stessa pagina; tuttavia maggiore è il numero di link presenti, minore è il valore di ciascun link. In sostanza, quando il numero di link è elevato, il valore trasmesso da ciascuno è estremamente diluito.
Tieni comunque presente – aspetto generalmente sottovalutato – che nel conteggio finale del numero di link totali presenti in una pagina vanno inclusi quelli fissi presenti nel menu di navigazione principale, quelli di un eventuale menu secondario e i link del footer, che troverai in tutte le pagine del sito.
Inserire un numero eccessivo di link in pagina è un errore piuttosto frequente, che dovrebbe spingere molti webmaster/gestori di siti a rivedere la struttura e la distribuzione del linking interno. Pensa, ad esempio, ai link dei listati, contenenti i nomi dei prodotti o i titoli dei contenuti elencati all'interno di una pagina. Qualora il listato contenga – per ciascun prodotto o contenuto – il titolo, una piccola immagine (thumbnail) e un abstract è raccomandabile prevedere **un unico link** che includa il tutto.
Uno degli errori più frequenti negli e-commerce o nei siti di annunci – solo per fare due esempi molto comuni – è prevedere un link per il titolo del prodotto, un link per l'immagine e uno per l'abstract, ciascuno dei quali conduce alla medesima risorsa. Così facendo si genera un numero eccessivo e inutile di link all'interno della stessa pagina: una struttura ottimizzata passa anche per una razionalizzazione del numero dei link.
Un altro errore ricorrente in questo ambito è ripetere nel footer (o in un altro menu secondario) tutti i link delle categorie già presenti nel menu di navigazione principale. Adottare questa strategia significa inserire link ridondanti e perdere l'opportunità di valorizzare e mettere in evidenza i link alle pagine e agli articoli che si trovano più in profondità nel sito (ad esempio le pagine prodotto, gli articoli foglia, le guide pratiche, ecc.).

Ma quanti link è opportuno inserire all'interno di un articolo? Solo per dare un'idea di massima, prendendo come riferimento un contenuto di 800-1000 parole, è consigliabile non inserire più di tre-cinque link.
Questo per non diluire eccessivamente il valore che viene distribuito dalla pagina linkante verso le pagine linkate.
Come anticipato sopra, se decidi di inserire più link, non avrai una penalizzazione, ma tenderai a diluire il valore di ciascun collegamento.
Un altro aspetto riguarda la **posizione dei link** in pagina. Dovresti tener presente che un collegamento che si trova in alto ha più valore di un link situato a fondo pagina; pertanto fai in modo che quelli indirizzati alle pagine per te più importanti siano posizionati nelle prime righe o nei primi paragrafi del testo.
Non occorre prendere misure particolari, ma presta attenzione a distribuire bene i link all'interno della pagina, accertandoti anche di non metterli tutti attaccati in uno stesso paragrafo, soprattutto per una questione di leggibilità.

6.8.1.1. Anchor text

L'anchor text – ovvero quella porzione di testo cliccabile che una volta selezionato conduce in un'altra pagina del sito o su un sito esterno – è un elemento estremamente importante, perché consente al motore di ricerca e all'utente di comprendere il contenuto della pagina di destinazione.
In linea generale, l'anchor text dovrebbe rispettare alcuni semplici, ma importanti, requisiti; in particolare l'ancora testuale deve:

- **contenere una delle keyword principali** della pagina di destinazione
- **essere "parlante" e rappresentativa** del contenuto presente nella pagina linkata

- **creare un ponte semantico** tra la pagina linkante e quella linkata.

6.8.1.2. Linking interno: un esempio pratico

Riprendendo l'esempio dell'articolo sulla pulizia e il lavaggio delle scarpe di corda, potresti inserire un link di approfondimento ad un altro articolo semanticamente correlato in cui siano elencati tutti i prodotti per pulire le scarpe di corda, oppure ad un'altra guida in cui siano illustrati tutti i rimedi naturali per pulire correttamente e in modo sostenibile qualsiasi tipologia di scarpa, o ancora linkare un altro articolo che spieghi come sistemare e recuperare le scarpe di corda molto rovinate.
In questo lavoro di inter-linking tra le varie pagine semanticamente correlate del sito, è fondamentale prestare la massima attenzione alla **coerenza tra le ancore** usate di volta in volta e le pagine corrispondenti che vengono linkate.
In breve, potrebbe essere utile seguire il seguente schema:

- anchor test 1 = keyword 1 = URL di destinazione 1
- anchor test 2 = keyword 2 = URL di destinazione 2
- anchor test 3 = keyword 3 = URL di destinazione 3

Questo schema evidenzia l'importanza di linkare in modo coerente e armonico tutte le risorse del sito: la pagina 1 (URL di destinazione 1) parla unicamente dei prodotti per la pulizia delle scarpe dovrà essere sempre linkata utilizzando ancore parlanti e semanticamente aderenti al contenuto che ospita; ad esempio, "leggi anche l'articolo sui prodotti per la pulizia delle scarpe", oppure "scopri quali prodotti usare per la pulizia delle scarpe", ecc.
Stessa cosa per quanto riguarda la pagina dedicata alla guida alla pulizia, ad esempio: "guida alla pulizia delle scarpe di corda, "come pulire le scarpe di corda", "consigli per lavare le scarpe di corda", ecc.

Mai linkare pagine diverse con la stessa keyword! Altrimenti il motore di ricerca faticherà a leggere, associare e archiviare correttamente i contenuti e difficilmente li restituirà in SERP.
Anche questo è un caso di cannibalizzazione, perché più pagine dello stesso sito concorrono per la medesima keyword.
Molto spesso – in particolare nei siti editoriali e nelle testate giornalistiche che ospitano migliaia di pagine – accade proprio che una stessa ancora (e quindi una stessa keyword) venga utilizzata per linkare pagine differenti. Un errore non da poco, che potrebbe compromettere il posizionamento nelle SERP e, quindi, la visibilità dei contenuti.
Questo, naturalmente, si verifica con più facilità nelle situazioni in cui, in uno stesso sito, ci sono contenuti molto simili tra loro, che parlano dello stesso argomento, tanto da essere quasi interscambiabili.
Nei siti editoriali, infatti, capita frequentemente di avere più articoli, il cui contenuto ruota attorno ad una stessa keyword/tematica; questo accade, ad esempio, perché collaboratori diversi scrivono di cose simili senza prima confrontarsi, oppure perché un argomento viene trattato da punti di vista differenti o, ancora, perché uno stesso tema viene trattato a distanza di tempo.
In tutti questi casi la soluzione è sempre **disambiguare i vari contenuti**, dando loro un focus differente. In alternativa, qualora non si riesca a fare diversamente, potrebbe valere la pena fondere e accorpare il tutto in un unico contenuto. Come? Si identifica la risorsa di maggior valore (quella più visibile in SERP, che registra il maggior traffico da organico e che riceve più link in entrata), la si integra con i contenuti degli articoli duplicati e poi si effettua una redirezione (lato server di tipo 301) da ciascuna delle risorse più deboli verso la pagina di maggior valore.

7. Ottimizzare la struttura delle tipologie di pagina

Per rendere le pagine del tuo sito facilmente scansionabili e leggibili dal bot del motore di ricerca, è necessario prevedere una struttura ottimizzata, che includa tutti gli elementi necessari alla navigazione delle pagine e alla comprensione del contenuto presente al loro interno.
Occorrerà, inoltre, accertarsi anche che le informazioni riflettano una gerarchia ben precisa.
Come visto anche nel capitolo dedicato ai contenuti, il bot di Google scansiona tutto ciò che è presente in pagina dall'alto verso il basso e da sinistra verso destra, attribuendo ai singoli elementi un'importanza diversa a seconda del punto in cui sono collocati.
Ciò che si trova in alto avrà un'importanza maggiore rispetto a ciò che si trova al centro e gli elementi che si trovano a metà della pagina saranno considerati più rilevanti rispetto a ciò che è collocato in basso o nel footer.

Ma come bisogna strutturare la pagina e qual è il modo ideale per ottimizzarne l'architettura?
Vediamo – per ciascuna delle tipologie di pagine principali di un sito – quali sono gli elementi da includere necessariamente e quali posizioni è consigliabile assegnare a ciascuno di questi.

7.1. La struttura della homepage

La homepage dovrà sicuramente ospitare:

- i metadata principali (title e meta description)
- il tuo logo/marchio associato al nome del sito
- il menu di navigazione principale con link alle categorie
- il titolo principale valorizzato in <h1>
- un box di testo HTML per l'inserimento di un contenuto
- un'immagine correlata ottimizzata con filename e tag ALT
- un (eventuale) secondo titolo valorizzato in <h2>
- uno slider/vetrina di prodotti (e-commerce o sito di servizi)
- un listato di contenuti con abstract e immagini (siti editoriali)
- i link interni a prodotti da evidenziare (e-commerce)
- contenuti di approfondimento (siti editoriali).

Tra gli elementi spesso trascurati nell'implementazione della homepage c'è sicuramente il testo. Generalmente si pensa a rendere questa pagina esteticamente gradevole grazie all'uso di immagini emotivamente coinvolgenti e colori accattivanti, mentre il testo viene lasciato in secondo piano, quando addirittura non viene ignorato completamente.
La presenza di un box di testo HTML editabile è fondamentale per rendere la pagina parlante e interpretabile dai motori di ricerca, ma è un elemento utile anche per l'utente che – se ne ha voglia – ha la possibilità di approfondire ulteriormente sui contenuti presenti o sui servizi offerti.

Il testo in homepage è il benvenuto all'utente, un'occasione per spiegare e raccontare il tuo business e aumentare la significatività della pagina.
In figura 7.1 un esempio di struttura consigliata per la homepage, che include tutti gli elementi necessari per renderla navigabile e parlante. Naturalmente questo è solo uno dei template adottabili per il tuo sito: l'importante è ricordare quali sono gli elementi necessari da includere.

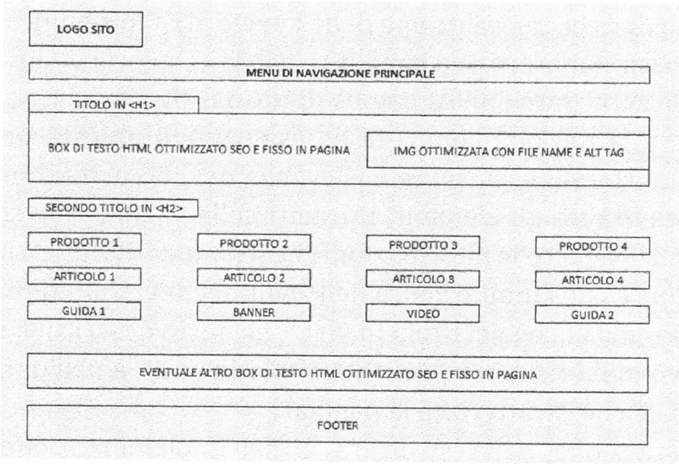

Figura 7.1. Struttura del template della homepage

Oltre agli elementi da prevedere necessariamente all'interno del template di pagina, è auspicabile anche **valorizzare ogni elemento previsto nel modo più appropriato** – ad esempio con gli <h2> e <h3> – in modo da metterlo adeguatamente in risalto agli occhi del motore di ricerca.

7.2. Le pagine di categoria e sottocategoria

La pagina di categoria e quella di sottocategoria avranno tendenzialmente la stessa impostazione e la medesima struttura:

l'unica differenza importante è che la pagina di categoria conterrà un menù di navigazione secondario con l'elenco delle sottocategorie.
Come visto nel capitolo dedicato alla ricerca e selezione delle parole chiave e alla successiva mappatura, ogni pagina di categoria (o sottocategoria) rappresenta, per alcuni aspetti, un mondo indipendente e a sé stante rispetto a tutto il resto del sito. Identifica, ad esempio, una tipologia di prodotto ben precisa, in grado di rispondere a esigenze specifiche e ben identificate (a monte, con il lavoro di ricerca e selezione delle keyword). Ciò significa – sebbene possa sembrare una banalità – che la categoria dedicata agli "abiti da sera" sarà l'unica pagina di tutto il sito in cui è possibile trovare una raccolta completa ed esaustiva di questa tipologia di vestiti. Queste esclusività e rilevanza devono essere messe in evidenza in tutti gli elementi presenti nella pagina. Non solo nei metadata – ovvero le informazioni che il motore di ricerca leggerà per prime e che l'utente vedrà nello snippet dei risultati restituiti in SERP – ma anche nel titolo in <h1>, nel testo descrittivo e identificativo della categoria, nel sottotitolo in <h2> e nell'immagine principale che caratterizza la pagina.
Nella creazione della struttura e nell'implementazione delle pagine relative alle categorie e sottocategorie, quindi, è fondamentale inserire e valorizzare opportunamente anche le parole chiave principali e secondarie associate alle specifiche pagine del sito.
Come visto per la homepage, anche per le pagine di categoria e quelle di sottocategoria, dovrai prevedere l'ottimizzazione dei metadata principali e anche una serie di elementi fondamentali.
Tra questi ce ne sono alcuni che saranno necessariamente ripetuti in modo identico in tutte le pagine del sito, come: il nome, il logo e il menu di navigazione principale.
Ci sono poi altri elementi da prevedere necessariamente, il cui contenuto varia, naturalmente, di volta in volta a seconda della pagina specifica:

- i breadcrumb che aiutano l'utente a orientarsi
- il titolo principale valorizzato in <h1>
- un box di testo descrittivo che illustri la tipologia di contenuto
- un'immagine correlata ottimizzata
- un (eventuale) secondo titolo valorizzato in <h2>
- elenco dei prodotti o listato di contenuti
- eventuale altro box di testo aggiuntivo
- link interni a pagine semanticamente correlate
- pulsante TORNA SU in basso a destra (in tutte le pagine)
- paginazione numerata a fondo pagina.

Come visto nell'elenco qui sopra, la presenza di un testo descrittivo in ciascuna delle pagine di categoria e sottocategoria è fondamentale per far capire al motore di ricerca l'argomento trattato, anche se, ancora oggi, è un elemento spesso trascurato (o addirittura ignorato e quindi non previsto) da sviluppatori e web marketer. Che si tratti di un e-commerce o di un sito editoriale, inserire del testo descrittivo, contenente i concetti fondamentali della pagina e le parole chiave più rappresentative, consente di ottenere enormi benefici in termini di posizionamento in SERP. Pertanto, faresti bene a prevedere sempre un testo unico e originale in ciascuna delle pagine del tuo sito.

In riferimento alla paginazione numerata, invece, occorre ricordare che ciascuna pagina appartenente alla collezione di pagine numerate dovrebbe essere sempre opportunamente implementata con l'istruzione rel="prev" e rel="next" e con il rel=canonical su se stessa.
In questo modo, fai capire al motore di ricerca che si tratta di un elenco di pagine dello stesso tipo, appartenenti ad una medesima categoria/sottocategoria, evitando così rischi di penalizzazione da duplicazione.

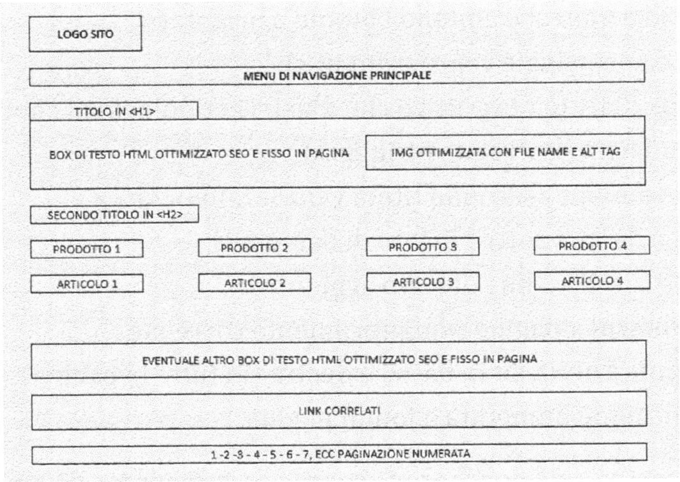

Figura 7.2. Struttura del template di pagina di categoria e sottocategoria

Anche in questo caso, come già illustrato sopra, a proposito dei listati presenti in homepage, i link contenenti i nomi dei prodotti, o i titoli dei contenuti elencati nelle pagine di categoria o sottocategoria (Prodotto1, Prodotto2, Articolo1, Articolo2, ecc.) dovrebbero essere valorizzati in <h2> oppure in <h3>. Anche qui, proprio come visto sopra, qualora il listato contenga – per ciascun prodotto o contenuto – il titolo, una thumbnail e un abstract, farai bene a prevedere un unico link, ad esempio solo sul titolo del prodotto o articolo.
Questo vale non solo per la homepage, per le pagine di categoria e quelle di sottocategoria, ma per qualsiasi listato, incluse la homepage di un blog o una sezione dedicata alle news.

7.3. La pagina di prodotto

La pagina di prodotto – oltre ai metadata che abbiamo già visto nei paragrafi precedenti – dovrebbe contenere tutte le informazioni e le caratteristiche fondamentali del prodotto e tutti gli elementi utili a generare una conversione da parte dell'utente. In sostanza,

più che lato SEO, dovresti ottimizzare la pagina prodotto per renderla più chiara, completa, usabile e intuitiva, attraente e convincente per l'utente.
Proprio per questo, oltre agli elementi fissi e indispensabili in pagina, come logo, menu di navigazione e breadcrumb, la gran parte della porzione above the fold della pagina dovrebbe essere occupata dall'immagine principale del prodotto, dalle immagini secondarie (zoom del prodotto sulle varie angolazioni, altre versioni dello stesso, video, ecc.), dalla descrizione, il prezzo e il pulsante contenente la call to action per invitare l'utente ad acquistare.

A seguire, nella parte inferiore della pagina, dovresti prevedere dei pacchetti speciali contenenti il prodotto in questione, più altri prodotti complementari o correlati e, infine, degli articoli semanticamente affini, recuperati dalla sezione editoriale del sito, che potrebbero interessare ed essere di reale utilità per l'utente.

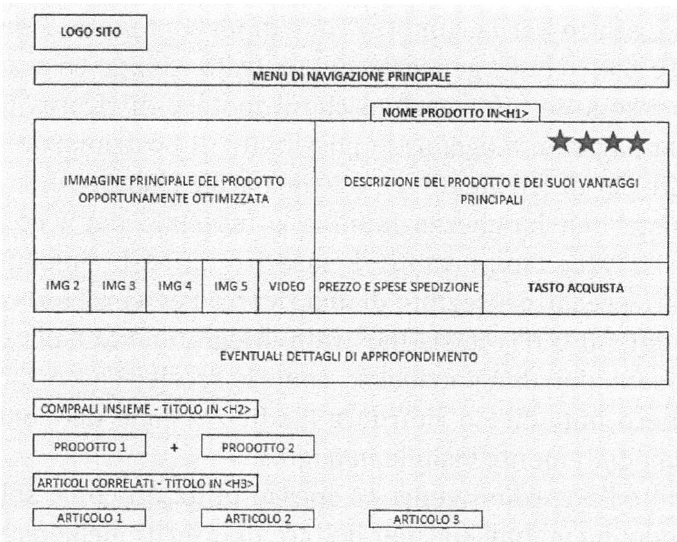

Figura 7.3. Struttura del template di pagina di prodotto

7.3.1. Testi fissi in pagina

Come anticipato e illustrato più nel dettaglio nei capitoli precedenti, il motore di ricerca indicizza principalmente i contenuti testuali presenti all'interno delle pagine.

Al contrario, i contenuti che appaiono in una pagina popolata dinamicamente – inserendo ad esempio elementi che cambiano nel corso del tempo o che variano a seconda dei filtri e delle opzioni selezionate dall'utente – possono mettere in difficoltà il motore di ricerca e, di conseguenza, compromettere l'indicizzazione del contenuto.

Per poter costruire le tue pagine in modo SEO friendly, devi inserire all'interno di ciascuna delle pagine fondamentali (che siano pagine di categoria, sottocategoria, ecc.) un testo HTML fisso di lunghezza variabile, ma tendenzialmente non inferiore alle 450 parole. È una pratica fondamentale per assicurarti contenuti indicizzabili e appetibili per lo spider.

Per quanto riguarda la lunghezza dei testi, diffida sempre da coloro che raccomandano una lunghezza precisa o un numero di parole esatto per la composizione di un contenuto. Tieni però presente che, in linea generale, più un testo è lungo ed esaustivo, maggiori sono le informazioni che il motore di ricerca leggerà sulla tua pagina e maggiori le possibilità di posizionarti favorevolmente per determinate tematiche/parole chiave.

Non esiste una lunghezza minima o massima per i contenuti testuali HTML, l'importante è inserire tutte le informazioni necessarie, redatte a seguito di una ricerca keyword, e accertarsi che il contenuto HTML sia mostrato integralmente nella pagina, evitando funzionalità particolari, come lo scroll o l'accordion, che potrebbero impedire o ritardare l'indicizzazione del contenuto non immediatamente visibile in pagina.

Lo scroll e l'accordion vengono spesso utilizzati come soluzioni di comodo dai webmaster per evitare di inserire nella pagina un testo troppo lungo, che potrebbe compromettere l'usabilità del

sito e la conversione finale. Non a caso, queste due soluzioni vengono adottate soprattutto negli e-commerce, dove – più che il testo – viene valorizzato ed evidenziato il listato dei prodotti.
Un buon compromesso, che tiene conto del comportamento del motore di ricerca e della necessità di valorizzare i prodotti per l'utente, consiste nel suddividere il testo HTML in due o tre blocchi, da distribuire in più punti della pagina.
Come suggerito in precedenza, per la struttura della homepage e per la pagina di categoria e sottocategoria, il testo può essere distribuito in più punti: un primo blocco di testo nella zona alta della pagina, sopra la linea di galleggiamento, un secondo blocco a metà della pagina e un eventuale terzo blocco in fondo (prima del footer).
In questo modo, il motore leggerà comunque una porzione di testo in alto, attribuendo a questo paragrafo una grande importanza e l'utente non sarà infastidito e distratto da righe e righe di testo.
Ricorda, inoltre, che il testo, se semanticamente aderente al contenuto presente nell'URL – insieme all'intestazione della pagina, la struttura dei link interni e le immagini opportunamente implementate –, è uno degli elementi fondamentali dell'ottimizzazione per i motori di ricerca.
Ecco un breve riepilogo con alcune indicazioni generali per la composizione dei testi fissi in pagina:

- lunghezza non inferiore alle 350 parole
- testo strettamente aderente al tema trattato nella pagina
- presenza di keyword principali e secondarie
- utilizzo del grassetto per evidenziare le parti rilevanti
- unicità e originalità del contenuto
- presenza di link a pagine semanticamente correlate.

8. Link building: cos'è e perché è importante

La link building è il processo di acquisizione progressiva (teoricamente per il motore di ricerca dovrebbe essere anche spontanea) di collegamenti ipertestuali da altri siti che puntano verso il tuo dominio. Un link è lo strumento utilizzato dagli utenti per muoversi da una pagina all'altra di un sito e da un dominio all'altro e non a caso vengono definiti come "le autostrade del web". Ma i link che collegano tra loro le pagine web vengono utilizzati anche dai motori di ricerca per scansionare la rete: i bot utilizzano proprio i collegamenti ipertestuali per trovare nuovi siti, scansionarne le pagine e scoprire nuovi contenuti da valutare e indicizzare. Senza i link, i motori di ricerca non potrebbero scoprire e analizzare la mole di contenuti che popola i siti. In breve, senza i collegamenti ipertestuali, non potrebbero scansionare il web.
Un sito che riceve link in ingresso – specie se questi collegamenti arrivano da portali autorevoli, a tema e di qualità – tende ad

acquisire maggiore credibilità, sia agli occhi dei lettori che per i motori di ricerca.
Solo per fare un esempio pratico, immagina un portale di informazione medica che parli di "medicina e benessere" e offre consigli sull'alimentazione, l'attività sportiva, la cura delle patologie più diffuse, la prevenzione, ecc. Di fronte ad un sito di questo tipo potresti avere dei dubbi sulla credibilità dei contenuti scritti, ma se poi scoprissi che questo sito riceve link da siti come Science, Nature o dall'Istituto Superiore di Sanità?
A questo punto saresti sicuramente più tranquillo e tenderesti a pensare che le informazioni e i consigli presenti siano attendibili.
Naturalmente, l'obiettivo finale non è cercare di ottenere necessariamente link da testate specializzate e mondialmente riconosciute, ma di **acquisire in modo graduale e progressivo** dei **collegamenti ipertestuali in ingresso da siti attinenti** e **autorevoli**.
Sicuramente hai sentito parlare di link building, probabilmente hai già acquisito dei link in modo spontaneo e, forse, ne hai anche acquistato qualcuno per poter rafforzare e spingere in SERP alcune pagine del tuo sito. Sei davvero sicuro di aver adottato la strategia giusta? Hai usato davvero un'ancora corretta per linkare la tua pagina? Il testo nel quale hai inserito il tuo link è realmente di valore? Partiamo dall'inizio con alcune considerazioni di base.
Innanzi tutto, occorre sapere che un link in ingresso verso una pagina del tuo sito è l'espressione di una preferenza o un consiglio: è una raccomandazione di un utente del web che premia il tuo sito linkandolo, perché ritiene il contenuto di quella pagina di qualità. In fondo, **un link è una sorta di referenza**, fenomeno che avviene da sempre nel mondo offline: più si parla bene di un prodotto o di un servizio, più la notorietà del relativo brand tenderà a crescere e maggiore sarà, di conseguenza, la visibilità di quel marchio e dei suoi prodotti. In sostanza, nel mondo reale, il numero e la qualità delle referenze aumenta gradualmente e progressivamente il prestigio del brand attraverso il passaparola.

Lo stesso vale per i link nel mondo online: maggiore è il numero e, soprattutto, la qualità di referenze positive (espresse attraverso dei domini linkanti che puntano al tuo sito) maggiore saranno l'autorevolezza e l'affidabilità che il motore di ricerca attribuirà al tuo sito. Questo porterà ad una maggiore visibilità delle tue pagine in SERP.
Creare dei link verso il tuo sito – o meglio acquisire domini linkanti che puntano verso le pagine del tuo sito – è una parte fondamentale della tua strategia SEO. Vediamo allora, nel dettaglio, di cosa si tratta, perché i link sono importanti, come analizzare e valutare il tuo profilo link e cosa dovresti prevedere per rendere il tuo sito sempre più autorevole e in grado di posizionarsi nelle SERP.
Innanzi tutto, ricorda sempre che i link (nello specifico parliamo di collegamenti con porzioni testuali cliccabili) che puntano ad un sito e le menzioni di un brand online sono due canali fondamentali per portare gli utenti su una delle tue pagine: oltre a dare spinta e autorevolezza, i link rappresentano dei veri e propri canali di acquisizione di traffico (referral) e visibilità. Ignorarli, o non dare il giusto peso a questi strumenti, equivale a perdere tante opportunità di visibilità e, quindi, di guadagno.
L'obiettivo è ottenere, nel corso del tempo, un quantitativo crescente di link unici (un solo link per ogni dominio linkante) **provenienti da siti a tema** (o anche dei generalisti che trattano il tema relativo al tuo sito) e **di qualità**.

8.1. Le attività da evitare e rischi possibili

Quando si parla di link building, spesso si tende a pensare che tutti i link siano uguali, che l'importante è avere un collegamento in ingresso, indipendentemente dal tipo di siti che linka e dal tipo di pagina in cui il sito è linkato. Accade così che web agency improvvisate – pur di inserire un link verso il sito del proprio cliente – inseriscano un collegamento nella propria directory o

nel proprio portfolio, pensando che questa attività sia utile per ottenere visibilità nei risultati di ricerca.
Una delle attività da evitare, ad esempio, è inserire i link nel footer, nel blogroll e, più in generale, negli spazi sitewide presenti in tutte le pagine del sito.
Se e quando possibile, inserisci i tuoi link all'interno di testi semanticamente affini all'argomento trattato dal tuo sito. È il caso, ad esempio, dei **GUEST POST**, teoricamente banditi da Google ma di fatto ancora estremamente utili ed efficaci per migliorare il posizionamento delle tue pagine. A patto che il dominio linkante sia di qualità e a tema con il tuo sito, che il contenuto che ospita il link sia originale, ben scritto e strutturato e che contenga informazioni realmente utili per gli utenti. Inoltre, per evitare penalizzazioni future, è opportuno prestare una grande attenzione anche all'**ancora**, ovvero la porzione di testo cliccabile che condurrà alla pagina del tuo sito: evita parole chiave commerciali o troppo aggressive e aggiungi anche il nome del tuo marchio o il nome esteso del tuo sito. Solo per fare un esempio: "Sul sito www.pluto.com c'è una ricca selezione di t-shirt sportive a prezzi vantaggiosi".
In alternativa, puoi inserire delle call to action o delle parole che aiutano a comprendere meglio il contenuto che l'utente (e il motore) – una volta cliccato su quel link – si ritroverà a consultare.
Qui di seguito alcuni esempi:

- "Scopri tutte le scarpe in vendita sul sito di Pippo.com"
- "Clicca qui per consultare le offerte di Pippo.com"
- "Visita il sito dedicato alle scarpe di corda Pippo.com"
- "Su www.pippo.com una selezione di scarpe di qualità".

Evita di usare sempre la stessa ancora in tutti i guest post (o qualsiasi altra tipologia di contenuti tu voglia utilizzare per aumentare il numero di link verso il tuo sito) e diversificala il più possibile.

L'obiettivo è creare dei link che sembrino naturali: il motore di ricerca tende a penalizzare i link artificiali, evidentemente acquistati o frutto di una manipolazione. Pertanto, chiediti sempre – nel momento in cui scrivi un testo e inserisci un link verso il tuo sito – se il collegamento creato è verosimile o se, al contrario, appare come una forzatura.
Per limitare al minimo i sospetti, ecco un piccolo trucco da poter adottare: inserisci un altro link all'interno del testo, dopo quello che punta al tuo sito (la distanza in termini di parole deve essere abbastanza consistente). Puoi inserirlo verso una delle fonti che hai citato nel pezzo, verso un sito di approfondimento che tratta un tema correlato o – se sei particolarmente abile – verso il sito di uno dei tuoi concorrenti minori, che proprio fatica a posizionarsi in SERP. Individua il più debole dei tuoi concorrenti e accertati che i suoi posizionamenti siano decisamente meno brillanti dei tuoi, identifica una parola chiave che sia compatibile (ma non in concorrenza) con l'argomento che stai trattando (ad esempio una parola chiave legata ad un argomento affine) per cui il tuo concorrente si posiziona in sesta o settimana pagina dei risultati di ricerca e linka quella pagina. In questo modo, non avrai favorito direttamente il tuo concorrente, ma – allo stesso tempo – avrai confuso il motore di ricerca, evitando così una penalizzazione. Un'alternativa altrettanto valida è linkare una pagina di Wikipedia che tratti l'argomento trattato o una tematica affine.
Inoltre, accertati che i domini sui quali stai creando dei contenuti per linkare le pagine del tuo sito **non si trovino tutti fisicamente sullo stesso IP**. Ciò che devi controllare, in particolare, è il blocco C, ovvero le prime tre sequenze di numeri, a partire da sinistra, che trovi in ciascun IP (ad esempio nell'IP 199.181.132.250., dovresti controllare i seguenti gruppi di numeri: 199.181.132). Se il tuo sito ha in comune il blocco C con uno dei siti da cui vuoi ottenere un link, oppure due siti da cui vuoi ricevere un link hanno in comune questa sequenza di numeri, è preferibile lasciar perdere, soprattutto se sei all'inizio della tua attività di link buil-

ding. Naturalmente, sul lungo periodo capiterà di ottenere due link che hanno in comune lo stesso IP o che hanno lo stesso blocco C, ma sarà solo uno dei tanti link che avrai ottenuto e non rappresenterà un problema. Se, invece, hai ancora pochi collegamenti e alcuni dei domini che ti linkano presentano questa caratteristica, ciò potrebbe minare i benefici dell'attività di link building.
Per controllare i domini che ti linkano vai nella Search Console e clicca sul tab SITI CON LINK PRINCIPALI (voce che nella vecchia Search Console si chiamava COLLEGAMENTI AL TUO SITO): potrai consultare la lista (quasi completa) dei domini che linkano le tue pagine.
Per conoscere l'IP delle risorse che ti linkano, puoi utilizzare il sito gratuito Ping.eu e andare nella sezione DNS LOOKUP e digitare l'URL del dominio.
Per avere una panoramica esaustiva e immediata, devi ricorrere ad uno dei tool più utilizzati per questo tipo di analisi, come Majestic o Ahrefs (ma anche SEMrush e Moz), che forniscono un elenco dettagliato dei domini linkanti, includendo una serie di informazioni utilissime, in particolare: il valore del dominio che linka, il numero di link provenienti da quel dominio, l'ancora usata, l'URL della pagina del tuo sito cui puntano e l'IP su cui si trovano.
In questo modo, puoi effettuare un'analisi completa e individuare anche eventuali anomalie; ad esempio ancore troppo aggressive, un numero eccessivo di link provenienti dallo stesso dominio (è il caso tipico dei link presenti in sitewide) oppure dei domini poco in linea con il tuo tema, o contenenti dei link troppo forzati e, quindi, potenzialmente sospetti o, nelle peggiori delle ipotesi, di backlink spam che possono portare a penalizzazioni.

8.2. L'analisi del profilo link

Per analizzare un profilo link – il tuo, quello di un competitor o di un potenziale dominio linkante – è necessario ricorrere a un software specifico, come Majestic o Ahrefs disponibili in versione

Freemium, oppure al tool gratuito di Neil Patel dedicato all'analisi dei back link:

`app.neilpatel.com/it/seo_analyzer/backlinks`

Ma su quali voci occorre soffermarsi? Quali sono i valori da considerare per stabilire la qualità di un profilo link?
Innanzi tutto, devi ricordare che il rapporto ideale tra il numero di domini linkanti e il numero di link in ingresso è 1:1. Ciò vuol dire che ogni dominio che linka il tuo sito dovrebbe farlo con un solo e unico link. Per questo è sconsigliato inserire collegamenti ipertestuali nel footer o nei blogroll (come si usava fino a qualche anno fa), perché – ripetendosi in tutte le pagine del sito – vanno a sbilanciare pesantemente questo rapporto. Naturalmente, è molto difficile poter prendere alla lettera questa raccomandazione e rispettare questa proporzione, tuttavia dovresti tenerla a mente per evitare che il numero di link verso il tuo sito superi in modo esponenziale il numero di domini linkanti.
Un altro valore da consultare e tener ben presente nel corso di un'analisi del profilo di backlink riguarda il rapporto tra i link follow e quelli nofollow. Che differenza c'è?
I link follow sono i collegamenti ipertestuali che vengono inseriti abitualmente nel momento in cui si decide di linkare una risorsa interna allo stesso sito, oppure una risorsa di un sito esterno. Così facendo, il link inserito trasmette una parte del valore della pagina che lo contiene alla risorsa linkata. Maggiore sarà l'autorevolezza della pagina che contiene il link, maggiore sarà il valore che la risorsa linkata riceverà.
Tuttavia, esistono dei casi in cui – pur volendo linkare una risorsa – si desidera evitare di trasmettere valore e autorevolezza alla pagina di destinazione. Facciamo un esempio pratico: un sito autorevole a tema benessere, all'improvviso, viene abbandonato dal webmaster, dopo alcuni mesi scade e viene riacquistato da un altro webmaster, che lo trasforma in un sito spammoso. Se il tuo

link è follow, creerai una relazione stretta tra i contenuti del tuo sito e quelli presenti sul sito spammoso.
Anche i link in uscita, infatti, hanno un certo peso: ricorda sempre che ogni link è di fatto un collegamento che crea una relazione tra il sito che linka e il sito linkato. Se stai linkando un sito pornografico o un sito spam, Google creerà comunque una relazione tra i due siti. In breve, se rischi – ora o nel futuro – di linkare un sito poco affidabile, prevedi il nofollow, ovvero l'istruzione (da inserire nel codice HTML del link) che comunica al motore di non trasmettere valore attraverso quel collegamento.
Esistono poi degli attributi, introdotti recentemente, che hanno delle funzioni particolari.
Il **rel="sponsored"** serve per identificare i collegamenti del tuo sito che sono frutto di accordi commerciali/pubblicitari. In sintesi, se un'azienda acquista un link e lo pubblica sul tuo sito, dovresti inserire questo attributo.
L'attributo **rel="ugc"**, invece, sta per User Generated Content ed è consigliato da Google per tutti quei link presenti all'interno dei commenti dei forum, dei blog e, più in generale, nei collegamenti presenti all'interno dei contenuti generati dall'utente.
Ora che sai quali sono gli attributi relativi ai link e, in particolare, cosa si intende per follow e nofollow – e quando è caldamente raccomandata questa seconda opzione – è necessario sapere anche che il numero di link follow e quello dei nofollow dovrebbe avere un certo equilibrio per simulare naturalezza e fare in modo che il motore di ricerca non percepisca il tuo profilo link come artefatto e frutto di manipolazioni.
Solo per fare un esempio, se il tuo profilo di backlink è caratterizzato per l'80% da link follow e per il restante 20% da nofollow, dovresti aumentare il numero di domini linkanti contenenti l'istruzione rel="nofollow". Se, al contrario, ti accorgi di avere solo il 20% di link follow (o do follow), è opportuno pianificare una campagna per l'acquisizione di nuovi domini linkanti che rafforzino il tuo profilo trasmettendo autorevolezza.

Un altro valore da considerare nell'analisi è la **tipologia di ancore utilizzate**. Come anticipato sopra, per simulare la naturalezza di un profilo link, è necessario che una buona parte delle ancore dei link in entrata – soprattutto quando il sito non è ancora molto conosciuto – contenga il nome del brand o l'indirizzo esteso e completo del sito (URL nudo).
Se ti accorgi che la maggior parte dei link in entrata contiene solo ancore commerciali – ovvero parole chiave più o meno aggressive – cerca di bilanciare la situazione: aumenta il numero di link con ancore brand, che contengano esclusivamente il nome esteso del tuo marchio o l'indirizzo completo del tuo sito.
Solo a titolo di esempio, puoi utilizzare la formula "sul sito scarpedicorda.it puoi trovare una vasta scelta di calzature estive alla moda", oppure "sul portale www.scarpedicorda.it puoi consultare centinaia di modelli di scarpe estive di altissima qualità", o ancora "sul sito scarpedicorda.it, puoi trovare le calzature più adatte alle tue esigenze".
Altro fattore da valutare – sempre consultando i risultati restituiti dai tool dedicati all'analisi del profilo dei backlink – è la **tipologia** e la **varietà delle pagine linkate**. Non linkare sempre e solo la homepage o la pagina che converte di più: fai in modo di variare il più possibile e assicurati che i link verso il tuo sito siano ben distribuiti su un vasto numero di risorse. Linkare sempre le stesse pagine – soprattutto sul lungo periodo – può essere pericoloso, perché potrebbe far insospettire il motore. Anche qui, simula naturalezza.
Tra gli aspetti da considerare nell'analisi di un profilo di link c'è anche quello legato alla tipologia di siti e alle tematiche trattate dai domini che linkano. Fai in modo di variare il più possibile sia il tipo di siti (non solo blog, ma anche magazine, piccole testate giornalistiche, forum, ecc.) sia la tematica. Se parli di scarpe, tenderai a ricevere più link da siti generalisti, ma cerca di ricevere collegamenti anche da blog che parlano di moda, magazine e giornali che trattano di imprese o del distretto italiano delle calzature, ecc., in modo da variare il più possibile.

Infine, l'ultimo importante aspetto da analizzare per poter costruire nel tempo un profilo link bilanciato e naturale – o correggere in corso d'opera eventuali situazioni a rischio già presenti inconsapevolmente – è il **valore dei domini linkanti** espresso, per convenzione, dalla domain authority o DA. Si tratta di una metrica creata dall'azienda Moz, che ha messo a punto anche il tool per verificare e monitorare nel tempo il valore dei siti, consultabile all'indirizzo: moz.com/link-explorer
La scala della DA va da 1 a 100, dove 100 vuol dire qualità altissima. Più alto sarà il valore espresso dalla domain authority, maggiore sarà l'autorevolezza del dominio. Tieni presente che sotto 20 la qualità è piuttosto scarsa, se supera il punteggio di 20 è considerato discreto o buono.
Anche in questo caso, è opportuno diversificare la qualità dei link in ingresso. Se ti accorgi – al momento dell'analisi – che la maggior parte dei collegamenti che ricevi è di bassa qualità, devi attivarti per cercare dei partner in grado di fornirti dei domini linkanti che siano a tema e anche di qualità medio-alta e alta. Lo stesso vale nel caso opposto: se hai solo domini di alta qualità, potresti far insospettire il motore di ricerca, pertanto dovresti acquisire anche dei link di valore più basso. La qualità è data non solo dalla tipologia dei contenuti ospitati sul sito (non devono essere spammosi e devono emergere in SERP), ma anche dalla qualità dei link che a loro volta ricevono. Ricorda sempre che ottenere un link da Wikipedia è uno dei più grandi obiettivi che tu possa raggiungere. Il motivo? Il suo profilo di backlink è ricco di domini di altissima qualità e anche molto autorevoli a livello internazionale (governi, università, enti locali, associazioni riconosciute, ecc.).

8.3. Come agire per acquisire link

Con il termine link building si identificano generalmente le strategie di acquisizione di domini linkanti attraverso l'acquisto di link da fornitori specializzati, che nel tempo hanno creato e ali-

mentato dei network di siti di proprietà. In alternativa, i link vengono acquistati da intermediari specializzati che hanno sviluppato nel corso degli anni delle relazioni con proprietari e gestori di diversi siti, sui quali è possibile pubblicare un testo (articolo di giornale, blog post, guida, tutorial, ecc.) contenente un link verso il sito da spingere in SERP. In tutti i casi, qualunque sia l'iter per arrivare all'acquisto dei domini linkanti, ti dovrai accertare che la strategia delineata per una campagna di link building per il tuo sito abbia delle basi solide. In particolare, è fondamentale avere la sicurezza che i siti sui quali pubblicherai il tuo contenuto siano di qualità e abbiano tutti i requisiti fondamentali per evitare problemi o penalizzazioni future. In questi casi, il fai da te è sempre sconsigliato, specie se non hai una buona conoscenza del settore; tuttavia con le indicazioni fornite sopra, potrai gettare le basi per la tua prima campagna di link building.
Ripercorriamo qui di seguito la scaletta dei principi da tenere a mente e dei fattori chiave da controllare quando si inizia e si delinea una campagna di link building.
Ricorda, innanzitutto, che **il profilo dei backlink del tuo sito deve sembrare naturale**: i link – per il motore di ricerca – devono arrivare spontaneamente grazie alle preferenze espresse dagli utenti che lo visitano.
Non tutti i link sono uguali, perché non tutti i domini che ospitano i link hanno lo stesso valore e la stessa qualità! Ciò non vuol dire che un dominio da pochi euro, o di bassa qualità, sia necessariamente da evitare: l'importante è inserirlo in una strategia completa che – sul lungo periodo – preveda **l'acquisizione di un numero ampio e variegato di nuovi domini** linkanti verso il tuo sito.
Se in passato si puntava soprattutto sulla quantità dei link in entrata, oggi a fare la differenza è la qualità. Naturalmente anche la quantità conta, soprattutto se si fa una valutazione sul lungo periodo, ma molto dipende anche dal grado di competitività del settore e da ciò che fanno i tuoi concorrenti. Se operi in un set-

tore molto competitivo, come, ad esempio, quello alberghiero, delle scommesse o dei finanziamenti, probabilmente (a meno che non si tratti di una nicchia davvero particolare) dovrai prevedere sicuramente dei link di qualità, ma mettere in conto anche una certa quantità nel corso del tempo. Nello specifico, più un sito è "aggressivo" dal punto di vista della concorrenza, maggiori saranno gli sforzi necessari per poter emergere e raggiungere il risultato.

8.3.1. Cosa si intende per qualità?

Come accennato sopra, ci sono una serie di fattori importanti da considerare per accertarsi che il dominio dal quale vorresti ottenere un link sia di buona qualità e idoneo a linkare il tuo sito.
Oltre all'IP, ricorda sempre di controllare – con appositi strumenti come Majestic o Ahrefs – il **profilo link del dominio che hai preso in considerazione**. In particolare, devi controllare che il dominio che hai selezionato non riceva troppi link spam o di bassissima qualità. Si tratta molto probabilmente di spam se nel profilo dei link in entrata ci sono collegamenti provenienti da:

- siti pornografici
- domini semivuoti o contenenti esclusivamente pubblicità
- siti con contenuti scritti in lingue straniere (in particolare cinese o giapponese) e tematicamente avulse dal sito in questione
- diversi siti, ma uguali tra loro nel template e nel contenuto
- aggregatori di link e immagini dal contenuto poco chiaro
- siti contenenti testi innaturali.

Un altro aspetto da controllare è **l'andamento del profilo dei link** del dominio nel corso del tempo. Utilizza sempre Majestic o Ahrefs per monitorare l'evoluzione del numero di domini linkanti verso il sito in questione: se noti un calo drastico o un decre-

mento progressivo del numero dei link che puntano al dominio, forse non è una buona idea acquistare un link.
Il calo del numero di domini linkanti può essere dovuto, ad esempio, al decadimento dei siti che un tempo linkavano quel dominio e che oggi – non esistendo più – hanno di fatto cancellato quei link. Un'altra ragione può risiedere nell'aggiornamento e nel restyling dei siti che linkavano: le pagine che contenevano i collegamenti verso il dominio potrebbero essere state rimosse oppure, più semplicemente, hanno tolto i link verso l'esterno in fase di ristrutturazione e revisione dei contenuti. In tutti questi casi piuttosto frequenti – soprattutto quando si analizza il profilo di un dominio a distanza di tempo – la riduzione progressiva dei domini linkanti potrebbe portare nel tempo ad una rivalutazione da parte del motore di ricerca, che può portare ad una perdita di ranking.
Un altro aspetto da controllare per capire se il dominio sul quale intendi acquistare un link per il tuo sito sia di qualità o meno riguarda **l'analisi dell'andamento del traffico** sul lungo periodo. Inerisci il nome del dominio nel box di SeoZoom o SEMrush e verifica l'andamento del traffico e del numero di parole chiave posizionate in SERP nel corso nel tempo. Il dominio evidenzia un calo di visibilità negli ultimi mesi? È stato colpito negativamente dall'ultimo update di Google e ha perso un gran numero di chiavi posizionate? Sta registrando un calo di traffico progressivo oppure ha avuto un crollo improvviso? In tutti questi casi, è consigliabile lasciar perdere, perché il motore potrebbe aver penalizzato il sito, oppure potrebbe essersi verificata una rivalutazione negativa del dominio da parte dei motori di ricerca. In tutti questi casi diminuisce anche la sua forza come dominio linkante.
Tra i controlli da effettuare ci sono anche quelli relativi ai **contenuti ospitati sul sito** da cui vuoi ottenere un link. Per capire la qualità di un sito devi consultarne i contenuti. Gli articoli presenti sul sito sono in linea con la tematica (o le tematiche) trattata? Sono testi ben scritti? Forniscono informazioni e consigli utili per

l'utente? Se le risposte sono tutte positive, allora probabilmente si tratta di buoni contenuti. Se, al contrario, i testi presenti sono sostanzialmente dei pubbliredazionali (oggi identificati più frequentemente con la definizione di native advertising) o tutti contenenti dei link verso altri siti, forse non è il dominio giusto per dare forza al tuo sito.
Controlla anche gli argomenti trattati dagli altri articoli presenti sullo stesso dominio: se la maggior parte dei testi parla di web marketing e il tuo sito parla di scarpe, forse non è il dominio ideale. Se, invece, gli argomenti sono vari, potrebbe fare al tuo caso, soprattutto se tratti una tematica particolare e di nicchia.
Tra gli ulteriori controlli da effettuare c'è – come anticipato – anche quello relativo all'**IP**.
In linea generale, nel processo di valutazione e ricerca di domini potenzialmente linkanti, oltre alla tematica trattata, alla qualità, alla domain authority e alla tipologia di link in ingresso, si dovrebbe tener conto anche dell'IP e, in particolare, del blocco C.
Ad oggi, secondo quanto riportato da John Mueller[31], questo aspetto sembrerebbe diventato totalmente irrilevante per la valutazione del profilo link da parte del motore di ricerca. Qui di seguito la domanda posta sull'argomento e la risposta fornita:

«Many SEOs believe IP C-blocks matter when doing SEO and linking. But Google has been down playing the significance of IP addresses for years and years».
«Link building by IP address seems futile and a bad use of time».

In sostanza, all'utente che evidenziava come il blocco C dell'IP avesse ricoperto per anni una grande importanza per le campagne di link building e l'acquisizione di link, l'ingegnere di Google risponde dicendo che anche questo è un argomento obsoleto e irrilevante. In sintesi, è roba vecchia, che non merita più attenzione.

[31] John Mueller su Twitter, 23 ottobre 2018.

Sebbene la valutazione della tipologia di IP sia caduta in disuso, diventando un argomento del passato, è sempre opportuno dare un'occhiata a tutte le caratteristiche e ai dati relativi al dominio linkante che desideri acquistare, IP incluso. Inoltre ti raccomando di usare il buon senso. Ad esempio, evita di acquistare pacchetti di link in cui la maggior parte dei domini ha in comune il blocco C dell'IP. Naturalmente, sul lungo periodo, capiterà di ricevere link che risiedono su uno stesso indirizzo e che, quindi, condividono lo stesso spazio, ma l'importante è che rappresenti l'eccezione e non la regola.
Ricevere una grande quantità di link che hanno in comune lo stesso IP – o anche solo il blocco C – potrebbe destare qualche sospetto, perché Google potrebbe interpretare la situazione come il risultato di una compravendita massiva di link dallo stesso fornitore o, comunque, il frutto di una manipolazione. Il metodo per non correre rischi è **diversificare il più possibile** tutti i parametri: tipologia di sito, tematica (a patto che ci sia coerenza tra gli argomenti trattati sul sito che ospita il link e sul tuo), valori, storico del sito, IP, ecc. In questo modo, simulerai più facilmente una crescita naturale di domini linkanti e sarà piuttosto difficile per Google individuare un'attività artificiosa. In tutto questo tieni anche presente che un po' di "spazzatura" è fisiologica! Ciò significa che un profilo link naturale, che cresce in modo spontaneo non può non ricevere anche qualche link da siti di bassa o bassissima qualità. Nell'acquisire domini linkanti, quindi, includi di tanto in tanto anche qualche sito appena nato, directory, blog completamente sconosciuti e aggregatori. Per capire meglio questo aspetto e metterti nei panni del bot di Google, pensa al profilo TripAdvisor di un ristorante che ha solo ed esclusivamente recensioni positive e neanche un commento negativo: puoi considerarlo un profilo reale e attendibile? Probabilmente no. Lo stesso avviene nella valutazione del profilo link di un sito.
Infine, ci sono altri due controlli che ti consiglio di effettuare per evitare di cadere in trappole banali. Accertati che il dominio che

hai preso in considerazione non sia stato riciclato in modo maldestro nel corso del tempo e – qualora sia stato riciclato – sia ancora tematicamente compatibile con il sito del passato.

8.3.2. Cosa vuol dire sito riciclato?

Un sito riciclato è un sito nato per trattare un determinato argomento che, ad un certo punto, viene abbandonato e fatto scadere per poi essere ripreso da qualcun altro che, sfruttandone lo storico, inserisce i suoi contenuti dedicati ad un tema completamente diverso. In questi casi – specie quando il tema del vecchio sito non ha nulla in comune con il nuovo – si parla di sito riciclato. Acquistare un link su un dominio del genere potrebbe essere potenzialmente pericoloso.

Per controllare i contenuti storici di un sito – e identificare quindi eventuali operazioni di riciclaggio – puoi usare la WayBack Machine che trovi sul sito archive.org. Inserisci il nome del dominio che vuoi controllare nel box in alto della macchina del tempo e poi clicca su INVIO. Ti comparirà una schermata come in figura 8.1.

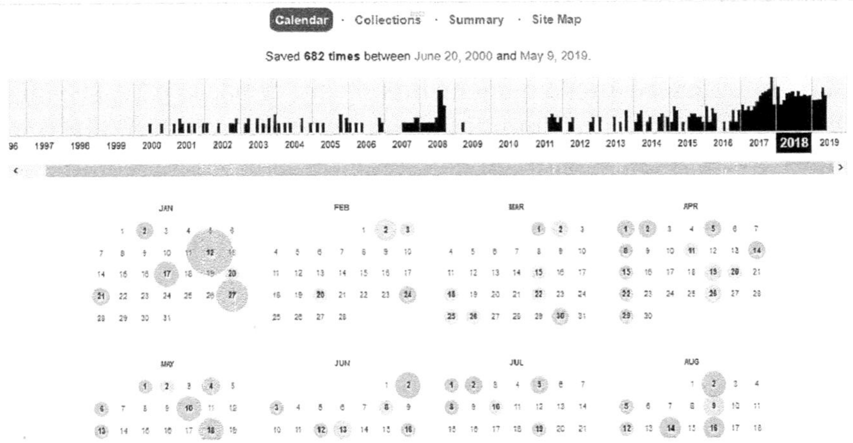

Figura 8.1. Esempio di schermata restituita di archive.org

Per semplificare, ti basti sapere che, nella barra in alto, c'è il riepilogo sintetico della storia e dell'evoluzione del sito: viene mostrato l'anno di avvio e gli anni successivi in cui ha subito delle modifiche o ha pubblicato nuove pagine.
In basso, invece, per ogni anno indicato, c'è un calendario che indica – con dei cerchietti di colore celeste – in quali giorni del mese è passato il software del tool per visitare il sito e salvarne alcune pagine nel suo archivio.
Cliccando prima sull'anno e poi su uno dei giorni del calendario in cui compare il cerchietto celeste, è possibile visualizzare come appariva l'homepage del sito in quella determinata data. Ripetendo la stessa operazione per più date e anni diversi è possibile capire se il sito sia passato di mano e abbia cambiato tematica.
Questo controllo offre l'opportunità di comprendere se il sito ha stravolto o meno la sua origine nel corso del tempo e valutare caso per caso se sia opportuno o meno acquistare un link.
Infine, ti consiglio un ultimo controllo – da fare per scrupolo -- per capire **se il sito è stato "bucato"** e, quindi, colpito da spam aggressivo attraverso l'iniezione di codice sporco. Un'eventualità che potrebbe comportare la penalizzazione del sito stesso. Come si fa a effettuare il controllo?
Basta scrivere – nel box del motore di ricerca di Google – l'operatore *site:* seguito dal nome del dominio da controllare e da una delle parole spam più diffuse: cialis, viagra, pharmacy, medicine.
Solo per fare un esempio:

```
site:tuosito.it cialis
```

Se nella SERP che il motore di ricerca ti restituisce, non vedi nessun risultato – o nessun risultato anomalo – prova anche con gli altri vocaboli.
In figura 8.2 un esempio di pagine, restituite in SERP, di domini violati e farciti con stringhe di testo spammoso, le quali possono compromettere seriamente i siti colpiti che le contengono.

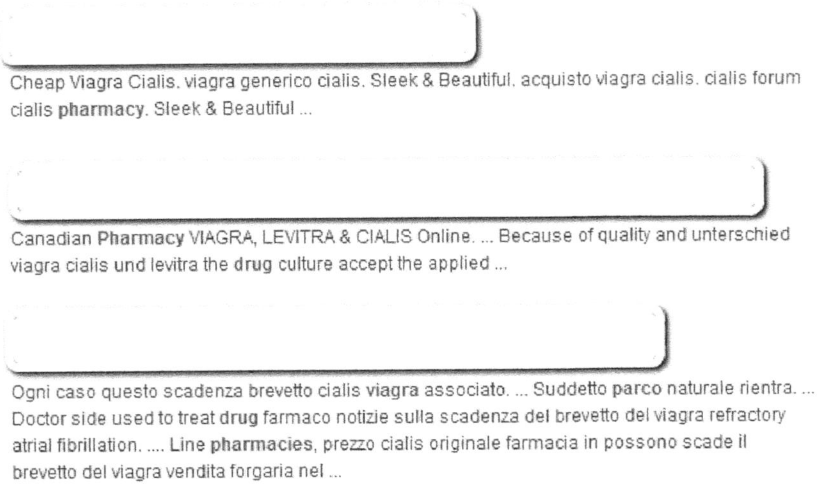

Figura 8.2. Esempio di sito colpito da spam

Se uno dei domini che hai preso in considerazione per l'acquisto di un link è affetto da questo problema, puoi segnalarlo al proprietario/gestore (te ne sarà sicuramente grato) e comunque evita – almeno per il momento – di spendere i tuoi soldi per un collegamento da quel sito.
Tutti questi controlli possono essere fatti sia direttamente sul tuo dominio – per capire se è affetto da problematiche più o meno gravi e l'entità dei siti che lo linkano – sia sui domini che potrebbero linkarti in futuro.

8.3.3. Come aumentare i link di qualità

Ora che sai come valutare un dominio linkante – o potenzialmente tale – ecco alcune soluzioni semplici per poter acquisire dei nuovi link verso il tuo sito.
La soluzione più immediata è contattare un buon fornitore (ad esempio cercandoli su forum di settore come alVerde.net) o più fornitori di qualità, con i quali pianificare una strategia di link building di ampio respiro e sul lungo periodo. Si tratta di **link a**

pagamento che, naturalmente, prevedono di definire un budget mensile. Tieni sempre presente che pianificare una campagna di almeno un anno e mezzo/due con un fornitore (o al massimo due) significa anche poter acquistare dei pacchetti di link di qualità economicamente convenienti, in grado di impattare meno sul costo finale sostenuto.

In alternativa all'acquisto, ci sono alcune tecniche da poter attuare, che però richiedono un grande sforzo iniziale senza garantire mai il risultato. Prima di mettere in pratica questa strategia, quindi, vale la pena effettuare un'analisi attenta delle risorse e delle energie necessarie da mettere in campo per poterla attuare.

Una di queste tecniche consiste nell'**individuare** – grazie ad alcuni tool come SeoZoom, dotato di una funzionalità specifica per trovare link partner – dei **siti validi da poter contattare** ai quali proporre l'invio di un contenuto originale, interessante e ben fatto in cambio di un link verso il tuo sito. Naturalmente, prima di contattare ciascun sito, dovrai fare un'analisi di ognuno di questi potenziali siti partner per individuare quali tematiche trattano e interessano di più, quali argomenti non hanno ancora affrontato e individuare così l'anello mancante che potresti realizzare tu.

In alternativa, per semplificare il tuo lavoro, puoi analizzare i contenuti già pubblicati da questi siti per capire se ci sono delle integrazioni importanti da poter fare o dei dati vecchi da poter aggiornare con delle informazioni che hai solo tu, proponendo in cambio l'inserimento di un link verso il tuo sito.

In molti casi ti risponderanno proponendoti l'acquisto del link che hai chiesto di inserire (ciò accade nel 60% dei casi: vuol dire che ci hai provato e ora potrai valutare se è opportuno acquistare o meno il link che volevi); in altri casi (30%) non ti risponderanno affatto, in altri (10%) accetteranno il tuo scambio. Tieni sempre a mente, quindi, che mediamente **solo uno su dieci va a buon fine senza che ti sia richiesto un pagamento**.

Un altro aspetto estremamente importante da considerare nella pianificazione di una campagna di link building è il fattore tempo. Come accennato all'inizio del capitolo, l'acquisizione dei link verso il tuo sito deve essere progressiva e costante nel tempo; ciò significa che – nella pianificazione di una campagna –dovresti prevedere un numero sempre crescente di domini linkanti in entrata, simulando così una crescita graduale e naturale.

8.4. La link earning

La link earning è l'acquisizione naturale di link e si verifica quando uno o più siti decidono spontaneamente di inserire un collegamento ipertestuale attivo verso il tuo sito.
A differenza della link building – dove il link viene sostanzialmente comprato, barattato o comunque contrattato attivamente da parte del proprietario/gestore del sito linkato – la link earning presuppone un **atteggiamento passivo**, almeno nella fase di inserimento del link.
Ma come si fa ad attrarre dei link in modo naturale e spontaneo?
La link earning si traduce nella creazione di contenuti così originali, affidabili, interessanti, approfonditi, ben scritti e virali da guadagnare spontaneamente – e solo grazie alla qualità del contenuto finale – un link in ingresso.
Non ci sono trucchi: il link, in questo caso, te lo devi guadagnare con il lavoro di ricerca e produzione del contenuto, che può essere un testo, un'infografica o un video, che poi veicolerai sui vari canali del web.
Una tecnica sempre valida per ottenere link naturali – a patto che sia applicata in modo intelligente – consiste nel raccogliere dati originali e inediti da fonti esclusive (ad esempio attraverso un sondaggio ai tuoi clienti/utenti veicolato tramite la tua newsletter) per poi creare e confezionare un contenuto realmente interessante, da divulgare a testate giornalistiche online, uffici stampa, siti e blog di settore ecc. In breve, tutti quei mezzi digitali che possano dare eco e ripubblicare il tuo contenuto, inserendo la citazione al tuo sito come fonte dei dati.

Ma ci sono tanti altri metodi realmente efficaci per acquisire spontaneamente link naturali: ad esempio potresti creare un e-book dedicato al tuo settore, dei video o dei podcast dedicati alla tua nicchia, che siano davvero ben fatti e soprattutto utili. Questi materiali poi possono essere distribuiti gratuitamente su piattaforme o siti partner e lanciati, con appositi comunicati stampa, a testate giornalistiche e siti di settore.
Un altro mezzo efficace è rappresentato dalle infografiche, uno strumento ancora molto valido e virale, soprattutto se impostato in modo da attirare l'attenzione e la curiosità degli utenti.
In tutti questi casi, naturalmente, coltivare nel tempo e in modo costante la **relazione con contatti profilati** – come giornalisti, PR online, blogger, social media manager e influencer di settore – aumenta notevolmente la possibilità di veder ripubblicato il tuo contenuto. Conoscere bene l'interlocutore significa anche sapere quali sono le sue esigenze (a quali notizie è maggiormente interessato?), i suoi orari (meglio contattarlo la mattina o la sera?), i suoi mezzi di comunicazione preferiti per dialogare con i suoi partner (meglio una email, una telefonata o un messaggio su WhatsApp?) e significa anche contattarlo solo quando è realmente opportuno.

8.5. I consigli per aumentare i domini linkanti

Per concludere questo capitolo dedicato alla link building, ecco alcuni consigli pratici sempre validi per ricevere link naturali durevoli nel tempo, indipendentemente dal settore in cui operi o dalla nicchia in cui lavori.
Crea delle pagine che riescano a risolvere problemi reali e (possibilmente) pratici. Indipendentemente dalla tipologia di sito, creare dei contenuti (ad esempio delle guide o dei tutorial) che aiutino gli utenti a risolvere un problema o a sciogliere un dubbio è sempre una soluzione vincente.
Identifica alcuni dei problemi più comuni tra i tuoi clienti/utenti (potresti fare anche un questionario via newsletter per identifi-

carli o farti aiutare dal tuo servizio clienti) e crea un contenuto che risponda efficacemente e brevemente a queste problematiche. Le difficoltà che incontrano gli utenti sono tantissime, più di quanto tu possa immaginare: dalla provenienza degli ingredienti con cui sono fatti i tuoi prodotti al servizio e ai costi di spedizione, dalla conservazione dei prodotti alle modalità di lavaggio. Ogni settore ha le sue specificità: coglile e sfruttale per farne dei contenuti realmente utili. Sul lungo periodo, se si rivelano davvero risolutivi, verranno linkati spontaneamente (e potranno diventare anche virali). Se poi affianchi delle attività di PR per far conoscere meglio queste pagine, i link arriveranno con più velocità e sicuramente più numerosi.
Un altro consiglio sempre valido, che non ha controindicazioni né rischi, riguarda le relazioni tra le persone. Come illustrato sopra, coltivare i contatti è sempre un'arma vincente. Vai alle conferenze, alle dimostrazioni e agli eventi di settore, approfondisci le conoscenze che già hai (se possibile, anche con i concorrenti dai quali puoi ottenere informazioni utili per orientare meglio il tuo business) e creane di nuove. Entrare in una rete di contatti che operano a vario titolo nel tuo stesso settore è un grandissimo vantaggio. Naturalmente, non solo per la link building.
Poniti l'obiettivo di diventare un punto di riferimento per il tuo settore, non solo attraverso le tue attività online, ma anche con quelle offline. Organizza eventi, convegni, partnership e seminari: fai in modo che il tuo brand sia presente in tutti gli eventi importanti della tua nicchia e partecipa attivamente come esperto del tuo ambito. Costruendo una community di persone attorno a te, aumenterai la tua autorevolezza nel mondo reale e – di conseguenza – con il tempo la acquisirai anche nel mondo online.

Per ricapitolare, ecco alcuni concetti chiave da tenere a mente:

- lavora sulla qualità dei tuoi prodotti (o servizi)
- migliora la qualità dei tuoi contenuti

- punta sulla crescita delle relazioni e dei contatti
- mira ad ottenere citazioni e menzioni da siti autorevoli (anche senza link)
- fai crescere la tua visibilità anche nel mondo offline
- non concentrarti solo sulle ancore secche (keyword commerciali)
- prevedi delle ancore brand o menzioni dell'URL nudo
- fai in modo che i tuoi contenuti vengano letti e condivisi anche sui social.

Cristian Uguccioni (aka Max Del Rosso)

LINK BUILDING: ERRORI PIÙ COMUNI E AVVERTENZE PER FARE GUEST POSTING

Tralasciando i link nei commenti dei blog o nelle firme del proprio profilo all'interno di forum – che più che veri e propri errori sono pratiche ormai desuete e di dubbia utilità – in questo spazio parlerò degli errori più comuni di chi fa link building utilizzando la migliore delle soluzioni: il **guest posting**.
Il guest posting consiste nel pubblicare articoli su siti di terzi (guest post) contenenti backlink verso il proprio sito. In genere, la pubblicazione di guest post su siti esterni è una strategia SEO off-page che funziona molto bene, se fatta in modo opportuno e gestita da esperti, perché consente di migliorare in modo significativo il posizionamento del sito sui motori di ricerca. Tuttavia, questa pratica viene spesso resa vana da errori più o meno gravi, che ne pregiudicano l'efficacia.
Vediamo, allora, quali sono gli errori più comuni, senza pretesa alcuna di poter esaurire tutte le casistiche, e come procedere per una link building davvero efficace.

Tematicità del sito su cui pubblicare il guest post
Ben vengano siti che trattano lo stesso tema o argomenti correlati rispetto al tema trattato dal sito che devi linkare, ma non fossilizzarti nel voler ottenere solo ed esclusivamente link da questi siti: è proprio questo infatti uno degli errori più comuni e frequenti.

Un profilo link naturale non è mai composto solo ed esclusivamente da link da siti a tema. È, invece, tassativamente necessario diversificare, optando anche per siti di altre tematiche e portali generalisti.
Il segreto di una buona link building non è nel pubblicare a tutti i costi su siti a tema, ma nel pubblicare un contenuto che rispetti il tema del sito ospitante, qualunque esso sia, e che al contempo "doni" un link al nostro sito risultando coerente, inerente e rilevante.
Linkeresti mai il sito di un avvocato pubblicando un articolo su di un sito a tema business e impresa? Linkeresti il sito di una agenzia SEO da un sito che recensisce libri ed e-book?
Molto probabilmente no, andresti piuttosto alla ricerca di siti a tema legale e di siti a tema SEO. Sbagliando.
Sul sito a tema business e impresa potresti pubblicare un articolo su come ottenere un decreto ingiuntivo per poter incassare fatture non pagate e potresti citare il tuo cliente avvocato come fonte delle informazioni ("Il decreto ingiuntivo, come ci spiega l'[avv. Mario Rossi], è un atto che..."), mentre sul sito che tratta recensioni di libri ed e-book potresti pubblicare la recensioni di un libro sulla SEO e inserire il link al tuo sito al termine dell'articolo; qualcosa del tipo "Recensione a cura di [Mario Rossi, SEO specialist presso pincopallino.com]".
Per fare link building in modo ottimale occorre una buona dose di creatività e una discreta elasticità mentale. L'essere mentalmente poco elastici pregiudica la possibilità di sfruttare a nostro vantaggio tantissime opportunità. Ricorda sempre: se Maometto non va alla montagna, porta tu la montagna da Maometto!

Verticalità del sito su cui pubblicare guest post

Quello di fossilizzarsi nel voler pubblicare guest post solo ed esclusivamente su siti che trattino lo stesso identico argomento della risorsa da linkare è un altro errore abbastanza frequente. Può sembrare strano, ma sono tanti coloro che dovendo linkare il sito di una falegnameria rifiutano l'opportunità di pubblicare guest post su siti a tema arredamento, argomento invece correlato e perfettamente utile alla causa. Ricordi quanto scritto poco sopra? Elasticità mentale!

Assenza di link nofollow e citazioni

Come ben sappiamo, i link nofollow non passano link juice e pertanto non sono direttamente utili ai fini del posizionamento. Per questa ragione, molti – sbagliando – non li prevedono nella loro strategia di link building. In realtà, questi link rappresentano dei segnali di cui il motore di ricerca tiene conto. Nell'ottica di avere un profilo link che sia il più naturale possibile, e quindi credibile agli occhi di Google, è necessario avere anche dei nofollow. Idem per le citazioni: anche queste rappresentano un segnale di cui il motore di ricerca tiene conto.

Del resto, pensi sia credibile un profilo link con dozzine e dozzine di link follow e nofollow – fatto che lascerebbe presumere una certa notorietà del sito linkato nel panorama web – senza che nessun altro sito ne parli, citandolo con il brand o semplicemente l'URL esteso? No, non regge.

Scambi di link

Un altro errore che si commette quando si fa link building è usare in modo massiccio lo scambio di link diretto: il sito A linka B, il sito B linka A. Scambiare qualche link di questo tipo non rappresenta un problema. Il dramma si manifesta quando si abusa di questa pratica scambiando dozzine di link. Anche lo scambio incrociato (A linka B, C linka A) andrebbe evitato se B e C stanno sullo stesso server e hanno il medesimo indirizzo IP.

Frequenza di acquisizione dei link

Sono tanti coloro che commettono l'errore di non tenere conto della frequenza di acquisizione dei link. Si tratta di un aspetto di fondamentale importanza affinché il profilo link del sito sul quale stai lavorando cresca senza destare sospetti.
Se il tuo sito è online da meno di un mese – e magari non è nemmeno ben posizionato e non ha traffico – non puoi certamente iniziare facendogli arrivare 30 link al mese, ancora meno con anchor text commerciale con parola chiave esatta.
A tutto questo vi è però un'eccezione: la **causa scatenante**.
Se si tratta del nuovo sito di un'azienda che partecipa ad un evento di notevole portata e, per questo, viene linkato in poco tempo da numerosi siti, allora la situazione è diversa. In questo caso, esiste una giustificazione al rapido aumento di link in ingresso, che Google sa cogliere perfettamente.
Quello che mi sento di consigliare è di procedere calcolando il numero di link ottenuti mensilmente da ciascuno dei tuoi concorrenti e stabilire una media. Sempre tenendo bene a mente che nessuno strumento (Ahref, Majestic, ecc.) ci mostrerà tutti i link che il sito riceve realmente.
Con queste informazioni saprai – con un buon grado di approssimazione – quanti link dovrai ottenere ogni mese per il tuo sito web.

Metriche SEO

Valutare la validità o l'autorevolezza di un sito da cui poter ottenere backlink basandosi solo ed esclusivamente sui valori espressi da tool di terze parti è, a parer mio, un errore, nemmeno troppo piccolo. Soprattutto perché "impigrisce la mente" e non imparerai mai a valutare un sito nella sua interezza, al di là dei numeri.
Metriche come la DA di MOZ (domain authority), il DR di Ahref (domain rating) e il TF/CF di Majestic (trust flow e citation flow) ed altre dovrebbero esprimere

l'autorevolezza di un sito ma, in realtà, fatta eccezione per la DR di Ahref, metrica dal valore univoco che ritengo essere la più attendibile e la meno manipolabile, le altre hanno non poche criticità.
Non è raro, infatti, trovare dei siti su cui è stato fatto pesante spam con link da siti per adulti o di Viagra con DA molto elevato, anche oltre 50. Sito molto autorevole? No, affatto. Sembra che la DA misuri unicamente la quantità di siti che linkano un dato sito, senza andare troppo per il sottile.
Il TF/CF di Majestic è una buona metrica ma, a parer mio, ha un grosso difetto: non è univoca. In base a ciò che si analizza, infatti, essa restituisce valori differenti. Ad esempio, analizzando ansa.it, il tool restituisce TF 71 CF 71, mentre analizzando www.ansa.it i valori passano a TF 73 e CF 75 e, per finire, con http://www.ansa.it si passa a TF 66 e CF 63. Questo è del tutto normale e accade perché il sito dell'agenzia ANSA riceve migliaia di link su tutte e tre le versioni del dominio. Ma cosa accadrebbe con siti linkati quasi esclusivamente su www.mariorossi.it o su http://www.mariorossi.it? Accadrebbe che analizzando mariorossi.it senza www e senza http://, visualizzeresti un TF/CF molto basso e probabilmente lo scarteresti, sbagliando.
Il vero problema è che sette persone su dieci, anche tra gli addetti ai lavori, ignorano questo aspetto. Da tempo, purtroppo, si sta registrando questa "brutta" abitudine di dare troppo peso a metriche ottenute dai tool più disparati, perdendo così la capacità di valutazione personale.
Ad esempio, credo che le metriche di alcuni tool siano diventate addirittura "diseducative" e questo non per colpa dei software, o di chi li ha progettati, ma per quel perverso circolo vizioso che porta le persone – soprattutto i non addetti ai lavori – a pensare che la validità di un sito possa essere valutata da due "numeretti".
Ricorda: le metriche sono utili solo quando ne conosci i limiti, quando ti è chiaro su cosa si basano e cosa pretendono di misurare.

Struttura URL: distanza del guest post rispetto alla home
Un altro errore commesso da non poche persone, anche tra gli addetti ai lavori, è quello di non tener conto di quanti click saranno necessari per raggiungere il post una volta che non sarà più in homepage.
Ai fini della link building, per il posizionamento di un sito sui motori di ricerca, è di fondamentale importanza che **il post sia quanto più prossimo alla radice** in quanto più è vicino alla home (generalmente la pagina più "forte" dell'intero sito) maggiore sarà il link juice trasferito.
Pubblicare guest post su un sito posizionato benissimo e con molto traffico che ha una struttura come questa: http://www.mariorossi.it/casa/arredamento/bagno/come-scegliere-box-doccia/

potrebbe non portati affatto i risultati sperati. In cambio, avresti un portafogli molto più leggero! Eh sì, non è un segreto che certi link si acquistino.
Molto meglio optare per siti – magari con minor traffico – ma con una struttura del tipo: http://www.mariorossi.it/come-scegliere-box-doccia/ o al limite http://www.mariorossi.it/casa/come-scegliere-box-doccia/ in quanto, anche a distanza di tempo, su siti del genere l'articolo sarà sempre raggiungibile con due o tre click al massimo.

Differenza tra digital PR e link building

La digital PR ha l'obiettivo di dare visibilità, quello che in gergo viene definito "fare brand", pertanto è corretto si cerchino siti con elevato traffico e ottimamente posizionati; poco importa se il tuo articolo (la cui pubblicazione è stata pagata profumatamente) finisce a otto click dalla home in meno di due giorni.
La link building, invece, ha come obiettivo il posizionamento del sito sui motori di ricerca e il traffico organico dell'ipotetico sito preposto ad ospitare il guest post è uno degli ultimi fattori da considerare in quanto la "spinta" al backlink NON arriva dal traffico.

Posizionamento del link nella pagina

Poiché il link dovrebbe essere, almeno tecnicamente, uno strumento di approfondimento di un contenuto, metterlo nel titolo o nel sottotitolo non è affatto credibile. Dovrebbe essere inserito con la massima naturalezza all'interno del testo e sempre dove risulti utile all'utente. Non posizionare mai link forzosamente o al di fuori del loro contesto.
La link building è uno strumento molto utile ed estremamente efficace, ma solo se ben studiata e realizzata da mani veramente esperte, altrimenti si rischia davvero di fare grossi danni. Ogni comportamento sospetto e forzato insospettisce Google che, invece, premia sempre la qualità per favorire una buona esperienza utente.

Abuso di anchor text esatti

Eccedere con le anchor text esatti è un errore in cui incappano non poche persone. Link su anchor text esatto (ovvero un'ancora contenente solo ed esclusivamente la keyword che vuoi posizionare) si possono e si devono fare, ma è necessario sapere quando farlo, come e in che misura.
Non a caso, gli abusi degli anni passati hanno portato all'introduzione di contromisure (algoritmo Penguin) contro pratiche manipolative per colpire proprio il ricorso massivo ad anchor text troppo ottimizzati.
Ma qual è il mix ideale?
Per quanto mi riguarda, in linea di massima, tengo una percentuale di naked link

(i link nudi, come ad esempio www.tuosito.it) non superiore al 15%, una di brand anchor text che non superi il 60% (per non essere classificati come spam da Google), anchor text esatto ("secco" o all'interno di una frase) non oltre il 10%, anchor text navigazionali non oltre il 10%, exact match anchor text non oltre il 5%.

Attenzione: non è legge, non è scienza esatta, sono solo valori di massima, che per altro sovente modifico in base alla nicchia e al profilo link dei siti concorrenti.

Naturalezza del link: no alle anchor forzate

Il link – come anticipato sopra – deve essere più naturale e utile possibile: se Google percepisce che è inserito all'interno dell'articolo in modo forzato, certamente non lo premierà.

Tanto per capirci: linkare su anchor text come "Idraulico Roma prezzi" e altre keyword simili nel medio e lungo periodo potrebbe non portarti nulla di buono. Per usare un eufemismo.

Per rendere un link naturale, puoi aiutarti con quella che io chiamo la tecnica del "questo articolo": si tratta di aggiungere all'anchor text le due parole predette. Ecco un esempio: "questo articolo sui prezzi delle ristrutturazioni a Roma". Tranquillo, a livello di spinta, nel lungo periodo, nulla cambia dall'usare il pericolosissimo anchor text "prezzi ristrutturazioni Roma").

L'utilizzo dei termini "questo articolo" nell'anchor text ti aiuterà – o meglio obbligherà – nella costruzione di una frase logica e sensata in cui l'anchor text risulterà naturale e perfettamente contestualizzata, come "Per avere un'idea dei costi ti consigliamo la lettura di [questo articolo sui prezzi delle ristrutturazioni a Roma] pubblicato da mariorossi.it, sito web di una delle più note imprese edili della capitale".

In luogo di "questo articolo" puoi anche utilizzare "questo sito": il concetto resta lo stesso. Ad esempio: "Per avere un'idea delle ultime tendenze in fatto di moda dai un'occhiata a [questo sito specializzato nelle vendita di abbigliamento da donna] di tendenza".

Coerenza delle anchor text

Purtroppo, la coerenza e la naturalezza del link sono due punti su cui continuano a sbagliare in tanti: errori che vedo spesso commettere anche a numerosi professionisti della SEO.

La scelta della parola alla quale unire il link ha una fondamentale importanza: evita forzature nelle parole chiave, perché possono risultare sospette a Google.

L'anchor text deve essere coerente sia con il senso della frase che la contiene, sia con l'argomento della pagina che vai a linkare.

Ipotizziamo di dover linkare un sito di viaggi che pubblica periodicamente offerte per voli della Ryanair. Di seguito, alcuni esempi di anchor non coerente e anchor coerente:

Anchor non coerente:
"4 giorni possono essere sufficienti per visitare Barcellona, che potete velocemente raggiungere con [Ryanair voli] praticamente in tutte le città della Spagna."

Anchor coerente:
"4 giorni possono essere sufficienti per visitare Barcellona, città che potete velocemente raggiungere da molti aeroporti italiani tramite voli low cost operati da compagnie come Iberia, Vueling e Ryanair. Riguardo quest'ultima compagnia sembra che – in questo periodo – stia proponendo tariffe particolarmente vantaggiose, offerte di cui ne ha parlato anche www.mariorossi.it dalle pagine del suo sito alla sezione [Voli Ryanair]"
Come vedi c'è differenza, tanta differenza. Quando linki, ragiona sempre: cervello sempre acceso! La coerenza degli anchor text è fondamentale per una link building di qualità: ancore non coerenti portano spesso a penalizzazioni per link innaturali.
Per rendere naturale un link, puoi aiutarti con la tecnica del "questo articolo", che abbiamo visto prima.

BONUS
Come "progettare" un guest post strategicamente utile
Questo che ti illustro è l'iter che solitamente seguo quando scrivo un guest post. Naturalmente, non sarà il miglior metodo esistente, né quello perfetto, tuttavia ha sempre portato ottimi risultati.
La prima cosa da fare è **identificare un argomento** che sia **a tema con il sito ospitante** e che contestualmente offra un "appiglio" per inserire una frase in cui mettere l'anchor text con il quale linkerai il tuo sito. L'argomento del guest post NON deve assolutamente essere lo stesso trattato dal tuo sito o dalla pagina che andrai a linkare. Il backlink al tuo sito dovrà essere un invito ad approfondire qualcosa solo marginalmente trattato nel guest post.
Utilizzando uno di tanti tool, è opportuno effettuare una keyword research sull'argomento identificato e individuare parole chiave composte da almeno quattro termini (long tail keyword) con volume di ricerca tra le 90 e le 360 ricerche mensili.
Cerca su Google le keyword individuate e annota il numero di risultati che compaiono in SERP. L'obiettivo è trovare una keyword per la quale la SERP di Google fornisca meno di 10.000 risultati.
Scrivi l'articolo ottimizzandolo per la keyword long tail a bassa concorrenza,

individuata con il passaggio indicato sopra. Scrivi in modo naturale e non forzato affinché il contenuto sia realmente utile per l'utente. L'articolo dovrà contenere una frase che sia coerente con il resto dell'articolo e che, al contempo, sia propedeutica all'inserimento dell'anchor text con cui linkerai il tuo sito.
Se hai fatto tutto nel migliore dei modi, ti ritroverai un guest post ben posizionato su Google, che riceve traffico (quindi letto dagli utenti) e che potrebbe anche portati traffico referral derivante dai click sul tuo link. Inutile dire che un backlink da un articolo di questo tipo è molto più vantaggioso e NON è assolutamente la stessa cosa che averlo da un articolo scritto "tanto per", senza ottimizzazione per nessuna keyword, con contenuti di nessun interesse, realizzato appositamente ed esclusivamente per infilarci il backlink. Sappi che, in questo ultimo caso, il più delle volte stai gettando alle ortiche tempo e denaro.

INTERVISTA A *Stefano Schirru*
FONDATORE DI TILINKO, AGENZIA DI LINK BUILDING E DIGITAL PR

Quali sono gli errori più frequenti nelle strategie di link building degli imprenditori di oggi?
L'errore di molti imprenditori è quello di fare link building perché hanno "sentito dire" che è necessaria. Parliamoci chiaro: se vuoi posizionare il tuo sito web ai primi posti dei motori di ricerca, pianificare una strategia di link building che sia davvero efficace è fondamentale. Ma, prima di tutto, va eseguita un'analisi specifica sulla propria situazione. Bisogna valutare lo stato di salute del proprio sito web, verificare che on-site sia tutto molto ben ottimizzato, che non ci siano problematiche a livello di usabilità, ecc. La link building deve essere quello strumento in più che permette di fare il salto di qualità.
Un altro errore comune è quello di non mettere in conto il giusto budget. La link building è un'attività che può essere anche molto costosa. Il professionista deve fare una valutazione e, in fase di preventivo, provare a stimare l'investimento necessario per raggiungere l'obiettivo. Molto spesso mi è capitato di rifiutare lavori, o comunque di sconsigliare l'attività di link building, perché non c'era sufficiente budget per fare un lavoro all'altezza delle aspettative. Molto, infatti, dipende anche dal settore in cui si lavora. Ci sono ambiti, come quello finanziario o turistico (tanto per fare qualche esempio) dove i competitor investono diverse migliaia di euro al mese solo per quel che riguarda l'acquisizione di link.

Cinque consigli per chi si appresta a fare link building per la prima volta

1. Affidarsi ad un professionista: se devi lavorare sul sito della tua attività e non hai esperienza, il mio consiglio è di non prendere rischi eccessivi e di affidarti ad un professionista (un consulente o un'agenzia specializzata). Se, invece, hai modo di lavorare su un progetto di "test", allora sicuramente puoi divertirti a sperimentare. Ovviamente, anche in questo caso, il consiglio è di apprendere prima le basi, attraverso un'adeguata formazione, per poi mettere in pratica quanto hai imparato leggendo libri come questo.

2. Essere costanti: l'attività di link building andrebbe portata avanti in maniera costante: un sito web dovrebbe ricevere domini linkanti in maniera continuativa nel tempo. Questo non significa che devi pianificare di acquisire 5, 10 o 20 link al mese per sempre, ma, semplicemente, che il tuo sito web deve continuare ad ottenere link in entrata nel corso del tempo. Il mio consiglio è di pianificare il tuo lavoro per un periodo di almeno sei mesi, durante i quali potrai anche fare i dovuti aggiustamenti.

Ma ricorda, la link building, come qualsiasi attività che riguarda la SEO, è molto lenta e richiede mesi per poter valutare gli effetti del lavoro svolto. Proprio per questo, mi sento di consigliarti di pianificare il tuo lavoro creando un vero e proprio "calendario editoriale" dedicato all'attività di link building.

Esempio di piano editoriale

Progetto [redacted]

Sito	Pagina obiettivo	Argomento contenuto	Anchor text	Data
donnamoderna.com	/donna-home/	Le tendenze della moda donna 2019	abbigliamento da donna di [redacted]	feb-19
cosmopolitan.com	home	Aumentano le vendite dell'abbigliamento online	[redacted]	feb-19
iodonna.it	/bambini-home/	Acquistare abbigliamento da bambini su internet conviene?	abbigliamento e scarpe da bambino	feb-19
panorama.it	/donna-home/	Quali vestiti scegliere per il proprio outfit	la collezione donna di [redacted]	feb-19
wired.it	/uomo-home/	Dove acquistare online camice da uomo	camice da uomo su [redacted]	feb-19
lettera43.it	/maglieria-felpe-donna/	Abbigliamento donna: ecco le felpe di tendenza	maglie e felpe da donna sul sito di [redacted]	feb-19

Figura 8.3. Esempio di piano editoriale

3. Privilegiare la qualità: evita di pubblicare contenuti con link al tuo sito su siti di scarsissima qualità, su contenitori di guest post e, più in generale, su siti che non ricevano traffico dai motori di ricerca. Specialmente se sei alle prime armi e non hai esperienza, ti consiglio di evitare soluzioni troppo borderline, perché il rischio di sporcare il profilo link del tuo sito web è piuttosto concreto.

4. Link building... ma con un occhio alle digital PR: evita di focalizzarti troppo sui testi di ancoraggio dei link. Privilegia, al contrario, il brand del tuo progetto. Se provi ad analizzare un qualsiasi sito leader di mercato, quanto raffigurato in figura 8.4 è quello che troverai... ed è anche quello che si aspetta di trovare Google.

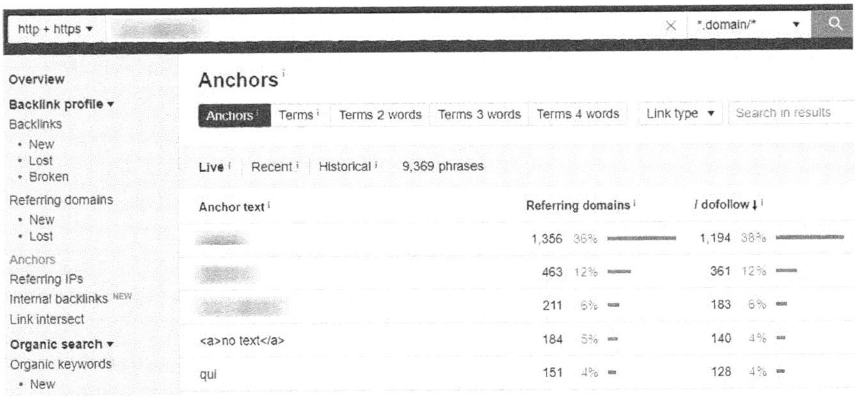

Figura 8.4. Esempio di schermata di Ahrefs con i relativi valori

5. Focus sul contenuto: il contenuto deve essere al centro della tua attenzione. Cerca di produrre (o di far realizzare da un copy professionista) testi della migliore qualità possibile.

Figura 8.5. Esempio di contenuto pubblicato

Contenuti informativi che possano ben posizionarsi sui motori di ricerca. Il risultato sarà quello di avere link da pagine che Google reputa essere pertinenti e di valore per gli intenti di ricerca per i quali vuoi posizionarti. Sicuramente un profilo link costruito in questo modo rappresenterà un valore aggiunto che ti porterà risultati importanti nel tempo!

Consigli pratici per chi ha poco budget

Si può fare link building anche con poco budget! Aspetta, so che questa affermazione ti sembrerà strana visto e considerato che qui sopra ho appena detto che devi mettere in gioco il giusto budget. Tuttavia, ci sono alcuni settori in cui, anche con budget molto ridotto, si può avviare una campagna di link building efficace e di qualità. Ad esempio, se sei un professionista con delle competenze specifiche importanti, puoi sempre utilizzare il tuo "sapere"! Ancora oggi è possibile trovare testate di livello disposte a linkare il tuo sito in cambio di contenuti di qualità. Attenzione, non parlo di realizzare articoletti banali con informazioni raccolte online. Parlo di contenuti originali, creativi e di altissima qualità, frutto della tua esperienza personale e diretta sul campo.
Un'altra strategia molto efficace è quella di aggregare dati. Attraverso un accurato lavoro di content curation puoi realizzare studi di settore, report, infografiche e contenuti video esclusivi, che potrai offrire ai portali online del tuo settore, alle testate giornalistiche o ai siti web che ritieni essere più pertinenti in cambio di un link al tuo sito web, di una menzione o di una citazione del tuo brand.

Qualche commento e previsione sulla link building del futuro?

La link building si sta avvicinando progressivamente alle digital PR: il brand giocherà un ruolo crescente e importante. Insomma, il contenuto sarà sempre più al centro di tutto e i vecchi "giochetti" legati agli anchor text a chiave esatta (ad esempio "vacanze roma") saranno sempre meno rilevanti.
Il mio consiglio è di concentrarsi nella realizzazione di contenuti informativi e di qualità, utili per gli utenti, all'interno dei quali andare ad inserire un link al proprio sito. È importante cercare di integrarlo nella maniera più naturale possibile, evitando quindi forzature che "puzzano" di SEO lontano un miglio! Google è sempre più raffinato e non ha bisogno che il nostro sito riceva 200 link con chiave esatta "idraulico milano" per capire per quali ricerche deve posizionarci. Questo accadeva diversi anni fa, ma oggi le cose sono profondamente cambiate e domani lo saranno ancora di più. Lavora puntando alla massima qualità possibile e vedrai che ad ogni update di Google potrai continuare a dormire sogni tranquilli, senza paura che il tuo sito venga colpito o penalizzato.

INTERVISTA A *Isan Hydi*
FONDATORE DI WOLF AGENCY, AGENZIA SPECIALIZZATA NELLA SEO E NELLA LINK BUILDING

Come è cambiata l'attività di link building negli ultimi anni?
Partiamo dall'inizio. In passato, mettere link ovunque e di qualsiasi tipo funzionava alla grande, ma con l'avvento di vari aggiornamenti di Google e l'intelligenza artificiale, il modo di fare link building è cambiato profondamente nel corso del tempo. Tuttavia, ci sono delle nicchie dove fare della link building aggressiva funziona bene ancora oggi, ma non conviene attuare questa tipologia di tattiche su progetti a lungo termine.
Oggi i link builder professionisti cercano di costruire dei profili link più naturali possibili per evitare che i siti subiscano delle penalizzazioni. C'è da aggiungere un'altra cosa importante: fare della link building su siti costruiti male e senza logica a volte non porta affatto risultati, anche se metti tonnellate di link.

Che consigli daresti a un imprenditore o a un webmaster che inizia oggi a fare link building?
Prima di tutto, come anticipato anche sopra, bisogna essere certi di avere un sito costruito bene e che sia funzionale. Poi, occorre studiare le SERP, i concorrenti, scegliere con la massima cautela gli anchor text, cercando di linkare in modo più naturale possibile. Tanti clienti mi chiedono da subito degli anchor text con chiavi secche e in tante occasioni mi rifiuto. Linkare tanto e di fretta, utilizzando ancore secche, non vuol dire raggiungere i risultati sperati.
Tante volte – quando si esagera con tante anchor secche – Google fa scendere il posizionamento della singola pagina, invece che l'intero sito.
Consiglio agli imprenditori e ai webmaster di studiare approfonditamente la materia prima di intraprendere campagne di link building o di affidarsi a dei veri professionisti, sia freelance che agenzie verticali, specializzati nella link building.

Quali sono i requisiti fondamentali oggi per fare questa attività?
Uno dei requisiti fondamentali per iniziare questa attività è senz'altro il budget.
Ogni sito deve riservare un certo budget all'attività di link building.
La link building fatta bene è un'attività costosa, ma che può portare dei risultati importanti.
Ho dei clienti che riservano alle attività di link building un 20-30% degli introiti mensili e, in qualche raro caso, anche il 50-60% delle entrate.
Come ho detto anche sopra, bisogna essere certi di avere un sito funzionale e senza errori di alcun genere per aumentare le possibilità che la link building faccia i suoi effetti.
Bisogna saper scegliere bene i siti dove si pubblicano i guest post, non soltanto

in base al traffico. Un sito che registra tanto traffico non vuol dire che ti porterà necessariamente il risultato sperato.
Il traffico è un parametro importante, ma in pochi guardano e studiano il profilo backlink del sito dove si vorrebbe pubblicare. In tanti si basano sui numeri che i tool mostrano in modo approssimativo. Un sito che oggi ha del traffico e numeri alti, domani, per un motivo o un altro, potrebbe non averli più; basta che scendano un paio di keyword ben posizionate e il sito ritorna a non aver traffico.
C'è poi un trend diffuso – o meglio un falso mito – che riguarda i domini recuperati (o dropped): si dice che in generale non siano adatti per fare della link building. Posso provare – grazie a campagne realizzate da me – che i domini dropped con un bel profilo di link, se rimessi online in modo professionale, spingono le keyword in SERP anche meglio di certe testate giornalistiche che si pagano fior di quattrini.
Tanti, poi, confondono la link building con la digital PR, che rappresentano due obiettivi diversi e modalità differenti di linkare le pagine dei siti.
Sono entrambe delle strategie utili, che devono coesistere in una strategia di web marketing.

Quali sono i rischi maggiori oggi?
Uno dei rischi maggiori secondo me è la fretta. Non bisogna mai avere fretta di linkare troppo e nell'arco di poco tempo: linkare subito, con gran parte delle anchor secche, come ad esempio "idraulico torino", può essere pericoloso.
Non bisogna linkare se il sito non è pronto o se ha evidenti problemi di struttura o criticità tecniche. In questi casi, nella maggior parte delle situazioni, si buttano soldi senza avere risultati. Inoltre, il rischio oggi è anche quello di affidarsi a partner poco seri. È fondamentale rivolgersi a professionisti del settore ed evitare di comprare link ovunque, anche perché tanti link spariscono dal sito poco tempo dopo la pubblicazione.
È vero anche che non si può pretendere che un sito mantenga il tuo articolo con il relativo link a vita, anche ci sono tante ragioni perché questo possa accadere: motivi tecnici, cambi di gestione, restyling, ecc. I link possono anche essere cancellati. Consiglio, quindi, di comprare sempre dei guest post con fattura e chiedere che sia scritto che il guest post rimanga online almeno per uno o due anni. Io personalmente, per i miei clienti – quando pubblichiamo dei guest post sia su blog che su testate giornalistiche – faccio da garante per almeno un anno di permanenza online. Se il link sparisce prima di un anno (ad esempio il sito cancella la pagina o semplicemente rimuove il link), sostituisco il collegamento o rimborso il cliente.

Secondo te, cosa succederà nel prossimo futuro su questo tema e quali trend prevedi?
Sono dell'idea che la link building sarà sempre importante in futuro, come lo è oggi. Cambierà magari il modo di linkare, ma le basi saranno sempre le stesse.

Pasquale Gangemi

COMPRENDERE UN UPDATE DI GOOGLE

Quando si parla di SEO, la prima cosa a cui si pensa sono i celeberrimi "algoritmi" di Google.
Nel corso degli anni, infatti, l'azienda di Mountain View ha mantenuto una frequenza di aggiornamento impressionante, almeno un "grande" update al mese.
Tutto questo rende indispensabile creare una **metodologia di analisi** che ci consenta di comprendere scientificamente le correlazioni tra i fattori positivi e negativi di ranking sia *pre* che *post* update.
Come comprendere un update di Google?
Per raggiungere l'obiettivo di cui sopra, è necessario, partire dalla **formulazione di un'ipotesi,** e ciò può avvenire attraverso l'analisi delle:

- ultime notizie SEO
- performance dei competitor
- sezioni (cartelle/pagine) del proprio sito.

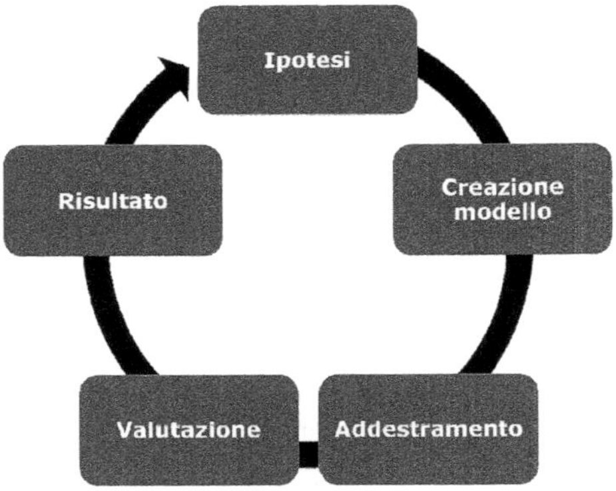

Figura 8.6

SEO Data Intelligence: la costruzione del dataset

Una volta definite le "potenziali ipotesi" di incremento o decremento della visibilità organica bisogna, creare una lista di keyword per popolare il dataset da analizzare. In genere, per migliorare la rappresentatività dei dati, selezioniamo fino a 300 keyword in base al loro volume di ricerca e alla loro vicinanza semantica.

Clusterizziamo le parole chiave individuate per tipologia:

- generiche (ad esempio scarpe)
- long tail (scarpe nere eleganti per uomo)
- informazionali (cosa sono i mocassini)
- commerciali (acquisto mocassini neri online).

Questo ci permetterà di poter estrarre i domini posizionati dalle SERP oggetto d'analisi.

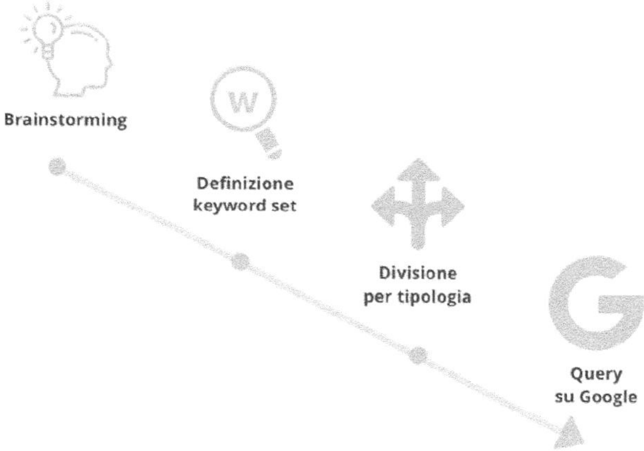

Figura 8.7

Collezione dei dati: estrazione da SERP

Per ogni keyword, raccogliamo la SERP fino alla 50° pagina per popolare il dataset di lavoro.

Il dataset viene popolato da dominio, URL e relativa posizione in SERP nel periodo di tempo stabilito (prima e dopo l'eventuale calo o aumento di visibilità).

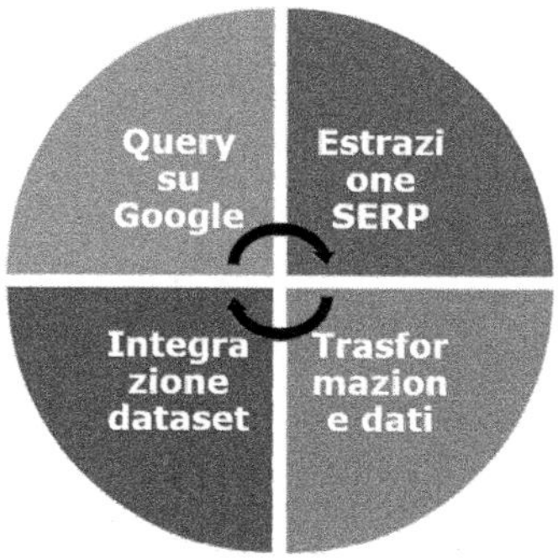

Figura 8.8

Caso studio: Analisi Medic Update

Il dataset

Ogni dataset è solitamente composto da circa 5000 domini univoci.

Per ogni sito web, analizziamo **oltre 100 caratteristiche** che supponiamo (sulla base delle ipotesi formulate inizialmente) possano avere avuto impatto sui ranking.

Alcune delle metriche considerate sono state:

- Citation Flow
- Trust Flow
- Page Text Size
- DCL Mobile
- FCP Desktop.

Pro Web Consulting

Dataset Analisi Penalizzazione Medic Update

Domain	Rank	OrganicKeywor	OrganicTraf	OrganicCc	CitationFlowFre	TrustFlowFre	IndexedURLsFre	RefDomainsFre
it.wikipedia.org	1	9635696	346593661	100331804	85	70	27023401	215239
www.facebook.com	2	6951320	161342902	121372910	100	99	7377149197	25221532
www.youtube.com	3	13375621	157583573	36713044	99	99	1052328640	15888022
sito del Cliente	7	20421269	42309139	18965321	35	28	792167	41763
www.amazon.it	5	6097854	71828058	12799754	63	64	43270048	77460
play.google.com	4	3828449	92975365	38195569	94	93	22233854	1574386
www.tripadvisor.it	6	3664951	48299408	18473840	60	79	16252273	59849
247.libero.it	10	1869282	34252800	20935872	45	40	2177162	6296
tecnologia.libero.it	10	1869282	34252800	20935872	47	40	22847	888
blog.libero.it	10	1869282	34252800	20935872	52	53	2597670	13480
www.repubblica.it	8	4315761	38004706	9718275	65	75	1652148	98685
coupon.tgcom24.mediaset.it	9	1741291	35685087	15844962	30	22	1540	53
www.tgcom24.mediaset.it	9	1741291	35685087	15844962	62	57	261145	20736
www.iene.mediaset.it	9	1741291	35685087	15844962	38	47	10898	4658
finanza.tgcom.mediaset.it	9	1741291	35685087	15844962	17	19	869	86
www.video.mediaset.it	9	1741291	35685087	15844962	42	33	308851	12314
www.sportmediaset.mediaset.it	9	1741291	35685087	15844962	60	54	187517	11519
www.corriere.it	11	3492121	31867055	13049678	70	59	796867	90352
www.subito.it	12	2438255	26964049	2623820	50	62	6731529	7735
tg24.sky.it	16	1332188	23486395	9119106	56	34	545184	8266
video.sky.it	16	1332188	23486395	9119106	52	30	116396	5497
xfactor.sky.it	16	1332188	23486395	9119106	38	19	4727	1182

AF

Figura 8.9

Il risultato

Grazie al team di data scientist, applicando diversi algoritmi di machine learning e allenando modelli predittivi e di raggruppamento, abbiamo realizzato una **mappatura dei fattori** che potrebbero aver contribuito alla perdita di traffico.

L'output dell'analisi varia in base alle esigenze e ai dati ottenuti, oltre che alle specifiche circostanze che portano ad una penalizzazione.

Nella mappa di figura 8.10, ad esempio, è emerso che **alcuni fattori di ottimizzazione delle performance mobile** (colonna a destra) hanno **portato ad un calo di traffico** con una elevatissima probabilità (più del 95%).

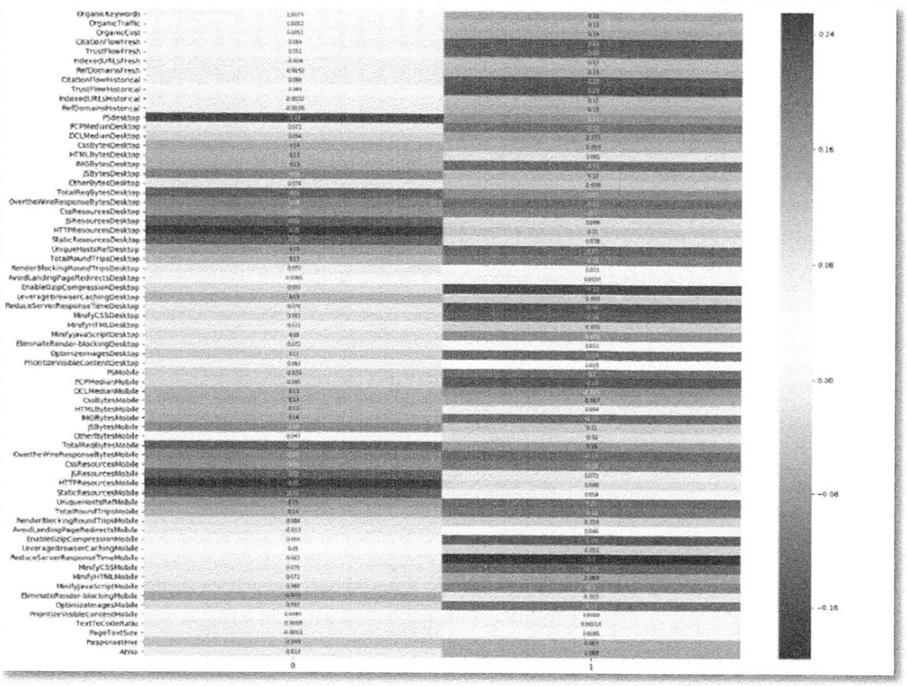

Figura 8.10

In conclusione

Il mio suggerimento per risultare impeccabile, migliorare ulteriormente o recuperare traffico perso è di **considerare le metriche di questi tre pilastri**:

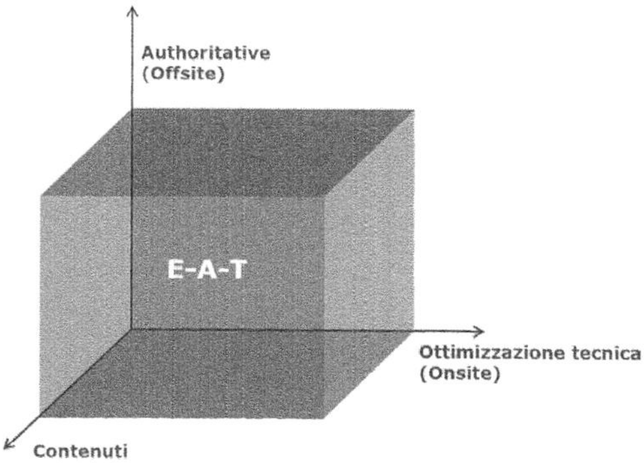

Figura 8.11

- autorevolezza
- ottimizzazione tecnica
- contenuti

nella fase di definizione e analisi del dataset.
Inoltre, gli interventi correttivi sul sito dovrebbero essere effettuati **in maniera scientifica e tempestiva**, ovvero solamente nel momento in cui si è certi che l'ottimizzazione effettuata abbia una rilevanza statistica e dopo che il periodo di assestamento (un paio di settimane post update) sia già passato.

9. Scansionare un sito con il tool Screaming Frog

di *Claudio Fiorentino – Aka Don Claudissimo*

Screaming Frog è il tool che tutti i SEO dovrebbero avere e – data la sua enorme potenzialità e le diverse funzionalità che mette a disposizione – avrai modo di effettuare un audit SEO andando ad analizzare tutti gli elementi on-site più importanti derivati dalla scansione completa di un sito web. In questo capitolo ti riporterò le informazioni principali di utilizzo del tool, con indicazione di alcune best practice.

9.1. Il setting iniziale del tool

Il tool può essere avviato alla scansione di un sito fin dall'apertura della schermata principale, tuttavia è bene capire se vi sono necessità di limitare la quantità di risorse che dovranno essere scansionate, per avere risultati puliti e, quindi, ridurre, da una parte, i tempi di scansione e dall'altra i tempi di elaborazione e analisi dei dati.

La prima voce di menu che è opportuno verificare è CONFIGURATION -> SPIDER composto da sei tab (figura 9.1).

Figura 9.1

CRAWL

Sono elencate le varie risorse che il tool dovrà scansionare, ad esempio: immagini – JavaScript – canonical – hreflang – link esterni; quindi possiamo eventualmente escludere risorse che non interessano in una prima (e più rapida) scansione.

EXTRACTION

A vari livelli puoi impostare, attraverso un flag, quali informazioni vuoi vengano estratte e, quindi, riportate nel tool. Per i vari tab, le impostazioni di default vanno benissimo e – solo dopo aver preso dimestichezza con il tool – potrai fare delle variazioni di estrazione in base alle tue esigenze.

LIMITS

In questo tab vi è la possibilità di andare ad impostare delle limitazioni a partire da quella relativa alla numerosità di risorse da scansionare. È utile quando si vuole estrarre un campione di URL limitato di un sito web, o limitare il numero di "query string" scansionabili per evitare che il tool segua delle spider trap (criticità del sito che inducono il bot ad effettuare un numero di richieste infinite).

RENDERING

Dà la possibilità di impostare il rendering per la scansione delle seguenti risorse:

- TEXT ONLY: cerca solo testo HTML

- OLD AJAX CRAWLING SCHEME: vecchio schema di scansione AJAX oramai obsoleto di Google
- JAVASCRIPT: possibilità di avere il rendering della pagina nel tool.

L'impostazione di default, TEXT ONLY, è quella consigliata per l'utilizzo classico del tool.

ADVANCED

Nelle ultime versioni di Screaming Frog è venuto meno il problema di possibili crash a fronte di scansione di grossi siti web, ma è buona norma lasciare spuntata la voce PAUSE ON HIGH MEMORY USAGE, che farà sì che, in caso di necessità, il tool mostri a video un pop-up con l'indicazione di effettuare un salvataggio delle risorse fino a quel momento scansionate.
Di questo tab segnalo l'importanza della voce ALWAYS FOLLOW REDIRECT, che durante un'analisi delle redirezioni di URL, ad esempio a fronte di una migrazione di un sito web, sarà opportuno attivare. Questo – combinato con la voce di menu REPORT -> REDIRECT CHAINS – permetterà al tool di eseguire ogni URL oggetto di redirezioni, non fermandosi al primo status code 301. Questa funzione offre la possibilità di estrarre un report completo di tutte le catene di redirezioni fino all'URL finale, con indicazione dello status code finale (nella speranza che sia un 200).

PREFERENCES

Uno strumento che si rispetti deve poter dare la possibilità di effettuare delle variazioni in autonomia rispetto ad alcuni parametri e Screaming Frog lo consente. Molti ricordano il test di Google, durato circa sei mesi, in cui la meta description visualizzata in SERP consentiva di inserire fino a 320 caratteri. In quel periodo, chi ha provveduto ad adattarsi a questo cambiamento avrebbe ricevuto dal tool indicazione che le description erano più lunghe del consentito, in quanto in questa sezione di default la lunghezza è impostata a 155 caratteri.

La seconda voce di menu su cui è bene fare un approfondimento è quella relativa alla voce "robots.txt". Questo perché può capitare di scansionare un sito in sviluppo, che potrebbe essere bloccato da scansione tramite la direttiva di "Disallow: /". Avendo la possibilità di ignorarla, si potrà scansionare un sito in sviluppo senza problemi.
Un altro possibile problema di scansione di un sito in sviluppo può derivare dalla richiesta di nome utente e password per il login. In questo caso, dovrai selezionare la voce CONFIGURATION -> AUTHENTICATION e dal tab FORMS BASED aprire l'URL di login e inserire i dati di accesso, affinché il tool risulti loggato e abbia, quindi, la possibilità di scansionare il sito al pari di un utente loggato.
Le due ulteriori voci da prendere in considerazione, se si vuole limitare la scansione di un sito, sono INCLUDE ed EXCLUDE, che – attraverso l'inserimento di un'espressione regolare – permettono rispettivamente di includere nella scansione una determinata directory o escluderla per limitare il numero di risorse sottoposte ad analisi. Selezionando le voci, viene mostrato un esempio e vi è la possibilità di effettuare un test per valutare se la regola inserita è corretta in base alle tue esigenze.
Infine, nella voce di menu CONFIGURATION segnalo la voce USER-AGENT. Questa funzionalità ti permetterà – in fase di scansione del sito – di presentarti con un diverso user agent e, quindi, verificare se il sito eroghi informazioni diverse a seconda dello user-agent simulato, fattore che potrebbe portarti ad una penalizzazione per cloaking. Pertanto, è buona norma andare ad effettuare più scansioni del sito, presentandosi ogni volta con un user-agent diverso.

9.2. La modalità di avvio del crawling

Dopo aver fatto i corretti setting propedeutici, puoi iniziare il crawl di un sito web attraverso una delle tre modalità selezionabili, accessibili dalla voce di menu MODE, e utilizzabili in base alle tue esigenze. Nel dettaglio, vedremo le due più utilizzate:

SPIDER

Questa è la modalità classica, che ti permetterà di inserire l'URL di partenza della scansione – home page, dominio di terzo livello, directory specifica ecc. – e di avviare il tool per il processo di crawl.

LIST

Modalità molto utile, perché consente di inserire una lista specifica di URL da scansionare. Si possono caricare da un file, inserire manualmente, incollare dopo averli copiati da un file txt o Excel o scaricare quelli indicati nella sitemap caricata online (anche da una "index" che elenchi le sotto-sitemap).

9.2.1. Dashboard principale

All'apertura del tool ti troverai davanti alla dashboard principale, dove verranno mostrati i dati già in fase di scansione.

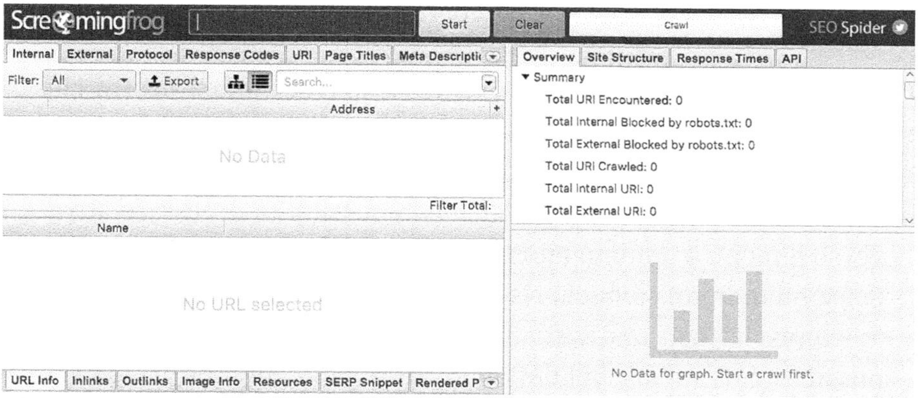

Figura 9.2

Questo per permettere di evidenziare, fin da subito, eventuali modifiche da effettuare alla tipologia di risorse o sezioni del sito da scansionare, che in seguito andranno analizzati. Avendo selezionato la modalità di crawling, una volta terminata, si potrà effettuare l'attività di audit, per identificare le possibili migliorie SEO on-site attraverso l'analisi dei dati mostrati nei vari tab.

INTERNAL

Questo è il tab principale dove vengono elencate tutte le risorse scansionate e per ognuna vi sono indicazioni specifiche, come: status code, metadata, canonical, livello di profondità, inlink e heading tag.

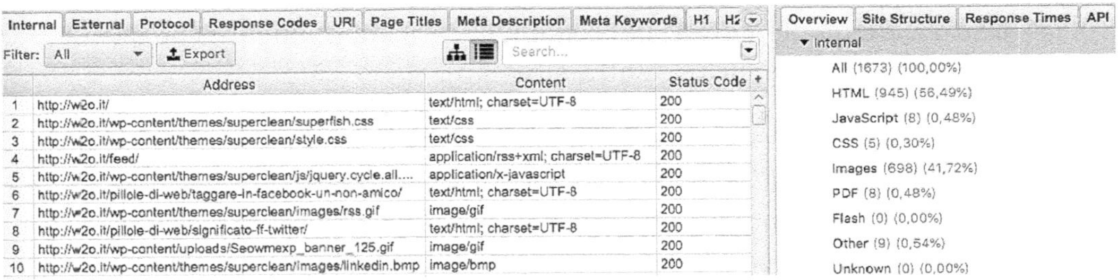

Figura 9.3

Come vedi dalla figura 9.3, vi è anche una sezione a destra che riporta i dati aggregati in modo da aver, fin da subito, l'overview del tab ed eventualmente filtrare il dato attraverso il click sulla voce di tuo interesse. Ma c'è anche la possibilità di filtrare attraverso il menu a tendina FILTER posto in alto ad ogni tab.

Selezionando una singola risorsa, verrà valorizzata la dashboard "secondaria" con una visualizzazione verticale dei dati e con la possibilità di andare nel dettaglio, attraverso gli ulteriori tab che il tool mette a disposizione. Tra questi, spicca per importanza il tab INLINKS, che ti permetterà di identificare – per gli URL che hanno uno status code diverso da 200 – quali sono quelli che hanno un link verso la risorsa e, quindi, effettuare l'edit del contenuto o la modifica al codice HTML, al fine di evitare la presenza di link interni verso risorse in errore o che effettuano redirezioni.

Figura 9.4

L'URL indicato nel FROM sarà quello oggetto di revisione, andando ad effettuare la modifica indicata nel tab URL INFO (sempre che l'URL finale sia corretto e risponda con status code 200); per la sua individuazione il tool ci fornisce anche l'indicazione dell'anchor text utilizzato per il link o eventualmente l'alt text nel caso di immagini.

Figura 9.5

Il dato presente alla voce REDIRECT URI sarà quello che andrà a sostituire l'address che viene richiamato nel contenuto FROM linkato con l'anchor text indicato.

EXTERNAL

Questo tab riporta tutte le indicazioni su risorse esterne linkate dal nostro sito. Va prestata attenzione allo status code di ognuna, perché è buona norma che siano tutte 200. Dove vi è uno status code 301, occorre verificare che questo sia effettivo, ad esempio il link ad uno short URL, e non un possibile cambio di stato di una risorsa di terze parti: ad esempio per un cambio di protocollo. Ti potrà capitare che, su alcune risorse di terze parti, non si possa procedere ad una correzione, perché generate, ad esempio, da un plugin di cui non sempre è consigliata la modifica del codice sorgente, se non si ha esperienza di programmazione.

PROTOCOL

Questo tab nelle situazioni di cambio protocollo a seguito del passaggio all'HTTPS può fornirti indicazioni di risorse che puntano al vecchio http, andando a creare una situazione di "mixed content" segnalata da alcuni browser a sinistra della barra degli indirizzi.

RESPONSE CODES

Tab utile per l'export delle risorse che hanno uno status code diverso da 200 per l'analisi del caso ma, a questo punto, è bene iniziare a parlare della voce di menu BULK EXPORT, che attraverso le sue voci di dettagli ti permette il download di diverse informazioni utili a effettuare correzioni sul sito.

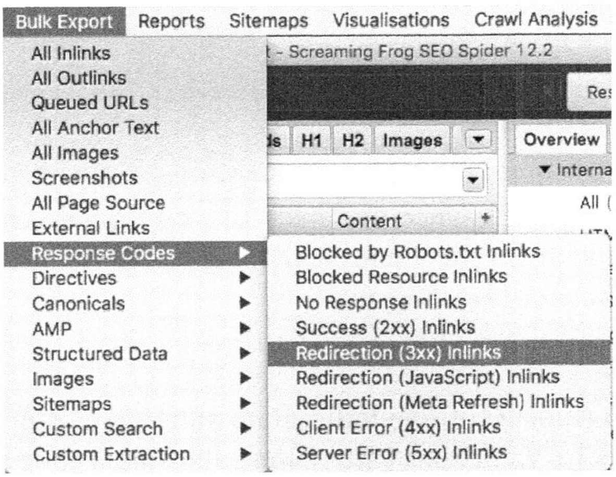

Figura 9.6

Ad esempio, unendo quanto visto in precedenza relativamente all'informazione presente nel sotto-tab INLINKS e agli status code 301, potrai estrarre in modalità massiva tutte le informazioni grazie al report "Redirection (3xx) Inlinks". Allo stesso modo, potrai estrarre gli inlink delle risorse in errore 4xx (Client Error) o 5xx (Server Error).

URL

Scopo del tab è fornire il dettaglio degli URL con indicazioni puntuale in merito a presenza di caratteri non ASCII, underscore, uppercase, duplicazioni, parametri e lunghezza superiore ai 115 caratteri. Come sempre, ogni voce che presenta un numero diverso da zero dovrà essere verificata per escludere dei falsi positivi; ad esempio può capitare che una risulti indicata nella voce uppercase ma, andando a vedere il dettaglio, appartenga ad un file caricato con la presenza nel nome di una lettera maiuscola. Situazione diversa se l'uppercase fosse relativa ad un URL di una pagina web: qui l'analisi va estesa alla tecnologia con cui è sviluppato il sito perché, ad esempio, in ambiente server IIS può essere permessa la creazione di pagine che contengano caratteri in maiuscolo. Queste possono essere mal riportate sia nei link interni che nei backlink, costringendo a gestirle tramite redirect 301.

PAGE TITLES

Nel corso della lettura del libro hai potuto approfondire l'importanza del title delle pagine, come sfruttarlo a livello SEO e come questa sia un'informazione fondamentale, perché mostrata nello snippet dei risultati di ricerca. È opportuno che il title sia scritto tenendo conto delle parole chiave destinate ad intercettare traffico organico, che sia unico e non duplicato e, infine, che rispetti la lunghezza in termini di caratteri, ma anche di pixel per le ottimizzazioni più "estreme".

META DESCRIPTION

Valgono le stesse indicazioni di base fornite per il metadata title, con la sola differenza che la description ha meno valenza SEO, ma più importanza per incrementare il CTR sui risultati di ricerca, attraverso il corretto utilizzo di CTA (call to action). Questo deve essere fatto con l'aiuto di un copy che faccia leva su alcuni stimoli per invogliare l'utente al click, ad esempio utilizzando verbi come vedi, scopri, leggi, ecc.

META KEYWORD

Il tab – con il tempo – ha perso di importanza, visto che per alcuni motori di ricerca è deprecato e non viene preso in considerazione, ma è bene guardarlo, perché potrà capitare di trovare che è stato valorizzato in modo non corretto, con duplicazioni o keyword non inerenti al contenuto dell'URL.

H1 & H2

I due tab relativi agli heading tag più importanti danno informazioni sul loro utilizzo e consentono di capire se vi sia stata attenzione nella loro implementazione ai fini SEO. Può capitare di trovare gli H1 totalmente duplicati e scoprire che il problema è causato dal template utilizzato, che imputa al logo del sito l'H1 o che vi sia una completa assenza degli H2. Questo può indicare che non è stata prestata attenzione nel creare un contenuto SEO friendly, ad esempio con l'inserimento dei titoli dei paragrafi associati all'H2, per formare una struttura sfruttabile per un indice ad inizio contenuto, con link di rimando ai singoli paragrafi. Attività che, se ben fatta, può far sì che nella description mostrata nello snippet sia presente un link attivo verso il paragrafo.

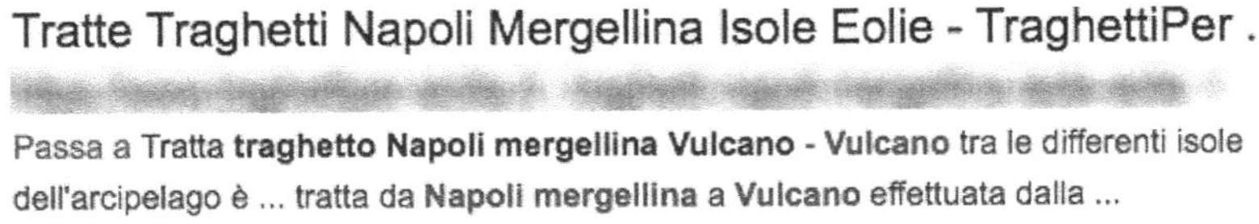

Figura 9.7

IMAGES

Il tool evolve nel tempo e, in passato, questo era uno degli ultimi tab mostrati. È bene sapere che vengono fornite le informazioni relative alla dimensione dell'immagine in termini di peso. Da queste informazioni è possibile valutare un'attività di compressione per ridurre i KB che dovranno scaricare gli utenti (una delle tante ottimizzazioni delle performance web, soprattutto per gli utenti che navigano da mobile), ma è possibile individuare anche il numero di volte in cui una stessa immagine viene richiamata all'interno del sito (voce IMG INLINKS) appurando così la sua presenza in più pagine. Per le immagini richiamate site wide, andare ad effettuare un'ottimizzazione del peso avrà impatti positivi su tutto il sito.

9.3. Bulk export e Reports

Agganciandomi all'ultimo tab analizzato, IMAGES, sappi che puoi esportare in modalità massiva tutte le immagini che sono prive della valorizzazione dell'attributo alt BULK EXPORT -> IMAGES -> IMAGES MISSING ALT TEXT INLINKS per procedere alla loro ottimizzazione, fondamentale, ad esempio, per i software che leggono il contenuto delle immagini per gli ipovedenti. Informazione ancora più importante se desideri migliorare il tuo posizionamento sui motori di ricerca verticali dedicati alle immagini. Immagina di avere un e-commerce che vende borse o scarpe; sai bene che i tuoi futuri acquirenti vogliono vedere il prodotto prima di acquistarlo. Allo stesso modo, puoi estrarre le immagini superiori ai 100 KB per identificare quelle su cui agire anche grazie all'indicazione della path di upload file dove andrai a ricaricare l'immagine ottimizzata.
Un'altra estrazione bulk – oltre a quelle viste nei precedenti paragrafi, che in ottica di ottimizzazione SEO on-site può essere eseguita – è quella relativa alla distribuzione delle ancore dei link interni.

Grazie alla voce ALL ANCHOR TEXt puoi esportare la struttura dei link interni, che ti permetterà di capire se è opportuno agire attraverso quella che viene definita "link sculpting" sui link interni, al fine di dare maggiore importanza alle pagine di business rispetto a quelle secondarie.

Nella voce di menu REPORTS, oltre alla voce che permette di verificare le catene di redirezioni, è bene sapere della presenza della voce relativa all'hreflang, che riveste un ruolo sempre più importante visto il proliferare degli e-commerce e della declinazione in varie lingue che consentono di vendere anche all'estero. Questa voce presenta diverse sotto-voci, dove ognuna permetterà di avere indicazioni puntuali sui possibili problemi rilevati dal tool in fase di scansione.

9.4. Crawl Diagram

Prima di passare all'utilizzo delle API per la lettura dei dati di terze parti, soffermiamoci sulla voce di menu VISUALISATIONS, che ha fatto capolino nelle ultime versioni del tool.
Questa permette di avere a video la visualizzazione del sito, andando a riportare visivamente il diagramma dei collegamenti e, di conseguenza, dell'architettura delle informazioni, in breve: la struttura del sito.
In passato, la creazione di tale diagramma risultava un'attività complessa, che doveva essere eseguita con l'utilizzo di tool esterni, mentre oggi è stata integrata e in pochi secondi possiamo avere un'idea visiva del sito web oggetto di scansione. L'immagine può essere modificata nella sua visualizzazione, attraverso un menu di impostazioni posto in alto a destra. Come anticipato, ti permetterà di avere a colpo d'occhio la struttura del sito. Passando con il mouse sui nodi, avrai informazioni di dettaglio per capire se vi è un'architettura che va ottimizzata andando a lavorare su quei "rami" che presentano margini di miglioramento.

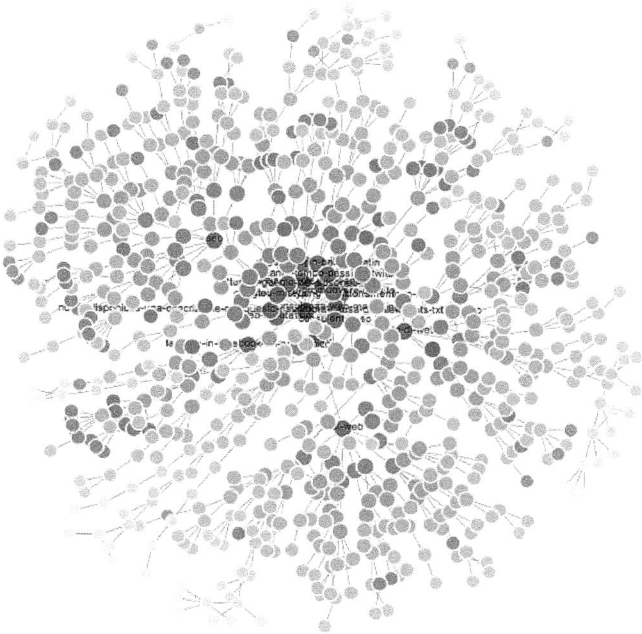

Figura 9.8

Inoltre, un'immagine come quella di figura 9.8, se ben argomentata, ti sarà utile da inserire in una presentazione per un prospect: lì andrai ad indicare le possibili aree di intervento.

9.5. L'utilizzo delle API

Grazie alla possibilità di integrare Screaming Frog con metriche esterne attraverso le API sarà possibile effettuare delle analisi più approfondite con la lettura dei dati sul traffico organico, presi da Analytics o Search Console, o di link ingresso grazie alla possibilità di importare dati da Majestic e Ahrefs.
Nel tab API si potranno agganciare tool esterni autorizzando in tal modo Screaming Frog alla lettura delle informazioni, ad esempio i dati Analytics.

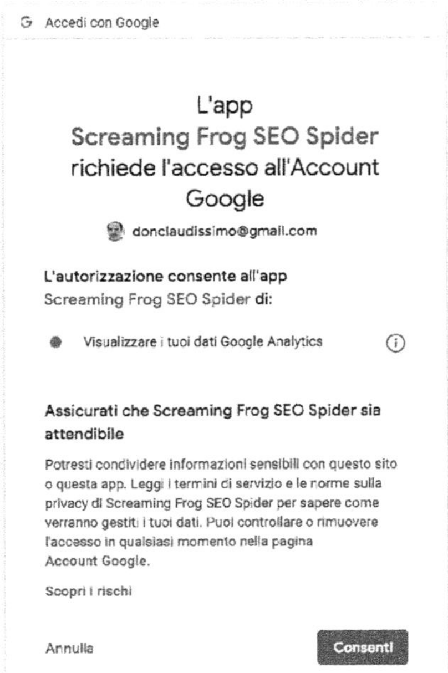

Figura 9.9

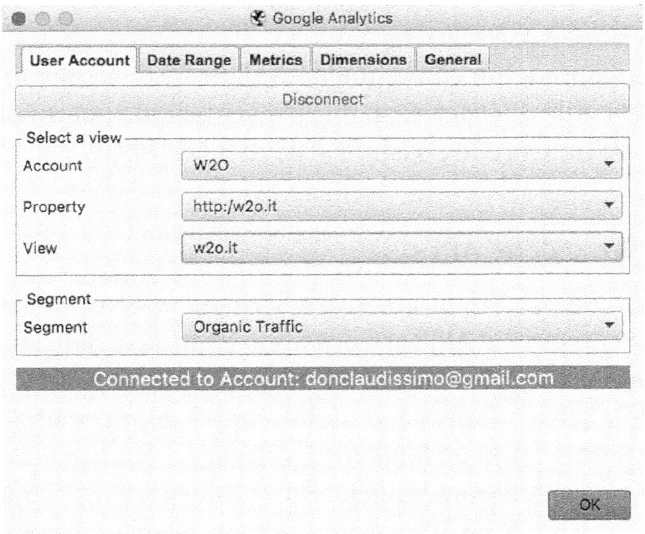

Figura 9.10

In base al tool (terzo) scelto, potrai indicare il dettaglio del dato che vuoi integrare, ma di base puoi indicare il periodo che intendi prendere in considerazione per la lettura dei dati (DATE RANGE), le metriche che vuoi importare (METRICS) o le dimensioni (DIMENSIONS), nonché la possibilità di limitare il numero di risultati da importare o, eventualmente, scansionare possibili nuovi URL emersi dall'import dati. Questo è utile per capire se nel tempo sono venute meno pagine che non sono state gestite correttamente attraverso la modifica dei link interni e le redirezioni al fine di trasferire il trust fino ad allora acquisito dall'URL.
L'integrazione dei dati ti permetterà di capire, oltre a tutte le attività di ottimizzazione SEO on-site che Screaming Frog permette di fare, ulteriori migliorie da apportare. Da segnalare il tab WORD COUNT, che – in associazione ai dati sul traffico organico restituiti da Analytics – consente di individuare eventuali contenuti scarni da arricchire o, in alternativa, da accorpare ed eliminare, perché ritenuti di poco valore.

9.6. L'analisi dell'"access log" server tramite Screaming Frog Log File Analyser

L'analisi dei log relativi agli accessi al sito web consiste nell'analizzare tutte le richieste effettuate al tuo server.
Per poter procedere all'analisi è essenziale essere in possesso dei file di "access log" in cui vengono archiviate informazioni come:

- data e ora richiesta risorsa web
- URL richiesto
- user agent
- indirizzo IP richiedente risorsa web
- status code
- dimensioni della risorsa
- tempo di risposta.

Figura 9.11

Queste informazioni sono riportate in una riga di testo, che risulta di difficile lettura se non si utilizza uno strumento adeguato. Ed è proprio in questo che ci viene in aiuto il **LOG ANALYSER** di Screaming Frog.

9.6.1. Dashboard principale

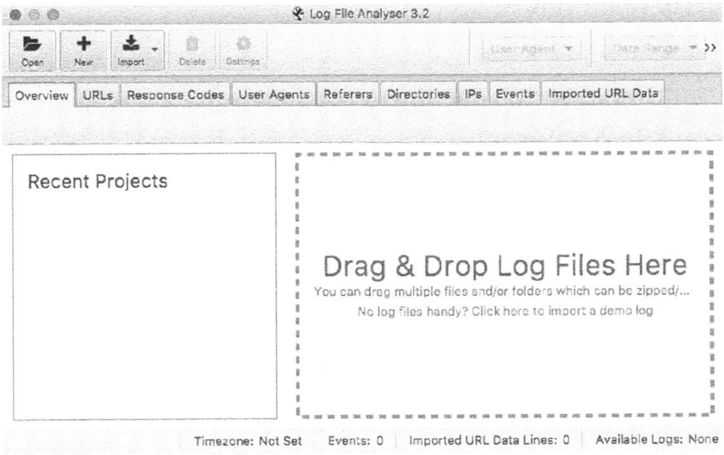

Figura 9.12

All'apertura del tool, ti ritroverai davanti alla dashboard principale, dove è possibile creare i tuoi progetti andando a caricare i file di log, in precedenza scaricati via FTP.

In fase di elaborazione dei file, ti verrà richiesto di inserire il nome di dominio, per esteso, utile all'elaborazione e l'informazione potrà essere applicata a tutti i file caricati con un semplice click. Al termine dell'elaborazione, la dashboard verrà popolata con dati e grafici che, già in prima battuta, ti daranno un'idea di cosa accade dietro le quinte del sito.

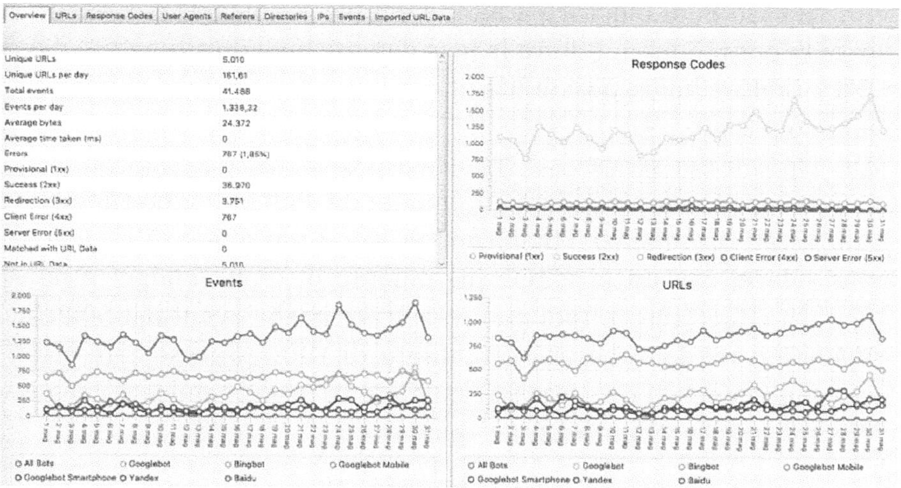

Figura 9.13

Il tool permette di analizzare diverse informazioni e queste sono consultabili dai tab presenti nella barra di navigazione. Nel proseguo del paragrafo andremo a spiegarne le principali e quali informazioni ricavare dai dati afferenti il tab selezionato.

9.6.1.1. Tab URLs

L'analisi degli URL ti permetterà di individuare quali sono gli URL richiesti. Se emerge che le tue pagine di business più importanti sono meno scansionate rispetto ad altre secondarie, sarà opportuno:

- modificare il contenuto
- ottimizzare il linking interno
- migliorare la link popularity.

Tuttavia, con questo tool è possibile capire se vengono richiesti URL inutili. Spesso tali URL vengono gestiti con il noindex, ma questo ti permette di ragionare e capire se sono davvero inutili (in tal caso puoi bloccarli a monte nel file robots.txt) e di verificare la possibilità di inibire la loro generazione direttamente dal CMS. Inoltre, hai la possibilità di verificare la presenza di pagine lente o pesanti.
La risposta del server – a fronte di pagine lente e/o pesanti – può essere causata fondamentalmente da elementi web che non sono stati ottimizzati. Migliorandoli, avrai un tempo di risposta più veloce, con un possibile incremento di crawl budget a noi dedicato. Con questo tool puoi verificare anche eventuali **SPIDER TRAP** (ovvero la generazione infinita di URL). Spesso tali URL vengono generati dai filtri (ad esempio in un e-commerce), ma - come visto precedentemente – puoi:

- bloccarli a monte se sono davvero inutili
- verificare la possibilità di inibire la loro generazione
- verificare se è gestito correttamente il canonical.

Con il log analyzer, hai l'opportunità di verificare la presenza di **pagina orfane**. Se dai log emergono degli URL non noti (puoi verificare ulteriormente attraverso la scansione con altri tool o se hai una esatta conoscenza dell'architettura del sito) questi sono probabilmente orfani. A tal proposito vale la pena analizzare queste pagine per capire se:

- è corretto che non siano linkate
- è possibile rimuoverle.

Infine, questo tool è ottimo per individuare URL non scansionati.

A differenza del punto precedente, dai log NON emergono degli URL a noi noti; in questi casi probabilmente vi sono ostacoli alla scansione o le pagine possono essere ritenute non meritevoli.

9.6.1.2. Tab Response Code

Questo tab è estremamente utile per analizzare gli status code delle risorse e, quindi, individuare quelle che non rispondono con 200. La selezione degli URL per i vari stati avviene tramite un filtro che è possibile impostare dal menu a tendina, come da figura 9.14.

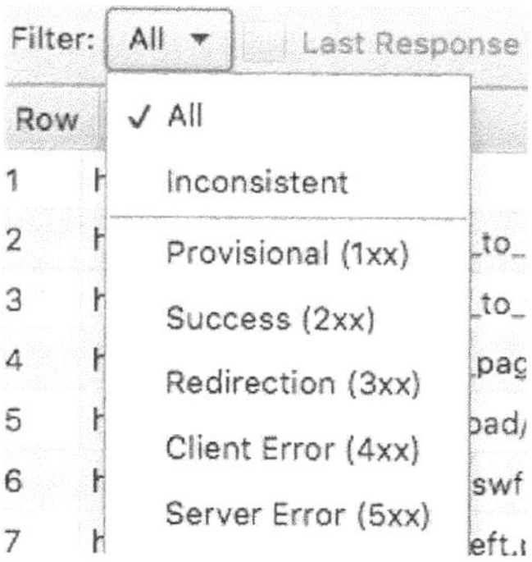

Figura 9.14

Come potrai notare dall'immagine, è presente anche una spunta selezionabile. Questa permette di visualizzare solo le risorse che presentano lo status code filtrato l'ultima volta che queste sono state elencate nei log. Può capitare che una risorsa, nel tempo, abbia cambiato stato e, quindi, può finire in diversi risultati filtrati, mentre – inserendo la spunta – sarai certo di analizzare solo l'ultimo stato. È una impostazione consigliata soprattutto a chi è alle prime armi nell'analisi dei log.

Gli URL filtrati sono esportabili in Excel per gli utilizzi del caso, ad esempio l'implementazione di redirect 301 per le risorse che rispondono in errore 404. Nel caso dei redirect, la loro lista potrà essere data in elaborazione a Screaming Frog per la verifica delle target page; ossia verificare che a valle di un 301 vi sia un URL in 200. In caso contrario, dovranno essere effettuate le verifiche e correzioni del caso.

9.6.1.3. Tab User Agent

Qui troverai l'elenco dei crawler che hanno effettuato le richieste al server e – in base al business del sito – fare le valutazioni del caso. Ad esempio, potrai bloccare, inserendoli nel robots.txt, quelli indesiderati.
Facciamo un esempio per far comprendere meglio il suo utilizzo: il tuo sito ha un target italiano e la scansione delle tue pagine da parte di Yandex (crawler russo) o Baidu (crawler cinese) non dà valore aggiunto, anzi vi è un consumo di banda e possibili rallentamenti al server. Pertanto, quei due user-agent potranno essere inseriti in disallow nel file robots.txt per inibire loro la scansione del sito.

9.6.1.4. Tab Referers

Tra i vari tab presenti nel tool, questo è l'ultimo che vedremo, perché può fornire informazioni fondamentali di facile lettura. Analizzando la lista dei siti referer, puoi trovarne di spam che, ad esempio, sfruttano le tue immagini caricandole sulle loro pagine. Questa pratica si chiama hotlinking ed è contrastabile grazie all'inibizione di questi siti spammosi attraverso il file htaccess (o file di configurazione). Avendo già un file impostato, presta la massima attenzione nel momento in cui vai a modificarlo, perché può mandare in errore tutto il sito.
Queste le regole da poter prendere come riferimento:

```
RewriteCond %{HTTP_REFERER} !^$
RewriteCond %{HTTP_REFERER} !^http(s)?://(www\.)?NOMEVOSTROSITO [NC]
RewriteCond %{HTTP_REFERER} !^http(s)?://(www\.)?google.com [NC]
RewriteCond %{HTTP_REFERER} !^http(s)?://(www\.)?bing.com [NC]
RewriteCond %{HTTP_REFERER} !^http(s)?://(www\.)?yahoo.com [NC]
RewriteRule .*\.(jpe?g|gif|bmp|png)$ - [F]
```

Oltre all'URL del tuo sito, privo del protocollo, noterai la presenza dei motori di ricerca; questo perché non è consigliabile inibirli, visto che i motori verticali sono possibili fonti di accesso al sito come, ad esempio, nel caso del sito dedicato alle scarpe di corda ;)
La lista dei siti spam potrà anche essere utilizzata per sottomettere il file di disavow, nel tool specifico della Google Search Console, per disconoscerli dal nostro profilo backlink ed evitare possibili penalizzazioni.

Conclusioni

Come avrai notato dalla lettura di questi capitoli, il filo conduttore più importante, che accomuna tutte le tematiche afferenti al mondo della SEO, è la centralità dell'utente.
I motori di ricerca, Google in primis, si evolvono costantemente con l'obiettivo di proporre le migliori risorse possibili ai propri utenti. Per questo gli algoritmi fanno uso sempre più massiccio di sistemi di intelligenza artificiale, che lavorano per migliorare l'esperienza di chi naviga e spingere gli utenti a tornare ogni giorno sul motore.
Google si comporta proprio come ogni altro brand: fidelizzare e gratificare il più possibile i clienti in modo da ottenere la loro fiducia. Più loro saranno soddisfatti dal prodotto, più saranno disposti a spendere e continuare ad accordare la loro preferenza.
Non a caso, molto spesso, l'acronimo SEO – che originariamente sta per Search Engine Optimization – viene sempre più identi-

ficato come l'abbreviazione di Search Experience Optimization, proprio per mettere in evidenza lo stretto legame che c'è tra l'ottimizzazione dei siti e l'esperienza di navigazione dell'utente.
Inoltre, tra gli elementi fondamentali della SEO di oggi troviamo, ancora una volta, i contenuti, perché – se è vero che l'utente tende a scorrere velocemente i testi che consulta – è anche vero che è sempre alla ricerca di informazioni e approfondimenti. L'utente si rivolge al motore per risolvere un problema e, finché ci sarà un problema da risolvere, ci sarà bisogno di un motore che risponda con dei contenuti. Questi – che siano testuali, sotto forma di immagini, audio, video, ecc. – rappresentano ancora oggi lo strumento ideale per soddisfare un problema.
Anche i link contano, eccome. Spesso a fare la differenza tra il successo o il fallimento di un progetto SEO è proprio la link building: la strategia, la qualità dei domini linkanti, le ancore usate, ecc. La chiave per poter affrontare correttamente questo ambito è imparare a creare delle strategie di lungo respiro, dettate dal buon senso (oltre che dalle competenze).
Sebbene nel mondo del web marketing si affermi periodicamente che la SEO è morta, questa disciplina, come avrai intuito, è più viva che mai. Cambia il modo di avvicinarsi a questa materia, cambiano alcune dinamiche, nascono nuovi strumenti, ma le fondamenta, le linee guida principali e gli obiettivi dei motori di ricerca non cambiano. La materia si evolve e per poter lavorare in questo ambito con successo è fondamentale aggiornarsi costantemente e adeguarsi ai cambiamenti. Chi non si aggiorna muore. La SEO è viva.
Ancora una volta, è importante lo studio teorico della materia, ma anche l'esperienza sul campo, proprio come in qualsiasi altro settore.
E allora, quali competenze si devono avere oggi per poter lavorare in questo ambito e ottenere dei risultati? Sicuramente, occorre evitare di ricorrere al "cugino" di turno, che spesso si improvvisa SEO (ma anche programmatore, social media manager, esperto

di Google Ads, giardiniere, ecc.). Come in tutti i campi, occorre rivolgersi ad uno specialista del settore oppure formarsi adeguatamente, armandosi di dedizione e determinazione.
Oggi è estremamente importante specializzarsi e approfondire tutti gli aspetti della SEO: da quelli tecnici a quelli linguistici, senza dimenticare, naturalmente, che gli studi teorici devono necessariamente accompagnarsi all'esperienza sul campo, l'unica che permette di imparare come pianificare una strategia che funzioni realmente.

Ringraziamenti

Ringrazio Gianluca, sempre pronto a sostenermi e incoraggiarmi in tutte le mie iniziative più o meno folli. Inclusa questa.

Ringrazio la mia famiglia per avermi insegnato il valore del sacrificio e dell'impegno nello studio e nel lavoro.

Un ringraziamento particolare ad Alberto Casetti, vera scintilla d'avviamento di questo volume, che in un giorno di tanti mesi fa mi chiese: "Ma perché non metti per iscritto in un libro tutto quello che mi dici in ufficio ogni giorno?".

Senza il suo incoraggiamento costante e il suo supporto, questo libro non sarebbe mai diventato realtà.

Un grazie particolare a Claudio Fiorentino e Achille Baudino, che mi hanno aiutato a trasformare la bozza in un libro vero e proprio e ad arricchire il volume con i loro preziosi contributi.

Un abbraccio a tutti i colleghi e amici professionisti – Benedetto Motisi, Pasquale Gangemi, Stefano Schirru, Isan Hydi, Cristian Uguccioni, Gabriele Benedetti e Yael Bennaceur – che con i loro fondamentali contributi hanno reso questo volume ancora più interessante. In particolare, Gaetano Romeo e Stefano Rigazio, autori delle due prefazioni.

Ringrazio tutti i miei maestri e colleghi del mondo della SEO del passato e del presente, dai quali ho imparato e continuo a imparare ogni giorno. Uno su tutti Enrico Altavilla.

Un ringraziamento speciale al professor Gino Roncaglia, perché grazie al suo corso universitario di tanti anni fa, dedicato all'Informatica applicata alle Discipline Umanistiche, ho iniziato ad ampliare il mio sguardo sul mondo del web.

Verdiana Amorosi

Verdiana Amorosi, SEO Specialist. Dopo la laurea in lingue e letterature e l'iscrizione all'albo dei giornalisti, ha lavorato presso diverse testate editoriali occupandosi della redazione e successivamente dell'ottimizzazione dei contenuti.
In seguito, ha abbracciato definitivamente il mondo della SEO, specializzandosi anche sugli aspetti tecnici. Ha lavorato per grandi portali editoriali, per alcune delle principali web agency italiane, curando grandi e medi brand, e in seguito per un e-commerce internazionale. Oggi lavora come SEO Specialist Senior per una web agency estera.

Seguimi su:

Website: **seochecklist.it**
LinkedIn: **verdiana-amorosi-ba646412**
Facebook page: **verdiana.amorosi**
Instagram: **verdianaamorosi**
Twitter: **verdianaamorosi**

VOLUMI PUBBLICATI NELLA COLLANA

ALESSANDRINI A. > Marketing turistico
AMOROSI V. > SEO CHECKLIST
ANTONI A. > Trova la tua identità su Instagram e condividi foto uniche
ARRIGONI G. > Email marketing: acquisisci clienti e aumenta le tue vendite
BABUDRO P. > Manuale di scrittura digitale creativa e consapevole
BALDOCCHI M. > Neuromarketing per il food
BANDIERA R. > Le 42 leggi universali del digital carisma
BANDIERA R. > Rischi e opportunità del Web 3.0 e delle tecnologie che lo compongono
BANDIERA R. > Crea contenuti efficaci
BARBONI L. - SIMONETTI F. > Growth Hacking - Fai crescere la tua impresa online
BARGHIGIANI A. > Trasforma WordPress per l'Inbound Marketing
BASILE A. > Blockchain
BASSU T. > Social local marketing
BELLINI L. > Come usare LinkedIn per il tuo business
BELLINI L. > Social selling
BELLINI L. > Linkedin Tips
BELTRAMI A. > Come vendere con il blog aziendale
BELTRAMI A. > Sfrutta i contenuti, genera nuovi clienti e fai Content Marketing
BELTRAMI A. - MAZZUCCHELLI L. > SNAPCHAT: come utilizzare l'app social del momento
BORGHI S. > Vademecum SEO: guida 100% pratica dai primi passi al posizionamento
BOSCO M. > SARRISMO - Fede e disintermediazione
BOVE L. - POLLIOTTO N. > Ingredienti di Digital Marketing per la ristorazione
BRANCALE F. > Data-Driven Marketing
BRUNO A. > Digital travel
CANNAVIELLO M. > Email Marketing Automation
CAPPELLETTI N. > Digital caos
CAPONETTO A. > Come diventare Food Blogger
CAVALIERE G. > Gestione del Brand e della Reputazione
CHIAPPINI F. > Marketing automation per e-commerce
CHIERICATO E. > Lead Generation: Ottieni nuovi contatti e trasformali in clienti fidelizzati
CIAGLIA M. > The Startup Canvas
CIRACÌ D. > Content Marketing per blog, social e SEO
CIPOLLETTA G. > Customer Experience
COLNAGHI G. > Strategie e tecniche di Marketing Automation
CONTI L. > Traguardi: cambia vita con sport e social
CUTOLO I. > SEO per e-commerce
DAVENIA E. > Brand Experience for Kids
DE ARCANGELIS A. > Guadagna online con l'Affiliate Marketing
DEVIGILI I. > Buyer personas
DI BIASI I. > Link Building: aumenta l'autorevolezza del tuo sito e scala le vette dei motori di ricerca
DIOTTO M. > Web Marketing Manager & Digital Strategist
DIOTTO M. > Brand Positioning
ESPOSITO R. > Etno blogging per tribù digitali: trasforma il tuo pubblico in una community
ESPOSITO R. > Fare blogging: il mio metodo per scrivere contenuti vincenti - II Edizione
FABRIZIO P. > La rivoluzione del Social Customer Service
FIORE F.G. > E-commerce Manager
FIORINI D. > Storytelling, Design thinking, Copywriting
FRUZZETTI P. > Web Marketing per artigiani
GAGLIARDINI C. - RUSSO F. > IoT e Nuovo Marketing
GALLUCCI A. - GALLUCCI M.R. > Whatsapp Marketing
GAROSI L. > Comunicare (bene) in rete
GAROSI L. > Green Branding
GAVA A. > Unconventional Coaching Alberghiero

GENTILE S. > L'identità di marca
GENTILI V. > Strategie e tattiche di Facebook Marketing per aziende e professionisti
GENTILI V. > Facebook Marketing Plan
GENTILI V. > La pubblicità su Facebook e Instagram
GIUFFRÈ R. > Cambia testa e potenzia la tua azienda con la cultura digitale
GIUFFRÈ R. > Social Education
GIACOBAZZI A. > Youtube Marketing
GRASSO G. - MARRAZZO F. > Political Digital Strategy: come fare campagna elettorale online
GROSSI S. - VIRCIGLIO P. > Facebook e Instagram Ads
GULIZIA S. > iProduttivo: metodi e app per vivere e lavorare con iPhone e iPad
IANDIORIO E. > Big Data
IOLI A. > Sport Digital Marketing
LA CAVA M. > Startup pitch
LARIVEI D. > Professione Digital Pet Sitter
LINZITTO A. > Come vendere su Amazon
LISI G. > Loveting! 127 archetipi per il management olistico
LUGLI D. > Progetti web che funzionano
MAGGIO A. > Come fare Remarketing e Retargeting
MALFATTO J. > Strategie di Digital PR per startup
MANISCALCO L. > Afferma il tuo Brand con LinkedIn
MARCIGLIANO P. > Video Marketing immobiliare
MARCHESE M. > Copywriting per Affiliate Marketing
MARES R. > Mamma posso spiegarti: lavoro nel web
MARGHERITA F. > Manuale di SEO Gardening - II Edizione
MARTINO B. - VERCELLOTTI A. > Contest e corsi a premi online
MATTUCCI F. > Instagram non è fotografia
MATTEUZZI J. > Inbound Marketing: le nuove regole dell'era digitale
MAZZÙ A. > Il primo manuale operativo per consulenti di Web Marketing - II Edizione
MAZZÙ A. > Brand Me
MENCHIARI P. > Cardiomarketing
MERAGLIA A. > Video marketing strategico
MICHELI E. - LAUDATI A. > La pubblicità con Google e Bing
MIRTI M. > Dall'e-commerce al MePA
MONDO F. - LA SPESA V. > Programmare una web radio con i PAL Script
MONDO F. > Creare e gestire una web radio professionale
MOTISI B. > Interceptor marketing
PAGLIAI C. - TONTINI G. > Web Marketing per le professioni dell'edilizia
PAGLICCI E. > I contatti servono se sai trasformarli in clienti ricorrenti
PALLONARI N. > Marketing Farmaceutico Strategico
PELLIZZI M. > Rivoluzione Telegram
PEPE S. > Investire Bitcoin
PERNICE A. > Manuale per aspiranti blogger: crea emozioni con lo storytelling - II Edizione
PESCE I. > Wedding Marketing Professionale
PETRONI A. > Professione Travel blogger - II Edizione
PETRUCCI M. > Copywriting Quantistico
PICCIGALLO F. > Digital analytics per e-commerce
PICCIGALLO F. > Data storytelling
PIERSIMONI F. > Una mamma Travel Blogger
PIROTTA L. > Strategie e tattiche di neuromarketing
POGLIANI M. > Influencer Marketing: valorizza le relazioni e dai voce al tuo brand
POGLIANI M. > Professione influencer
RAPICAVOLI R. > Privacy e diritto nel Web: le regole
RATTI I. > Fashion Marketing
RIMEDIO E. > Digital P^2R
ROMEO G. > Trova lavoro con il Web

ROMEO G. > Seo & Inbound Marketing
RUSSO S. > Scopri Google Plus e conquista il Web
SACCÀ A. > Crea il tuo e-commerce con Magento 2
SALETTI A. > Neuromarketing e scienze cognitive per vendere di più sul Web - II Edizione
SAVINO N. > Conosci e proteggi la tua sicurezza informatica
SERRA R. > Visibilità
SCANDELLARI R. > Afferma la tua identità con il Net Branding
SCANDELLARI R. > Fai di te stesso un brand: Personal Branding e reputazione online - II Edizione
SCANDELLARI R. > Promuovi te stesso
SCHIANCHI P. > Webcreativity: creatività e Visual Marketing post-Web
SCHIANCHI P. > Paolo Schianchi non esiste
SETZU E. > Presenza online efficace
SILVESTRINI C. > Manuale del perfetto web designer con Joomla!®
SODANO G. > Naming
SORCHIOTTI T. - PRUNESTI A. > #Selfie: la cultura dell'autoscatto
SORDI P. > Bloggo con WordPress dunque sono
SORDI F. > Marketing scientifico
SOLINAS D. > Seo per attività locali
SQUILLACE M. > Startup di successo che hanno fatto il web in Italia
TAMPIERI M. > Funnel Marketing Formula
VANIN L. > Public Speaking Online: parla al tuo pubblico nel Web
VERCELLOTTI A. - MARTINO B. > Contest e concorsi a premi online
VILLA M. > Il giornalista digitale è uno stinco di santo
VILLA M. > Professione food writer
VITTORI W. > Facebook ADS in pratica
WARWICK K. > Intelligenza Artificiale - Le basi
ZACCONE E. > Social Media Monitoring: dalle conversazioni alla strategia
ZAMBITO L. > Chatbot marketing